가상 현실

증강 현실과 VRML

박경배 저

21세기사

유난히도 다사다난 했던 지난해였지만 인터넷 사회는 일각도 멈출 사이 없이 발전해가고 있다. 불과 수년전만 하여도 예상하지 못했던 인터넷 사회는 현대인에게는 필수적인 사회가 되었다. 하루가 시작됨을 알리는 것은 컴퓨터의 전원이 켜짐을 의미하고 모니터의 전원이 꺼지는 순간이 하루가 끝남을 의미한다. 하루가 다르게 변화하는 인터넷 사회를 보며 "인터넷의 발전은 어디까지 일까?" 하는 궁금증은 한시도 머리를 떠나지 않는다.

향후 인터넷 사회의 미래는 갑갑한 2차원 모니터의 세상에서 탈피하여 우리가 실제 살고 있는 현실 세계를 모방한 가상현실을 통한 다양한 방향의 산업화가 이루어질 것이다. 이러한 가상현실 속에서 현대인들은 쇼핑, 관광, 교육 등 현실 세계에서 이룰 수 있는 대 다수의 일들을 경험할 수도 있으며 화성 탐사나 화산 등 현실 세계에서는 불가능한 일들을 대리 체험할 수도 있을 것이다. 가상현실은 꿈이 아니라 곧 다가올 미래이며 이미 많은 기업과 사람들은 꿈을 현실화하기 위해 부단히 노력중이다.

VRML(Virtual Reality Modeling Language)/X3D(eXtensible 3D)는 인터넷에서 3차원 물체를 기술하기 위한 언어이다. 대다수의 프로그래밍 언어는 복잡한 문법과 알고리즘으로서 프로그래머에게 당혹함을 안겨주지만 VRML은 단순한 문법과 쉬운 알고리즘으로서 인터넷에서 3차원 물체를 극히 단순화하여 나타낸다. 필자가 VRML을 처음 접하고 학생들을 대상으로 교육을 시작했을 때 그토록 프로그램을 싫어했던 제자들이 관심과 열의를 가지고 가상 세계를 구축하려고 노력했던 것을 생각하면 지금도 미소가 절로 나온다. 제자들이 그러하였듯이 독자 여러분도 아마 VRML의 묘미에 흠뻑 저져 드리라 믿어 의심치 않는다.

이 책이 나오기까지 많은 인내심으로 기다려준 가족들에게 고마움을 표현하며 책의 출판에 도움을 주신 도서출판 21세기사 이범만 사장님께 진심으로 감사드립니다. 끝으로 이 책을 통하여 독자 여러분이 조금이라도 가상현실의 세계에 한 발짝 다가설 수 있기를 바랍니다.

박 경배

gbpark@mail.yeojoo.ac.kr

이 책을 접한 독자들은 아마도 인터넷의 기술에 조금이라도 관심과 흥미를 가진 진취적이고 매우 탐구적인 학생들일 것이다. 이 책의 근본 목적은 2차원으로 이루어진 웹 문서를 3차원의 가상공간으로 구현하여 보다 실감나고 현실감 있는 인터넷을 구현하는데 조금이나마 도움이 되고자 한다. 가상공간을 구현하는 VRML을 통해 여러분은 3차원 그래픽, 애니메이션, 3차원 게임 등 웹의 능동적인 측면들을 알 수 있게 될 것이다.

이 책은 PART 1에서 PART4로 분류하였다. 각 PART에서 이론은 가급적 간단히 설명하였다. 반면 많은 예제와 풍부한 응용문제를 제시하여 직접 실습할 기회를 많이 제공하였다.

PART1 _ 가상현실의 개념을 증강현실과 Web 기반 구현을 위한 VRML의 등장배경과 역사에 대해 설명함으로써 가상현실의 개념과 특징들을 이해할 수 있다.

PART2 _ 가상공간을 구축하기 위한 프로그램의 설치와 사용법에 대해 설명한다. PART2는 이 책의 전반에 있어서 매우 중요한 부분이다. 비교적 간단히 나타낼 수 있는 3D 객체의 기술에 대해 설명하며 기본 객체를 표현하는 다양한 방법에 대해 확실한 이해를 필요로 한다. 매우 쉽게 3D 물체를 나타낼 수 있음에 매료될 것이다.

PART3 _ VRML의 고급 과정으로 가상공간을 매우 현실감 있게 만드는 다양한 애니메이션 등을 포함한 이벤트 항목에 대해 설명한다. PART3를 완전히 이해한 독자는 아마도 가상공간의 매력에 흠뻑 빠져 들것이며 다양한 기술로 자신만의 가상공간을 만들려고 노력하게 될 것이다.

PART4 _ 국제 표준언어인 VRML의 스펙(Specification)의 내용을 수록한다. 개발자들은 스펙의 내용을 자세히 살펴보고 자신만의 3D 공간을 구축하기 바란다.

끝으로 이 책에 관한 의문사항이나 상담을 원하시는 분은 gbpark@gw.yit.ac.kr로 E-mail을 보내주시기 바랍니다.

Contents

Part 03 애니메이션 실습

Contents

Part **01**

가상현실의 개요

1.1 가상현실(Virtual Reality)의 정의와 특성

1.1.1 가상현실의 정의

1945년 펜실베니아 대학의 모클리(John Mauchly)와 에커트(Presper Eckert)에 의해 최초의 외장형 컴퓨터가 개발된 이래 컴퓨터와 주변 기기는 지속적인 발전을 이루어 왔다. 과거 단순한 문자처리와 계산에 목적을 두었던 컴퓨터는 인터넷의 발전과 더불어 다양한 미디어를 동시에 처리할 수 있는 멀티미디어 시스템으로 변모하였다. 이러한 멀티미디어 기술의 발전은 단순히 멀티미디어 데이터 처리를 뛰어넘어 컴퓨터 내에서 사용자의 움직임을 현실 세계에서와 같은 현장감과 몰입감을 체험할 수 있는 다양한 형태의 가상공간이 만들어졌다. 최근 가상현실과 관련된 소프트웨어와 하드웨어의 눈부신 발전으로 가상현실에 좀 더 쉽게 접근 할 수 있게 되었다. 그렇다면 가상현실이란 무엇인가? 가상현실이란 단어의 의미를 직해한다면 상상속의 현실이란 의미로 상상과 현실은 반대적인 의미를 갖기 때문에 다소 모순된 의미를 내포하기도 한다.

가상현실이란 개념의 시초는 1962년 사진작가이면서 영화작가였던 Morton Heilig가 그림 1-1과

그림 1-1 | 최초의 가상현실 센소라마 장비

(출처 : http://ei.cs.vt.edu/~history/Tate.VR.html)

같은 센소라마(Sensorama)라는 기계를 고안했던 것에서부터 시작되는 것으로 전해진다. 센소라마는 컴퓨터를 이용한 기술이 아니라 영사 화면에 따라 진동하는 의자를 이용하여 가상체험을 할 수 있도록 고안된 장비였다. 이후 70, 80년대를 거치면서 미국 NASA에서 많은 연구비를 들여 연구했지만 90년대 초가 되어서야 여러 디스플레이 장치, 센서, 소프트웨어의 발전으로 가상현실의 가능성을 나타내었다.

가상현실이란 의미를 인지하기 위해서는 현실에 대한 단어적 의미를 이해할 필요가 있다. 인간이 현실을 느끼는 현실감의 주된 이유는 보고, 듣고, 만지고, 맛을 느끼며, 냄새 맡는 행동인 오감(시각, 청각, 촉각, 미각, 후각)을 통해서이다. 인간은 누구나 꿈을 꾸며 상상을 한다. 그러나 꿈과 상상을 현실이라고 하지 않는 이유는 인간의 오감이 결여되었기 때문이라 할 수 있다. 따라서 가상현실이란 비록 가상이지만 인간의 오감이 바탕이 되어 상상 속에서 현장감을 느낄 수 있는 가상공간이라 할 수 있다. 이러한 가상공간은 컴퓨터 등을 이용하여 인간의 오감을 인공적으로 만듦으로서 가상공간을 마치 현실처럼 느끼게 할 수 있다.

대중화 된 멀티미디어 시스템의 특징은 문자, 소리, 이미지, 애니메이션 그리고 동영상 등을 처리할 수 있다. 이러한 특징은 인간의 오감 중 시각, 청각을 기반으로 사용자들에게 정보를 제공한다. 시각과 청각은 실제 인간이 현실 세계를 느끼도록 하는 오감 중 많은 비중을 차지하고 있다. 따라서 컴퓨터의 모니터와 스피커를 이용하여 가상현실을 구현한다면 가상현실의 특징인 현장감 있는 가상공간을 어느 정도는 구현할 수 있다. 가상현실 환경에서는 현실 세계에서 불가능한 체험을 가능하게 할 수 있으며 그림 1-2와 같이 현실에 바탕을 둔 교육 등의 시뮬레이션으로 활용할 수 있다. 예를 들어, 가상환경을 통해 구석기나 신석기 시대 등을 탐험하거나 태양, 지구의 내부 등을 직접 체험할 수 있다. 또한 비행기나 제철소의 용광로 등의 시뮬레이션 교육을 통해 직접 해보지 않고도 운전 방식 등을 이해할 수 있다.

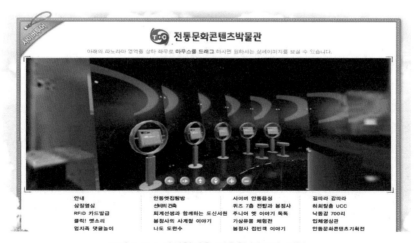

그림 1-2 ┃ 가상현실을 이용한 박물관 체험

가상현실을 주제로 만들어진 영화들은 언젠가 만들어질 수도 있는 미래를 보여주기도 한다. 가상현실에 대한 대표 영화를 뽑는다면 누구나 알고 있는 1999년에 만들어진 매트릭스 시리즈일 것이다(그림 1-3). 영화의 줄거리는 먼 미래에 기계들이 식물인간들을 에너지원으로 사용하는 기계 세상을 다루고 있으며 기계들은 자신들의 활동을 위하여 인간들에게 가상공간을 현실로 여기게 하며 에너지를 공급받는다. 또 하나의 대표작으로 매트릭스만큼은 알려지지 않았지만 같은 해에 발표된 "13층"이란 영화가 있다. 그림 1-4는 이에 대한 포스터로서 가상게임기를 이용하여 과거의 가상공간을 만들고 주인공이 직접 이동하여 가상공간의 인물들과 교류를 한다는 내용으로 가상현실을 대표적으로 이해할 수 있는 수작으로 생각된다. "13층"이란 영화를 보지 못한 독자들은 꼭 한번 보기 바란다.

그림 1-3 | 매트릭스(출처 : 네이버)

그림 1-4 | 13층 영화(출처 : 네이버)

1.1.2 가상현실의 특성

현실세계를 구현하기 위한 가상현실의 특성은 무엇일까? 무엇을 기반으로 만들어야 인간은 현실과 가상공간을 구분하지 못할까? 가상현실을 이루기 위해서는 인간의 오감을 바탕으로 한 다음과 같은 특성을 구현해야 한다. 그림 1-5는 가상현실 시스템에 요구되는 사항을 도식화 한 것이다.

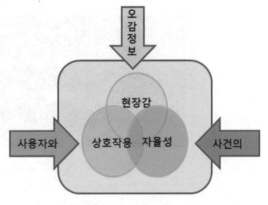

그림 1-5 | 가상현실의 요구 사항

⑴ 가상현실 시스템 요구사항

현장감(Presence)과 몰입감(Immersion)

가상현실의 주체는 당연히 인간이다. 따라서 성공적인 가상현실을 이루기 위해서는 인간이 스스로 현장감(Presence)과 몰입감(Immersion)을 가져야 한다. 현장감이란 가상의 공간이지만 가상공간의 주체인 인간이 마치 현실세계에 있는 것처럼 착각을 일으킬 정도 현실성 있게 가상공간을 구현해야 한다는 의미이다. 몰입감이란 가상공간 내에서 사용자의 모든 감각이 현실세계에 빠진 듯한 느낌을 가지도록 하는 것을 의미한다. 이를 위해서는 인간의 오감을 바탕으로 가상공간을 구현해야 하며 이러한 가상공간을 가상환경(VE:Virual Environment)이라고도 부른다.

HCI(Human Computer Interaction) - 인간과 컴퓨터간의 상호작용

사용자가 가상현실에 몰입하기 위해서는 물리적인 하드웨어를 이용해 조작이나 명령을 통하여 가상현실 속에 구현된 물체들은 사용자와 상호작용을 해야 한다. 사용자의 변화에 대해 가상공간은 적절한 방법으로 다시 인간에게 상호작용하는 시스템이 필요하다. 이러한 시스템을 인간-컴퓨터간의 상호작용(HCI)이라 부른다. 일반적으로 인간과 디스플레이 장치는 그래픽을 통하여 사용자와 상호작용을 하는 GUI(Graphical User Interface) 방식으로 편리성을 제공하며 사용자의 음성을 인식하여 컴퓨터와 상호작용하기도 한다.

자율성(Autonomy)

가상공간내의 물체들 자체도 자율적인 행동을 해야 한다. 가상공간 내의 생명체나 물체들은 외부의 변화(예 시간, 중력, 충격 등)에 대해 스스로 자율성(Autonomy)을 가지고 변화를 일으켜야 한다. 가상현실은 사용자와 상호작용이 가능하기도 하지만 가상공간에서 사용자의 경험을 창출한다는 점에서 자율성이 보장되며 일방적으로 구현된 시뮬레이션과는 구분된다.

⑵ 하드웨어 장비

사용자에게 현실성 있고 몰입할 수 있는 가상공간을 만드는 것은 매우 어려운 작업이다. 가상현실은 인간의 오감을 컴퓨터로 처리해야 하기 때문에 기술도 어렵지만 처리해야할 데이터의 양 또한 테라(Tera : 2^{40}바이트) 이상을 요구한다. 현재 까지는 인간의 오감 중 특정한 감각을 적용한 부분적인 가상현실이 구현되고 있다. 오감 중에서도 시각과 청각 시스템을 이용한 가상현실은 멀티미디어 시스템의 발전으로 비교적 접근이 쉬운 기술이다. 미래에는 멀티미디어 기술의 발전과 함께 유무선 통신의 기술 발전은 완벽한 가상현실에 다소 쉽게 접근할 수 있을 것이다.

가상현실을 구현하기 위해서는 고속의 컴퓨터 이외에도 인간의 오감을 기반으로 한 많은 보조 장비가 필요하다. 이러한 보조 장비의 활용정도와 가상현실의 구현 정도에 따라 사용되는 하드웨어 장치가 달라지며 가상현실의 종류를 분류할 수 있다. 구현의 완벽도가 높을수록 높은 가격의 장비를 필요로 한다. 사용자가 가상공간에 얼마나 몰입할 수 있는가에 따라 몰입형 가상현실 시스템과 비몰입형 가상현실 시스템으로 구분한다. 그림 1-6에서 영화 "코드명J"에서 주인공이 사용한 몰입형 가상장비인 HMD와 데이터 글로브를 볼 수 있으며 일반적으로 몰입형 가상시스템의 장비들은 고가의 장비에 속한다.

그림 1-6 | 영화 '코드명J'에서 사용된 몰입형 가상현실 시스템

현재 스마트폰의 개발과 발전으로 현실에 대한 정보를 취득을 용이하게 만들어주는 응용 프로그램들이 실용화되고 있다. 실제 사물에 컴퓨터 그래픽을 사용하여 부가적인 정보를 사용자에게 제공하여 현실감을 증가시켜 주는 분야를 증강현실이라 부른다. 이 밖에도 인터넷을 이용하여 원거리의 사용자들에게 3차원 가상공간을 구축하는 웹 기반의 가상현실은 1990년 후반부터 서비스되고 있다.

(3) 소프트웨어

가상현실을 구축하기 위해서는 고속의 하드웨어와 뿐만이 아니라 3차원 물체를 생성, 편집하고 이를 통합, 제어, 관리하는 다양한 소프트웨어도 필요하다. 아직까지 완벽한 가상현실이 구축된 사례가 없는 것은 하드웨어 측면뿐 아니라 가상현실 환경 구축에 필요한 엄청난 양의 데이터를 구축하고 제어할 소프트웨어의 부재라 할 수 있다. 따라서 가상현실 기술의 발전은 하드웨어 장비의 발전과 함께 가상현실 환경을 구축에 필요한 다양한 소프트웨어의 제어, 관리가 필수적이며 가상현실에서 제공되는 엄청난 양의 데이터를 어떻게 처리하는 방법이 선결 과제라 할 수 있다.

현재 가상공간의 소프트웨어로서 입출력장치, 데이터베이스를 통합, 제어하는 가상현실 개발 소프트웨어는 비교적 고가이지만 그림 1-7과 같은 웹 기반의 3차원 물체를 생성, 편집하는 3차원 모델링 소프트웨어는 별도의 하드웨어 장비 없이 비교적 쉽게 구할 수 있다. 또한 인터넷의 대역폭은 점차 증가하는 추세에 있으며 가상현실 장비의 점차적인 하락은 개인용 컴퓨터 환경에서 가상현실을 대중화시킬 것으로 생각되고 있다. 가상현실의 응용 분야는 광범위하고 교육효과가 매우 효율적이기 때문에 가상현실의 중요성은 점차 증대될 것이다.

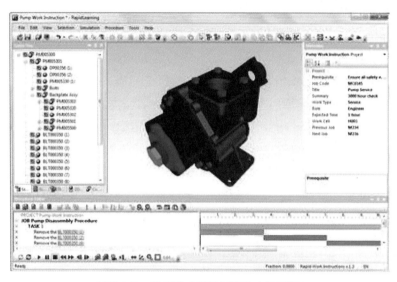

그림 1-7 │ 웹 기반 3차원 모델링 소프트웨어

1.1.3 가상현실의 역사와 발전 배경

가상현실의 역사와 발전 배경에는 컴퓨터의 하드웨어와 소프트웨어 기술의 비약적인 발전과 매우 관련이 깊다. 컴퓨터 하드웨어의 CPU 성능과 저장장치의 용량 증가, 인터넷의 발달 그리고 이를 처리하기 위한 다양한 소프트웨어는 가상현실을 구현하기 위한 멀티미디어 시스템의 발전으로 이어진다.

가상현실의 태동은 1968년에 유타 대학의 이반 서덜랜드(Ivan Edward Sutherland)에 의해 고안된 헤드 마운트 디스플레이(Head Mounted Display ; HMD)가 개발되면서 부터이며 이 장치를 최초의 가상현실 시스템이라고 알려졌다. 그 이후 1970년대 후반부터 가상현실은 컴퓨터 기술을 이용한 군사훈련 및 다양한 체험 분야에 응용되기 시작했다. 초기 가상현실 시스템 중 현실의 도시를 체험하기 위한 목적으로 1977년 MIT에서 만든 그림 1-8과 같은 아스펜 무비 맵 (Aspen Movie Map) 가상현실이 있다. 일반 사용자들은 콜로라도 주의 아스펜을 직접 방문하지 않고도 컴퓨터를 이용하여 간접 체험할 수 있다.

그림 1-8 | Aspen Movie Map(Photo : Bob Mohl)

1980년대에부터 벨(Bell) 연구소에서 개발한 UNIX 운영체제를 이용한 슈퍼컴퓨터 등 다양한 플랫폼을 이용하여 가상공간 구축 시도가 미국을 중심으로 꾸준히 이루어 졌다. 그러나 당시의 여러 환경과 기술로는 오감을 기반으로 한 가상현실을 구현하기에는 경제적으로 매우 고가가 요구되어 일반인들이 구현하거나 체험하기는 매우 어려웠다.

1995년 Microsoft의 Windows NT 멀티미디어 운영체제가 대중화 되면서 일반인들도 저가의 멀티미디어 시스템을 운용할 수 있게 되었다. Window 운영체제는 고가의 UNIX 운영체제를 대체함으로서 가상현실 기술은 보편화될 수 있었고 다수의 사용자들이 다양한 산업분야에서 가상공간 구축을 시도하였다. 1996년 이후 부터는 우리나라를 비롯하여 전 세계적으로 웹(Web)에 직접 표현 가능한 3차원 모델링 언어인 VRML(Virtual Reality Markup Language) 언어가 국제 표준으로 발표되면서 웹에서 가상공간 구축을 위한 많은 시도가 있었다. 또한 2000년대 들어서며 VRML의 차세대 버젼인 X3D(eXtensible 3 Dimension)가 웹 표준으로 사용되고 있으며 그림 1-9에는 웹 표준 기구인 web3D의 홈페이지를 나타내고 있다.

그림 1-9 | 웹을 통한 가상현실 구현(http://www.web3d.org)

멀티미디어 시스템과 가상현실의 등장에는 인터넷 통신의 발전을 간과해서는 안 된다. 1990년 중반만 해도 인터넷은 국방부나 연구원들의 몫이었으나 2000년을 들어서며 인터넷 사용자는 가히 폭발적으로 늘었으며 현재 전 세계의 인터넷 사용자는 수십억명에 이르고 있다. 이런 비약적인 발전은 대용량의 가상현실 데이터를 실시간으로 상호작용하는 것을 가능하게 하였다.

1.1.4 아날로그(Analog)와 디지털(Digital)

가상현실이라는 개념의 등장에는 컴퓨터의 등장과 함께 아날로그와 디지털이란 용어의 개념에 대한 이해가 필요하다. 디지털이란 단어가 생소한 사람은 없을 것이다. 현대 IT 사회를 살아가는 대다수의 사람들은 디지털이란 단어의 홍수 속에 디지털로 구현된 많은 전자제품들을 사용하며 살고 있다. 2012년 12월로서 모든 TV의 수신은 아날로그 송출이 중지되어 디지털 방송으로만 시청이 가능하게 될 것이다.

디지털은 무엇을 의미할까? 어떤 잇점이 있기에 모든 전자제품들은 디지털로 구현되는 것일까? 우리는 디지털의 홍수 속에 살고 있지만 실질적으로 우리가 사는 세상은 디지털과 상반되는 의미의 아날로그 세상 속에 살고 있다. 여러분이 보는 아름다운 산천초목, 사랑하는 사람의 감미로운 목소리, 사랑스러운 가족의 느낌 그리고 향기로운 콜롬비아산 커피의 향, 이 모든 것은 아날로그의 의미를 내포하고 있다. 디지털의 의미를 이해하기 위해서는 아날로그의 의미와 특성을 이해하는 것이 순서일 것이다.

아날로그의 사전적인 의미는 "어떤 물리적인 양 또는 수치가 시간 축에서 끊임없이 연속된 값으로 표현되는 것"으로 그림 1-10에 아날로그의 개념을 도식화 하였다. 우주는 시간이라는 엄청난 물리적 지배하에 움직이고 있으며 시간은 한시도 끊임없이 흘러가고 있다. 이 시간을 바탕으로 인간은 사물을 바라보고, 듣고, 느끼고, 냄새를 맡고, 맛을 본다. 인간의 오감을 물리적인 양으로 정량화, 즉 수치적으로 표현 할 수 있다면 이 모든 양은 아날로그의 값으로 연속적인 값으로 표현된다.

그림 1-10 | 아날로그 개념

아날로그의 상반되는 의미로 디지털은 "어떤 물리적인 양 또는 수치가 시간 축 상에서 불연속적인 값을 갖는 것"으로 표현할 수 있다. 디지털(digital)이라는 용어는 손가락을 뜻하는 라틴어 낱말 digit에서 나온 것으로, 숫자를 세는 데 쓰인다. 그림 1-11에서 보는 것처럼 디지털 데이터들은 시간 축에서 연속적인 아날로그 값들에 대해 주기적인 샘플링 값을 취한 것으로 불연속인 값을 갖는다.

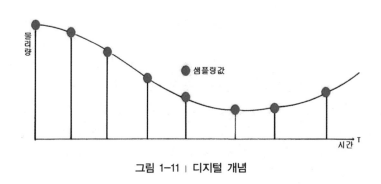

그림 1-11 | 디지털 개념

컴퓨터의 기본 데이터는 0과 1의 전기적 신호로 처리된다. 따라서 0과 1 이외의 신호나 숫자가 없기 때문에 불연속적인 값을 갖는 디지털 데이터가 된다. 1945년 단순히 숫자를 처리하기 위해 만들었던 최초의 컴퓨터가 어떻게 현재의 멀티미디어 데이터를 처리하고 가상현실을 구현하는 복잡한 시스템으로 발전하게 되었을까? 이에 대한 해답은 복잡한 아날로그 데이터에서 단순한 디지털 데이터의 변환이라 할 수 있다. 실제 매우 복잡하고 고성능의 컴퓨터라 하더라도 한 시점에 하나의 연산 혹은 명령어 밖에 처리하지 못한다. 단지 연산의 처리 속도가 인간이 감지할 수 없을 정도의 us(micro second) 이하의 시간에 처리되기 때문에 복잡한 프로그램이 순식간에 처리되는 것처럼 느껴질 뿐이다.

디지털은 아무리 복잡해 보이는 문제도 쉽게 해결할 수 있는 장점을 제공한다. 아날로그의 세상은 한눈에 보아도 복잡해 보이고 선뜻 이를 구현하기가 쉽지 않아 보인다. 그러나 아무리 복잡해 보이는 현상과 사물도 전체를 해부해서 간단한 조각으로 분리하여 분석한다면 쉽게 구현하고 처리할 수 있다. 예를 들어 여러분이 캐릭터(character)를 그리는 것처럼 사람이나 요정의 얼굴을 그린다고 가정해 보자. 처음부터 얼굴 전체 모습을 그리려 한다면 그 복잡성 때문에 쉽게 그려지지 않고 심지어 결국에는 포기하게 된다. 그러나 머리, 눈, 코, 입 그리고 귀 등을 하나하나 분해해서 관찰한 후 그리고 적절한 배치를 한다면 처음 방법과 달리 쉽게 그릴 수 있음을 인지하게 된다. 디지털의 관점은 복잡한 연속적인 아날로그의 데이터를 단순화하여 불연속적인 디지털 데이터로 만드는 것이다.

다양한 정보를 디지털로 저장하고 처리할 때 아날로그 데이터에 비해 다음과 같은 장점을 제공한다.

데이터의 영구성

디지털 데이터는 여러 번 저장 또는 복원하여도 원 데이터는 손실되거나 변화가 없다. 아날로그 데이터는 전송과 수신과정에서 주변의 환경에 따라 데이터가 손실되거나 변화할 수 있다.

가공과 편집의 용이성

디지털 데이터는 이진수로 처리되므로 가공과 편집이 용이하다. 아날로그 데이터로 표현된 이미지는 편집이 어려우나 디지털로 저장된 그래픽 이미지는 합성 편집 등을 매우 용이하게 할 수 있다. 전화기의 경우 아날로그 신호로 전송된 데이터는 잡음으로 인해 통화 품질이 좋지 않으나 디지털 신호의 경우 잡음 등을 쉽게 제거할 수 있어 통화 품질이 매우 우수한 이유는 가공과 편집이 용이하기 때문이다.

검색의 용이성

아날로그 데이터의 경우 순차적인 방법으로 검색하지만 디지털 데이터의 경우 무작위 방식으로 원하는 데이터를 바로 검색할 수 있다. 카세트테이프에 저장된 노래의 경우 원하는 노래를 듣기 위해선 순차적으로 원하는 위치까지 이동해야 한다. 그러나 CD에 녹음된 노래의 경우는 원하는 노래의 번호를 누르면 직접 접근하여 원하는 노래를 바로 들을 수 있다.

오류 검출의 용이성

아날로그 데이터의 송수신 과정에서 오류는 데이터를 왜곡시켜 잡음의 형태로 나타나지만 디지털 데이터의 경우 오류가 발생하더라도 이를 검출하고 오류를 제거할 수 있다.

1.2 가상현실의 분류

가상현실의 분류는 시스템의 환경에 따라 몰입형 가상현실과 비몰입형 가상현실로 구분할 수 있다. 일반적으로 몰입형 가상현실은 현실을 기반으로 다양한 가상현실 장비를 이용하여 사용자의 몰입도가 높은 환경을 제공한다. 몰입형 가상현실을 구현하기 위한 장비들은 고가이어서 일반사용자들은 쉽게 접하지 못한다. 비몰입형 가상현실은 멀티미디어 시스템의 환경과 단순한 모니터를 통해 구현된 가상현실로서 사용자의 몰입도가 낮은편이다. 부가적인 가상현실 장비 없이 일반인들도 쉽게 저렴한 가격으로 구현할 수 있는 특징이 있다.

1.2.1 몰입형 가상현실 시스템(Immereive VR System)

몰입형 가상현실 시스템은 가상현실을 구현하기 위한 가장 이상적인 형태이다. 이러한 시스템을 구현하기 위해서는 다양한 소프트웨어와 그림 1-12와 같은 고가의 하드웨어 장비인 HMD(Head Mounted Display), 데이터 글로브, 공간 추적 장치, 3D Audio, 그리고 다양한 특수 장비 등이 필요하다. 사용자는 이러한 시스템을 이용하여 가상의 세계를 경험하고 상호 인터페이스를 통하여 몰입할 수 있게 된다.

몰입형 가상현실 시스템은 현실을 기반으로 구현하는 경우와 3D 게임과 같이 전혀 현실을 기반으로 하지 않고 구현된 시스템으로 구분할 수 있다. 현실을 기반으로 하지 않는 경우는 상상과 가상의 물건들을 사용자가 체험하고 상호 대화하는 경우로서 게임과 같이 흥미와 재미를 목적으로 한 경우다. 그림 1-13은 Xbox 키넥트(KINECT)는 비디오카메라로 촬영된 자신의 모습이나 몸의 움직임을 감지하는 센서를 이용하여 현실의 움직임을 컴퓨터가 화면에 재생함으로서 자신이 가상공간에 직접 존재하는 것처럼 느끼게 하는 시스템으로서 삼인칭(Third Person) 가상현실이라 부른다.

그림 1-12 | 몰입형 가상현실 장비
(출처 : Wiki 백과)

그림 1-13 | Xbox kinect를 이용한 가상현실 게임(출처 : gamingsquid.com)

현실을 기반으로 구현된 가상현실은 인간의 오감을 바탕으로 하기 때문에 사용자는 더욱 현장감과 몰입감을 느낄 수 있다. 대표적인 예로 원거리 로보틱스(tele-robotics)가 있다. 인간이 직접체험하기 힘든 환경이나 물리적으로 멀리 떨어진 장소를 탐사하는 경우에는 카메라가 장착된 로봇을 조종하여 사용자가 직접 현장에서 탐사하고 관찰하는 생동감을 느낄 수 있다. 그러나 이러한 시스템을 일반인들이 사용하기에는 매우 고가의 장비를 필요로 하기 때문에 체험하기 힘들며 주로 대학의 연구실이나 관련 기업의 연구실에서 많이 사용되고 연구되고 있다. 몰입형 가상현실은 오락, 교육, 훈련, 의료 및 과학 분야 등 다양한 분야에서 활용되고 있다. 그림 1-14는 다양항 형태의 몰입형 가상현실 시스템을 보여주고 있다.

그림 1-14 | 다양한 몰입형 가상현실 시스템

1.2.2 비몰입형 시스템 - 탁상형 가상현실 시스템(Desktop VR System)

그림 1-15 | 비 몰입형 가상현실

비몰입형 가상현실 시스템은 그림 1-15와 같이 일반 컴퓨터 모니터 화면을 사용자가 직접 보면서 간단한 입체안경, 조이스틱 등만 첨가하여 책상 위에서 쉽게 만날 수 있는 가상현실 시스템이다. 책상위의 모니터에서 가상현실을 체험한다는 측면에서 탁상형 가상현실 시스템이라고도 한다.

비몰입형 가상현실 시스템은 현실을 체험하기보단 이미지와 그래픽을 통하여 가상공간을 구현하고 모니터를 통하여 체험하는 방법이다. 일반적으로 단순한 구현이기 때문에 사용자의 몰입도는 떨어지지만 저가의 장비를 이용하여 쉽게 구현할 수 있다는 측면에서 일반인들도 쉽게 접할 수 있는 시스템이다.

비몰입형 시스템은 기본적으로 3D 모델링 툴을 이용하여 3차원 물체를 만들거나 공간을 구현한 후 각 물체들에 키보드나 조이스틱 등을 통하여 상호작용하도록 구현한다. 따라서 3D 모델링 편집 소프트웨어와 가상현실 응용개발 소프트웨어만 있으면 누구나 컴퓨터를 기반으로 구현할 수 있다. 비몰입형 시스템은 모니터 위주의 가상현실 시스템이므로 사이버스페이스(CyberSpace)와 같은 웹(Web)을 기반으로 한 가상현실이 주를 이룬다.

1.2.3 증강현실(Augmented Reality)

증강현실이란 그림 1-16과 같이 현실세계의 정보를 비디오카메라 등을 통하여 입력 받아 그래픽 시스템 내부의 가상물체와 혼합하여 가상의 정보나 이미지가 중첩시켜 보다 많은 정보를 얻을 수 있도록 하는 복합형 가상현실 시스템이다.

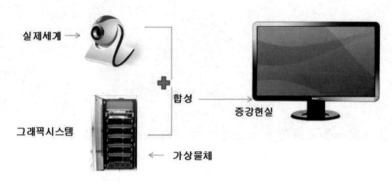

그림 1-16 | 증강현실 시스템 개념도

현실과 가상세계가 혼합되어 사용자가 체험할 수 있기 때문에 그림 1-17과 같이 복합현실(Mixed Reality ; MR) 또는 혼합형 가상현실(Hybrid VR)이라 불린다. 증강현실은 사용자가 직접 인지할 수 있는 현실의 대상물에 대해서 컴퓨터가 더 많은 정보를 부가함으로서 사용자는 더 많은 정보를 효율적으로 얻을 수 있다. 따라서 증강현실을 구현하기 위해선 카메라가 필수적이다. 카메라로 인지된 사물은 컴퓨터를 통하여 부가적인 정보를 디스플레이 장치를 통해 사용자에게 제공한다.

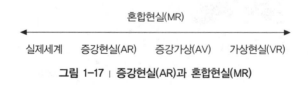

그림 1-17 | 증강현실(AR)과 혼합현실(MR)

과거 사용자가 카메라와 컴퓨터를 일일이 들고 다니며 사물을 인식시켜야 했으며 컴퓨터로 이를 처리하는 비효율적인 면이 많았기 때문에 증강현실을 체험하기는 다소 어려웠다. 그러나 최근 스마트폰의 기능은 카메라와 컴퓨터의 기능 등을 포함하기 때문에 일반인들은 쉽게 증강현실을 체험할 수 있다. 그림 1-18과 같이 일반 사용자들은 스마트폰에 장착된 카메라로 사용자의 주변에 있는 건물들을 비추게 되면 이에 대한 정보가 서버로 전송되고 서버에서는 그 건물에 대한 부가정보를 사용자의 스마트 폰에 재전송하여 사용자가 확인할 수 있는 경우이다. 증강 현실은 교육, 경제, 문화 등 다양한 영역에서 응용될 수 있고 응용되고 있다.

그림 1-18 | 스마트폰을 이용한 증강현실
(출처 : http://www.infotm.net/)

1.2.4 웹(Web) 기반 가상현실

웹 기반 가상현실은 대표적인 비 몰입형 가상현실로서 인터넷을 통하여 사용자의 모니터에 3차원 모델을 제공함으로서 가상현실을 구현하므로 탁상용(DeskTop) 가상현실과 유사하다. 웹 기반 가상현실의 대표적인 국제 표준으로서 VRML/X3D가 있으며 QuickTime VR과 사이버스페이스(Cyberspace) 등이 있다.

사이버스페이스란 인터넷을 기반으로 다수의 클라이언트 컴퓨터들을 네트워크로 상호 연결하고 다수의 참가자들이 서로 대화하며 접촉하는 웹 기반의 가상공간이다. 또는 현실의 박물관 등과 같은 실제 환경을 가상공간으로 구현하고 사용자들이 가상으로 체험할 수 있는 하나의 공간을 말한다. VRML/X3D는 인터넷을 기반으로 이러한 사이버스페이스를 구현하고 3차원 물체를 모델링하기 위해 만들어진 국제표준 프로그래밍 언어이다. 따라서 VRML/X3D로 구현된 3차원 모델과 가상공간은 웹에 별다른 절차 없이 직접 게시가 가능하다.
그림 1-19는 Web3D의 공식 홈페이지를 표현한 것으로 http://www.web3d.org 사이트에 접속하여 다양한 웹 기반 정보를 얻을 수 있다.

그림 1-19 | Web3D 공식 홈페이지

QuickTime VR은 파노라마 VR이라고도 불리며 현실세계의 실제 사진을 연속 촬영하여 이를 파노라마 형식으로 배열하여 사용자들이 탐색하도록 한 방식이다. 이것은 애플(Apple)사에 의해 만들어졌으며 프로그래밍 언어가 아닌 실제 사진을 360° 방향으로 찍고 이를 연속적인 이미지로 가상공간을 구현한다. 사용자는 가상공간에서 360° 회전하면서 구경할 수도 있고 위아래의 방향전환도 가능하다. QuickTime VR은 아파트의 모델하우스와 같이 사용자가 직접 현장에 가지 않고 웹을 기반으로 아파트 등의 내부 구조를 파악하고자 할 때 매우 유용하게 사용될 수 있다.

1.3 가상현실의 활용 분야

가상현실은 인간의 오감을 기초로 구현된 세계이므로 이를 활용할 수 있는 분야는 현실세계에 존재하는 모든 분야에 가능하다. 그러나 모든 산업이 그러하듯 한 분야의 기술은 일반인들에 대한 대중성, 시장성 그리고 경제성에 의해 좌우된다. 따라서 현재 활발하게 적용되는 분야로는 사이버 쇼핑, 게임, 교육 그리고 건축/설계 분야 등이다. 이 절에서는 가상현실을 이용한 활용 분야와 가상현실의 미래에 대해 알아보자.

1.3.1 사이버 공간구축

현재 대다수의 사이트나 홈페이지 등은 2차원으로 이루어 졌으나 사용자들의 현실감을 증가시키기 위하여 3차원 가상공간에 홈 사이트 구축을 위한 노력이 증대되고 있으며 활용되고있다. 박물관, 대학교 그리고 홈쇼핑 사이트 등은 현실 공간을 기반으로 3차원의 가상공간을 구축하고 다양한 시설물과 상품 등을 전시하여 사용자들이 실제적으로 해당 장소를 방문하지 않고도 가상공간의 내부를 자유로이 움직이며 해당 시설물들을 체험할 수 있다. 그림1-20은 대만의 국립 중앙박물관의 내용으로 박물관 소장의 유물을 3차원으로 구성하여360°회전시켜 관람자가 온라인으로 실물을 볼 수 있게 구현하였다. 또한 가상현실을 전자상거래 시스템과 연계하여 가상의 백화점 등에서 사용자는 자유롭게 백화점 안을 구경하면서실제 상품들에 대해 구매할 수 있는 쇼핑몰들도 많이 활용되고 있다. 그림 1-21은 태국의3D 가상현실 백화점 Uberrmall을 나타낸 것으로 아바타를 이용하여 백화점 내부를 구경하며 상품을 360° 회전 시키며 구경하며 쇼핑할 수 있다.

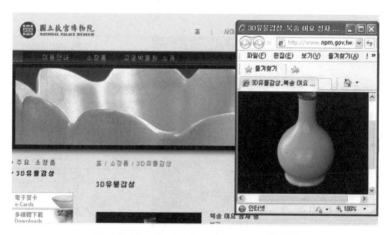

그림 1-20 | 대만의 사이버 국립중앙 박물관

그림 1-21 | 태국 가상쇼핑몰(www.ubermall.in.th)

1.3.2 건축/설계

건축, 설계 분야의 가상현실 활용은 2차원의 설계 도면에서 탈피하여 건축물이 실제 완성되었을 때의 모습을 미리 알 수 있기 때문에 그 효과는 단순히 3차원의 모델링을 뛰어 넘어 매우 실제적인 효과를 나타낸다. 설계자의 입장에서는 설계시 오류와 변경을 최소화 할 수 있으며 소비자 입장에서는 건축 완공시에 미흡한 점 등을 미리 예견하고 자신이 좋아하는 건축, 인테리어 등을 설정할 수 있다. 특히 각국의 정부에서는 건축과 설계 분야의 3차원 모델링을 중요시 여기고 BIM(Buliding Information Modeling)에 대한 표준을 정하여 모든 건축에 대하여 이를 적용할 것을 의무화 하고 있다. BIM이란 기존 2차원의 설계 건축 방식을 3차원으로 의무화하며 건축물의 모든 대상 역시 3차원 모델링을 통해 소비자 등에 제공되어야 한다. 따라서 소비자들은 가상 모델하우스 등을 통하여 벽지, 조명 등의 인테리어를 본인의 취향대로 미리 시뮬레이션을 할 수 있다. 그림 1-22는 BIM의 개념을 나타낸 것으로 건축설계자는 건물을 포함한 모든 실내 인테리어를 실질적으로 만들기 전에 3차원으로 만들고 시뮬레이션 해야 한다.

그림 1-22 | BIM(http://www.vectorworks.net/bim/)

1.3.3 교육, 훈련

가상의 교육과 훈련은 가상현실이 등장한 배경으로서 다양한 시뮬레이션을 통한 교육과 훈련이 가능하며 그 효과 또한 매우 크다. 항공사의 경우 비행 실습을 위하여 가상 교육훈련인 비행 훈련시스템(Flight Simulator)을 적용하여 비행기의 기기조작이나 다양한 환경 변화에 대한 응용 등에 이용하고 있다. 그림 1-23은 국내의 도담 시스템즈에서 사용하는 UH-60P 비행 시뮬레이터이다. 왼쪽의 그림은 비행 훈련시스템의 내부 모습이며 오른쪽 그림은 훈련시스템의 외관을 나타내고 있다.

그림 1-23 | 비행 훈련시스템(http://www.dodaam.com/)

교육, 훈련과 유사하지만 사용자와 임의의 대상이 원거리에 있는 경우 가상현실을 이용하여 수술이나 탐사할 경우가 있다. 이러한 경우는 사용자의 눈과 귀가 되어줄 카메라가 장착된 로봇을 이용하여 제어하여 원하는 목적을 이룰 수 있다. 이것을 원격현존(Tele-Existence) 이라 부르며 인간이 직접하기 힘든 작업이나 환경 등에서 주로 이용된다. 예를 들어, 매우 세심한 수술을 할 경우 의사들은 로봇의 팔을 이용하고 모니터를 통해 정밀하게 수술을 할 수 있다.

1.3.4 게임

3차원 가상 게임은 많은 사용자의 이용으로 활용영역이 매우 넓다. 전쟁 게임이나 축구 게임은 3차원으로 구성되어 본인이 직접 전투에 참가하거나 축구 선수가 되어 현장감을 느낄 수 있으므로 전 세계적으로 게임 이용자는 날로 증가 추세에 있다. 보다 현실감을 느끼기 위해선 HMD와 같은 보조 하드웨어 장비가 필요하지만 소프트웨어 만으로도 충분히 3차원 게임이 구현되고 활용되고 있다. 그림 1-24는 사이버 공간에서의 다양한 체험을 즐길 수 있는 'Second Life'와 자동차 뒷좌석에서 즐길 수 있는 가상현실 게임을 나타내고 있다.

그림 1-24 | Second Life와 가상현실 게임

참고문헌

① 멀티미디어 배움터, 최윤철·임순범, 생능출판사, 2010
② Morton Heilig의 센소라마(ScottTate, 1996)
③ 전통문화 콘텐츠 박물관, http://www.tcc-museum.go.kr/vr_project.html
④ 세컨트 라이프, http://www.secondlife.com
⑤ 네이버 영화, http://movie.naver.com/movie/bi/mi/basic.nhn?code=24452
⑥ 네이버 영화, http://movie.naver.com/movie/bi/mi/basic.nhn?code=24831#story
⑦ 3D 모니터, http://firejune.com/659
⑧ 한국가상현실, http://corp.kovi.com/
⑨ 한국정보처리학회, "Korea Information Processing Society Review", 2003년 11월호 ASP 특집호
⑩ MIT Press, "Aspen the Verb: Musings on Heritage and Virtuality", Michael Naimark, 15.3, June 2006
⑪ 한국콘텐츠 진흥원, "모바일 AR 기술 및 동향", 2010. 9

C h a p t e r
02
가상현실 시스템

가상현실 시스템을 구현하기 위해선 인간의 오감을 기반으로 한 다양한 입출력 하드웨어 장치와 각각의 하드웨어를 제어하고 실행하기 위한 소프트웨어가 필요하다. 일반적인 가상현실 시스템은 시각과 청각을 기반으로 하드웨어와 소프트웨어로 구현되어 있다. 보다 현실적인 가상현실 시스템을 구성하기 위해선 촉각과 후각을 기반으로 한 하드웨어와 부가적인 장비와 소프트웨어들이 필요할 것이다.

이번 장에선 가상현실 시스템이 어떻게 구성되고 작동되는지 원리를 이해해 보자.

2.1 가상현실 데이터의 처리

2.1.1 컴퓨터 언어

가상현실 시스템에 요구되는 특징으로 인간과 컴퓨터간의 상호작용(HCI)에 있다. 그렇다면 컴퓨터는 어떻게 인간의 명령을 이해하고 이를 처리하고 피드백(feedback) 할 수 있을까? 인간과 컴퓨터의 사용언어가 다른데 어떻게 인간의 명령, 움직임 등을 해석하여 적절한 실행을 하는지 원리를 이해할 필요가 있다. 가상현실 시스템의 동작 방식은 복잡한 멀티미디어 시스템이라 생각하면 다소 이해하기 쉬울 것이다.

인간 사회에서도 서로 대화를 하기 위해서는 같은 언어를 사용해야 한다. 서로 언어가 다르다면 대화할 수 있는 공통된 언어를 사용하거나 중간에 통역할 사람이 있어야 한다. 그렇다면 컴퓨터는 어떤 언어를 사용할까? 결론적으로 이야기하면 0과 1을 사용 한다. 0과 1역시 인간의 언어로서 컴퓨터에게 상징적인 의미이지 0과 1을 이해한다는 의미는 아니다. 컴퓨터가 작동하기 위해선 전기를 입력해야 하며 이 전기를 이용한 전기적 신호를 컴퓨터는 사용한다. 그림 2-1은 이를 도식화 한 것으로 특정 전압 이상을 1로 인식하거나 그 반대를 0으로 해석하게 된다.

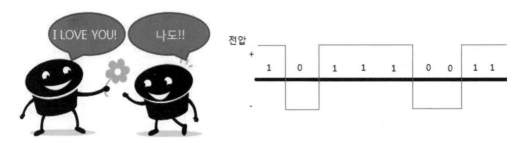

그림 2-1 | **컴퓨터 언어로서의 전압**

이로서 컴퓨터와 인간은 서로 대화(?)할 수 있는 인터페이스가 생겼다. 0과 1은 비트(bit)라 하며 이것은 컴퓨터의 처리의 기본단위가 된다.

1비트로 나타낼 수 있는 상태는 표 2-1과 같이 0과 1, 참(TRUE)과 거짓(FALSE), On과 Off 그리고 N극과 S극의 자기장의 방향 등 2가지 상태를 표현할 수 있다. 컴퓨터의 중앙제어 장치(CPU)의 산술논리 장치(ALU)는 이를 기반으로 연산을 하게 되며 자기장의 방향(N, S극) 등을 이용하여 하드디스크에 자료를 저장한다.

◎ 표 2-1 | **1bit로 나타낼 수 있는 2가지 상태**

	2가지 상태			
1bit	0 1	True False	On Off	N극 S극

인간의 언어는 매우 복잡하며 다른 매체와 소통하기 위해서는 1비트만 가지고는 턱없이 부족하다. 미국에서는 영문자와 특수문자 등으로 컴퓨터와 소통하기 위하여 7비트로 구성된 ASCII(American Standard Code for Interchange Information)를 개발하였다. 7비트의 ASCII에 에러를 체크하기 위한 패리티 비트(parity bit)로서 1비트를 추가하여 8비트를 구성하였다. 8비트는 영문자(소, 대문자, 특수문자)를 표현하기 위한 기본 단위이며 1바이트(Byte)라 부른다. 1바이트로 표현할 수 있는 문자의 개수는 표 2-2와 같이 2진수의 형태로 나타난다. 전기적 신호로 시작된 0과 1이라는 두 개의 상징은 1바이트로 구성되며 비로소 인간과 컴퓨터 간에 소통할 수 있는 기본 토대가 되었다.

◎ 표 2-2 | 비트 수에 따른 표현 상태의 수(1바이트 = 2^8 = 256)

	2^0	2^1	2^2	2^3	2^4	2^5	2^6	2^7	2^8
상태 수	1	2	4	8	16	32	64	128	256

각 나라의 언어는 영어와 달리 1바이트로 모든 문자를 표현할 수가 없다. 한글과 같은 경우는 초성, 중성, 종성으로 이루어져 1바이트로 모든 한글은 표현되지 않는다. 따라서 많은 국가에서는 2바이트로서 문자를 나타내며 이것을 워드(Word)라 한다. 워드는 국제 언어를 표현하기 위한 코드로서 유니코드(UniCode)라 부른다.

인간은 오감을 느끼는 형태는 각각 다르지만 컴퓨터가 처리하는 오감의 데이터는 모두 같다. 인간이 보는 컴퓨터의 모니터에는 아름다운 배경화면과 예쁜 아이콘으로 가득하지만 컴퓨터 내부에서는 이 모든 것이 0과 1의 단순한 데이터로 처리될 뿐이다. 컴퓨터에서 흘러나오는 이벤트성 효과음과 감미롭게 들리는 음악소리 역시 컴퓨터는 단순히 0과 1의 데이터로 처리된다. 인간에게 현실감을 느끼게 해주는 다양하고 복잡한 가상현실조차도 무수한 0과 1의 데이터로 가득할 뿐이다. 단순한 0과 1로서 복잡한 멀티미디어 데이터를 구현하고 처리하여 가상현실을 구현한다는 것이 신기하고 놀라울 따름이다. 0과 1의 데이터는 이를 처리하는 하드웨어와 소프트웨어의 관계에 따라 인간의 오감에 해당되는 데이터로 각각 처리된다. 하지만 사용자들이 반드시 기억해야 할 것은 컴퓨터는 0과 1을 상징하는 전기적 신호나 자기장의 변화로서 이를 처리한다는 것이다. 그림 2-2는 영화 "매트릭스"의 한 장면으로서 주인공 네오가 자신이 존재하는 공간이 가상공간임을 느꼈을 때 공간의 모든 요소가 0과 1의 데이터로 보이는 장면을 묘사한 것이다. 여러분도 눈을 감고 0과 1로 구현된 세상을 상상하기 바란다.

그림 2-2 | 0과 1로 구성된 매트릭스의 한 장면
(출처 : http://www.dan-dare.org/freefun/games/)

2.1.2 컴퓨터의 저장 용량 단위

컴퓨터는 영어의 한 문자를 표현하고 저장하기 위해서는 1바이트가 필요하다. 따라서 문자만을 저장하기 위한 저장 용량과 문자의 수는 거의 유사하다. 그러나 다른 멀티미디어 구성요소들은 문자와 달리 엄청난 저장 용량을 필요로 한다. 이미지를 저장하기 위한 저장용량은 이미지를 표현하는 비트수와 이미지의 크기에 따라 달라진다. 이미지를 표현하는 비트수란 이미지의 최소 구성단위인 픽셀(Pixel : Picture Element)의 구성 정보이다. 그러나 흑백 이미지는 0과 1로만 표현하면 되기 때문에 1비트로 픽셀이 구성된다. 일반적으로 칼라 이미지는 8비트 이상의 비트수로 구성된다. 예를 들어 8비트 정보로 구성된 칼라 이미지는 2차원의 크기(가로×세로)를 가지고 있기 때문에 이미지의 크기에 8비트를 곱해야 한다. 만약 같은 이미지의 크기라도 해상도를 높이기 위하여 한 픽셀에 32비트의 정보를 사용한다면 8비트를 사용한 경우보다 4×(이미지크기) 만큼의 저장 공간이 더 필요해진다.

구성요소가 음성이나 동영상이라면 필요한 용량은 기하급수적으로 커지게 된다. 애니메이션이나 동영상 파일들은 1초당 요구되는 정지화면의 수가 있어야 한다. 이를 fps(frame per second)라 하며 평균적으로 24fps가 필요하다. 1분간 재생되는 동영상 파일의 경우 필요한 저장용량은 24×60×정지화면 용량이 된다. 이처럼 멀티미디어 데이터들은 문자의 경우와는 비교할 수 없을 정도의 많은 저장공간을 필요로 한다.

인간은 10진수를 사용하므로 1000배 단위로 단위 값을 달리 사용한다. 무게의 경우 1g의 1000배는 10^3으로 킬로그램(Kilogram)을 사용한다. 그러나 컴퓨터의 경우는 2진수를 사용하므로 10승 단위로 용량을 달리 사용한다. 표 2-3은 2진수의 저장용량 단위를 나타낸 것으로 10진수의 경우와 혼동 없이 사용하기 바란다.

◎표 2-3 | 저장용량 단위

	1Byte	1Kilo Byte	1Mega Byte	1Giga Byte	1Tera Byte	1Peta Byte	1Exa Byte
용량	8bit	$2^{10}×1B$	$2^{20}×1B$	$2^{30}×1B$	$2^{40}×1B$	$2^{50}×1B$	$2^{60}×1B$

대표적인 저장 장치로서 하드디스크(Hard Disk)가 있다. 과거 문자만의 데이터를 저장할 때 하드디스크의 용량은 100MB를 넘지 않았다. 그러나 최근 저장장치 기술의 발달로 멀티미디어 데이터나 가상공간의 데이터를 구축하기 위해서 TB(Tera Byte)급의 하드디스크가 사용되고 있다.

2.1.3 컴퓨터의 처리속도

가상현실 데이터는 인간 기준으로는 엄청난 양의 데이터이다. 이처럼 방대하고 구성요소가 다양한 데이터를 인간의 오감에 해당되는 응답으로 실시간으로 처리하기 위해서는 중앙처리 장치(Central Process Unit)의 연산 속도와 제어 작용은 매우 빠른 속도를 요구한다. 일반적으로 CPU의 성능은 MIPS(Million Instruction Per Second)와 헤르쯔(Herz : Hz) 단위를 사용한다. MIPS는 초당 처리할 수 있는 백만 단위의 명령어를 나타내며 헤르쯔는 CPU에서 초당 데이터를 전송하기 위한 클럭(clock) 주파수를 나타낸다. 최근 펜티엄(Pentium) 프로세서의 경우 3.7Ghz의 성능을 나타낸다. 이처럼 빠른 성능을 가진 CPU들도 최근의 방대하고 다양한 데이터를 처리하기에는 무리가 있다. CPU의 처리 속도 단위는 표 2-4에서와 같이 10^{-3} 단위로 속도가 증가한다.

◎ 표 2-4 ┆ 처리속도 단위

	milli ms	micro us	nano ns	pico ps	femto fs	atto as
속도 (second)	10^{-3}	10^{-6}	10^{-9}	10^{-12}	10^{-15}	10^{-18}

최근 컴퓨터 사양들은 듀얼(Dual) 프로세서를 사용하거나 고성능의 컴퓨터는 4개의 프로세서를 사용하는 경우가 있다. 그러나 CPU의 성능이 좋다고 컴퓨터의 성능이 좋아지는 것은 아니다. CPU는 단순히 산술논리장치(Arithmetic Logic Unit : ALU)와 제어장치(Control Unit) 그리고 레지스터(register)로 구성되어 있다. 레지스터는 산술논리장치가 연산한 결과를 저장하기 위한 임시 저장장치이다.

CPU가 데이터를 처리하기 위해서는 하드디스크에 있는 데이터가 전송되어야 하지만 실질적으로 그렇지 않다. CPU의 처리속도는 하드디스크의 처리속도보다 월등히 빠르기 때문에 하드디스크의 데이터는 RAM(Random Access Memory)으로 먼저 전송되고 RAM에서 CPU로 데이터가 전송된다. 하드디스크의 원리는 그림 2-3과 같이 자화된 원판 위를 기계적인 장치인 헤더가 움직이면서 0과 1의 데이터를 읽거나 쓰게 된다. 따라서 헤더의 기계적인 움직임에 의해 하드디스크의 처리속도는 마이크로초(us) 단위를 갖는다.

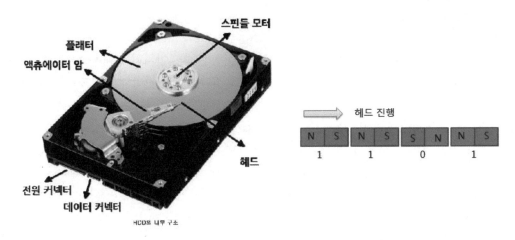

그림 2-3 | **하드디스크의 구조와 원리**(출처 : IT Dong A)

CPU의 레지스터와 RAM은 전기적 장치로 처리속도가 나노초(nano seconds) 이상의 성능을 갖는다. 그러나 레지스터는 32비트 혹은 64비트의 크기를 갖지만 RAM은 기가바이트(GB) 이상의 용량을 갖는다. 용량이 큰 RAM의 경우 데이터를 읽고 쓰기 위해서는 위치를 찾기 위한 지연시간이 발생한다. RAM의 지연 시간 때문에 CPU는 유휴시간(idle time)이 발생할 수 있다. 이런 문제점을 해결하기 위하여 CPU와 RAM의 중간에 캐시 메모리(cash memory)를 두어 자주 사용되는 명령어나 데이터를 미리 갖다 두어 CPU의 성능을 높이고 있다. 만약 캐시 메모리에서 필요한 데이터가 없을 경우에는 RAM에서 요구된 데이터를 전송받게 된다.

전기적 장치와 기계적 장치의 차이로 인한 처리속도의 차이는 메모리 용량을 크게 함으로써 다소 완화 시킬 수 있다. 캐시메모리나 RAM의 용량이 커질수록 보조기억장치나 RAM으로 부터 가져올 수 있는 데이터의 양이 많아진다. 따라서 CPU는 제어장치를 통해 데이터 전송과 같은 부가적인 명령을 줄일 수 있어 처리속도는 향상된다. 이러한 이유로 장치들의 성능과 용량은 점점 증가 추세에 있다.

2.1.4 멀티태스킹(MultiTasking)

멀티태스킹은 컴퓨터 운영체제에 있어서 중요한 개념으로서 가상현실에선 필수적인 요소이다. 복잡하고 다양한 오감 데이터는 현재 상황에 맞게 동시에 처리가 되어야 한다. 멀티태스킹의 개념은 그림 2-4와 같이 시스템을 운영하는 운영체제(Operating System)가 하나의 CPU로 두 가지 이상의 작업이나 프로그램을 동시에 실행하는 것을 말한다. 간단한 예를 들면 사용자가 워드 작업을 하면서 동시에 프린트 기능을 사용하거나 그림에서와 같이 운영체제가 냄새, 소리, 데이터 검색 그리고 화면 표시 등 여러 가지 일을 동시에 처리한다. Unix 와 같은 고가의 운영체제는 여러 사용자를 의미하는 멀티유저(Multi Users)들에 대해 멀티 태스킹을 지원한다. 일반적인 사용자들이 사용하는 PC 운영체제는 MicroSoft 사의 Window 운영체제부터 멀티태스킹을 지원하기 시작하였다. 그 이전의 운영체제는 DOS(Diskette Operating System)으로서 두 가지 이상의 작업을 동시에 할 수 없는 단일 태스크 운영체제 를 사용하였다.

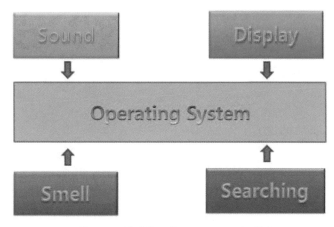

그림 2-4 | 멀티태스킹(Multi-tasking) 개념

아무리 고가의 고성능 컴퓨터라 하더라도 특정한 시점에 하나의 명령어 밖에 처리하지 못한 다. 그러나 CPU의 매우 빠른 속도에 대해 시분할(Time Sharing)이란 개념과 스케줄링 (Scheduling)이란 개념을 적용하여 마치 사용자는 컴퓨터가 동시에 다수의 일을 하는 것처 럼 느끼게 된다. 시분할이란 다수의 작업에 대해 운영체제가 CPU 사용시간을 일정한 기준 에 따라 나누어 각 작업을 분배하는 것을 의미한다. 스케줄링이란 시분할에 의해 한 작업이 분배 받은 시간을 다 사용하고 그 작업이 끝나게 되면 다른 작업에서 CPU를 사용할 수 있도 록 재배정하는 것을 의미한다.

그림 2-5는 스케줄링과 시분할의 개념을 나타낸 것으로 사용자 입장에선 세 개의 프로그램 A, B 그리고 C가 동시에 처리되는 것처럼 느낀다. 시분할 개념을 적용하지 않을 때에는 A, B 그리고 C의 작업들은 일정 작업 뒤에 항상 CPU가 대기(Wait)하는 시간이 존재하며 하나 의 작업이 끝나기 전에는 다른 작업을 할 수 없다. 그러나 시분할과 스케줄링 작업을 적용하 면 CPU는 다수의 작업들을 분배 받은 시간동안 대기시간 없이 작업을 처리할 수 있다. 물론 각 작업들은 나노초(nano seconds) 단위로 이루어지기 때문에 사용자는 각 작업들이 동시 에 처리되는 것처럼 보이며 멀티태스킹 작업을 하는 것처럼 느끼게 된다.

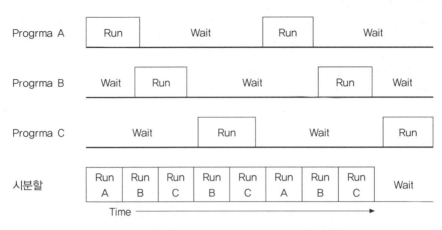

그림 2-5 | 시분할(Time Sharing) 개념

2.2 하드웨어 구성과 원리

가상현실 시스템은 가상현실을 모델링하기 위한 랜더링(Rendering) 시스템, 오감 기반의 입력장치, 사용자의 반응을 표현하기 위한 출력 장치 그리고 시스템의 데이터를 관리하기 위한 데이터베이스(Database)로 구분할 수 있다. 그림 2-6에서와 같이 랜더링 시스템으로 구현된 가상의 공간속에 사용자는 입출력 장치를 통하여 인터페이스(Interface)를 가지며 입출력에 따른 데이터베이스가 갱신되어진다.

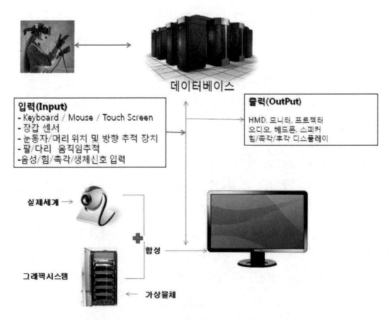

그림 2-6 | 가상현실 시스템의 구성

일반적인 컴퓨터 환경에서는 마우스와 키보드는 대표적인 입력장치이며 모니터와 프린터는 대표적인 출력장치라 할 수 있다. 그러나 가상현실 시스템에서의 입출력 기준은 인간의 오감에 대한 입력, 출력 시스템으로 구분되어야 한다. 인간의 오감중 시각과 청각 그리고 후각은 현실세계를 인지하기 위한 정보의 입력으로 작용된다. 그에 반해서 촉각과 말하기 동작은 입력 작용에 대한 현실세계에 반응하기 위한 동작이라 할 수 있다.

인간의 음성은 인간의 오감 중 청각에 해당되는 부분이긴 하지만 가상현실 시스템의 구성에 따른 분류는 청각과 분리하여 구성되어져야 한다. 따라서 가상현실 시스템을 구현하기 위해선 시각, 청각 그리고 후각은 가상공간에 대한 출력으로 구현되어져야 하며 촉각과 인간의 음성은 가상현실 시스템에 정보를 제공하기 위한 입력장치로 구현되어야 한다. 다음 절에서는 가상현실 시스템을 구성하기위한 입출력 시스템의 하드웨어 구성과 기본원리에 대해 알아보자.

2.2 입력장치

2.2.1 음성 인식의 원리

인간의 음성뿐만 아니라 다양한 소리들을 시스템이 인식하기 위해서는 소리에 대한 기본 개념이 필요하다. 그림 2-7에서와 같이 소리는 물리적인 매체가 공기를 진동시킬 때 발생하며, 공기의 진동은 일종의 파형(Waveform)으로 인간의 고막을 진동시키게 되고 이를 인간이 인지하게 된다. 즉 소리는 공기나 물처럼 진동시킬 수 있는 매질이 있다면 전파시킬 수 있다. 이러한 소리는 그림 2-8에서와 같이 자연 발생적으로 아날로그의 특성을 가지며 주파수(frequency), 진폭(Amplitude) 그리고 음색으로 구성된다. 주파수란 1초당 반복된 주기의 수를 말하며 단위는 헤르쯔(herz : hz)를 사용한다. 그림에서 주파수는 3hz가 된다.

공기의 진동

그림 2-7 | 소리의 전달 과정

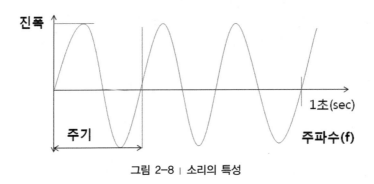

그림 2-8 | 소리의 특성

자연계에 존재하는 아날로그 특성의 데이터는 컴퓨터에서 처리하기 위해서 디지털 데이터로 변환되어야 한다. 일반적인 시스템은 ADC(Analog-to-Digital Convert)와 그 반대 과정인 DAC 장치가 있어 소리의 녹음과 재생을 가능하게 한다. 아날로그 데이터의 디지털 변환 과정은 다음과 같다.

(1) 표본화(Sampling)

아날로그 신호는 연속된 값을 가지므로 디지털 컴퓨터에서는 처리할 수 없다. 따라서 음성 신호를 컴퓨터에서 처리할 수 있는 디지털 신호로 바꾸어야 하며 이를 표본화 과정이라 한다. 그림 2-9는 표본화 과정을 나타낸 것으로 아날로그 신호에 대해 일정한 간격으로 표본 값을 추출하게 된다. 표본 값들은 원래의 아날로그 신호에 대해 크기 값을 가지며 이를 PCM(Pulse Code Modulation)이라 한다.

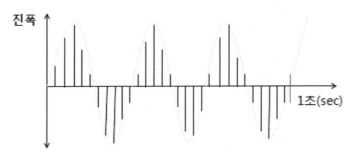

그림 2-9 | 아날로그 신호의 표본화

그렇다면 초당 몇 번을 표본화해야 할까? 너무 자주 표본화를 하게 되면 데이터 용량은 증가하게 되고 너무 적게 하면 원래의 신호를 복구하지 못하게 된다. 따라서 데이터의 용량과 원 데이터의 복원의 관점에서 가장 효율적인 표본화 수를 결정할 필요가 있다. 표본화 수를 결정하기 위해서는 원 아날로그 신호의 주파수에 2배 이상의 빠르기로 표본화를 해야만 한다. 이러한 이론을 정리한 것을 나이퀴스트 샘플링 이론(Nyquist's Theory)이라 한다. 예를 들어 2hz의 아날로그 신호라면 최소 4번 표본화를 해야 한다. 표본화를 거치면 연속적인 데이터는 컴퓨터에서 처리할 수 있는 불연속적인 데이터로 변환하게 된다.

(2) 양자화(Quantization)

표본화를 거친 불연속적인 데이터들은 각각 크기 값을 가지게 된다. 그러나 각각의 높이 값은 정수와 정확히 일치하지 않고 실수의 값을 갖게 된다. 컴퓨터에선 실수(float)를 처리하기 위해선 정수 값보다 2배 이상의 메모리를 요구한다. 따라서 빠른 계산과 메모리의 용량을 효율적으로 사용하기 위해선 표본화된 값들은 정수로 치환할 필요가 있다. 그림 2-10은 3비트를 할당하여 0에서 7까지의 정수값으로 할당한 결과를 나타낸 것이다. 그러나 그림의 붉은 원으로 표현된 것과 같이 원 신호의 값은 정확히 정수값으로 할당되지 않는다. 이처럼 양자화 과정에서는 원래의 데이터가 왜곡되는 현상이 발생되며 이를 양자화 에러(error)라 한다. 하지만 인간의 오감은 이러한 사소한 차이를 인지하지 못하며 이를 해결하기 위해서 많은 비트를 할당하여 각 크기 값을 표현한다. 일반적으로 좋은 음질로 표현하기 위하여 16비트 이상으로 할당하여 양자화 한다.

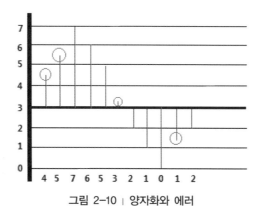

그림 2-10 | 양자화와 에러

(3) 부호화(Encode)

양자화를 거친 데이터들은 컴퓨터에서 처리하기 위하여 이진 데이터로 변환하여 부호화한다. 이진 데이터의 변환은 그림 2-11과 같이 양자화 과정에서 결정된 정수 값을 할당된 비트수로 표현된다.

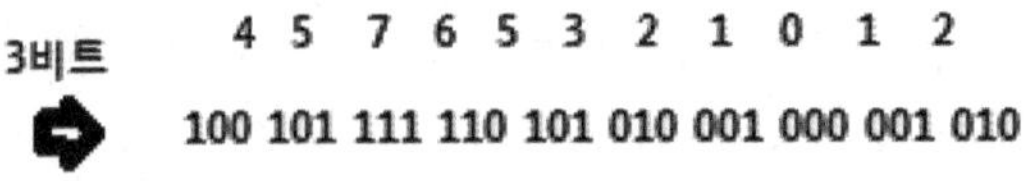

3비트
4 5 7 6 5 3 2 1 0 1 2
100 101 111 110 101 010 001 000 001 010

그림 2-11 | 3비트 부호화 과정

(4) 복호화(Decode)

컴퓨터의 디지털 데이터는 원래의 아날로그 데이터로 변환하기 위해선 앞서 수행한 과정의 역순으로 진행된다. 즉 부호화된 데이터는 양자화를 통하여 이산적인 데이터 크기로 변환되고 이 값들을 해당 값으로 출력된다.

2.2.2 마이크와 사운드카드

음성이나 다양한 소리를 처리하기 위한 하드웨어로서 마이크와 사운드카드가 필요하다. 마이크는 음성을 컴퓨터에 전달하기 위해 필요하며 사운드 카드는 입력된 음성 데이터를 처리하고 출력하기 위하여 필요하다. 그림 2-12는 마이크에서 음성의 입력을 사운드카드에서 처리하여 스피커로 출력되는 과정을 나타낸 것이다. 아날로그 신호를 입력 받으면 ADC를 통하여 디지털 신호로 변환된다. 신호를 변환하는 과정에서 메모리는 필수적으로 필요하며 DSP(Digital Signal Processor)는 사운드 데이터를 처리한다. 스피커로 사운드 데이터를 출력하기 위해서는 메모리의 데이터들은 DAC를 통하여 처리되어야 한다.

ADC
DSP
메모리
DAC
사운드 카드

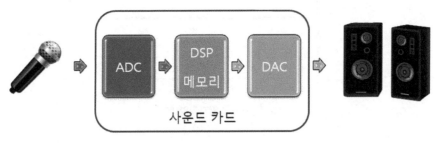

그림 2-12 | 사운드 카드의 처리과정

2.2.3 촉각장치

물체의 압력, 촉감 또는 진동을 느끼기 위한 촉각장치는 이를 감지하기 위한 센서가 필수적이다. 과거에는 물체의 압력을 감지하기 위한 센서가 일반적으로 적용되었으며 촉감과 진동을 느끼는 센서는 최근에 개발되었다. 대표적인 압력 장치는 그림 2-13의 Virtual Tech.사의 사이버글로브(CyberGlove)와 AnthroTronix사의 엑셀글러브(AcceleGlove)가 있다. 이들 장치는 일반적인 장갑 형태의 옷감에 센서를 집어넣어 사용자의 손가락 움직임에 따라 데이터를 컴퓨터에 입력시키는 장치이다.

Acceleglove　　　　　　　　　　　**Cyberglove**

그림 2-13 | 데이터글로브(Dataglove)

최근 폭발적으로 인기 있는 스마트폰의 경우 햅틱장치(Haptic Device)를 이용하여 촉각이나 압력에 대한 감각을 감지하여 다양한 어플리케이션이 사용되고 있다. 햅틱은 촉각이란 의미로 데이터글로브와 같은 보조 장비 없이 손가락의 촉각을 이용하여 투명패널에 입력할 수 있는 기술이다.

그림 2-14 | 촉감을 이용한 입력
(출처 : http://nvanstolkdesign.com/project_tactile.html)

2.2.4 공간추적 장치

3D 공간에서 사용자의 움직임이나 대상 물체의 움직임을 감지하여 컴퓨터의 데이터베이스와 상호작용 되어 피드백 되어야 한다. 사용자의 움직임을 감지하기 위하여 초음파, 적외선, GPS 수신장치 혹은 자기장 센서 등을 이용하였다. 이러한 센서들은 사용자의 이동, 회전 그리고 위치 변화를 인식하여 컴퓨터로 입력시킨다. 그 결과로서 사용자가 바라보는 시점의

장면들을 시시각각 유효하게 디스플레이할 수 있다. 대표적인 공간추적 장치로서 Logitech 사의 헤드추적(Head Tracker)장치가 있다. 헤드 추적 장치 역시 자이로센서 등을 장비에 부착하여 머리의 움직임이나 기울기 등을 추적하여 해당 장면들을 표시하게 된다. 차량용 네비게이션이나 스마트폰에는 GPS 수신장치가 내장되어 있어 최소 3개의 인공위성에서 전파되는 신호를 입력 받아 사용자의 현 위치를 알 수 있다.

최근에는 적외선을 이용한 모션캡션 제품들이 많이 상용화 되었으며 영화 제작에 많이 사용되고 있다. 적외선을 이용한 장치의 장점은 사용자의 움직임이 자유로워 자연스러운 움직임들 나타낼 수 있다. 사용자는 적외선을 반사할 수 있는 제품을 몸의 곳곳에 부착하고 적외선 카메라나 센서로 반사된 적외선을 감지하여 움직임을 상세하게 표현할 수 있다. 과거에는 시스템 성능이 좋지 않아 2~4개의 센서만을 사용하였지만 최근 고성능 시스템으로 사용자의 얼굴 표정까지도 섬세하게 나타낼 정도로 많은 센서를 사용하고 있다. 그림 2-15는 2010년에 제작된 3D 아바타 영화에 사용되었던 모션캡쳐 장면을 나타내고 있다. 배우는 몸의 곳곳에 센서를 부착하고 움직임 값은 컴퓨터로 전송되어 추후 컴퓨터 그래픽으로 다른 장면과 합성하게 된다. 모션 캡션 장비는 컴퓨터 그래픽을 이용하여 영화나 게임 등 상업성이 높은 분야에 자주 사용된다.

그림 2-15 | 영화 "아바타"의 모션캡션 장비(출처 : Amal's 블로그)

닌텐도의 Wii에는 진동과 회전을 감지하기 위한 자이로(Gyro) 센서가 내장되어 다양한 체험형 게임에 응용할 뿐만 아니라 여러 명이 동시에 사용할 수 있는 가족단위의 게임에도 사용하고 있다. 자이로 센서는 그림 2-16의 자이로스코프의 원리를 응용한 방위 측정 장치로서 빠른 속도로 회전하는 팽이의 축이 지구의 자전하는 힘에 의하여 항상 남북을 가리키게 함으로써 지구 자기의 영향력 없이 바른 방

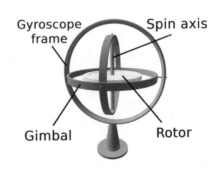

그림 2-16 | 자이로스코프(출처 : 위키백과)

위를 알 수 있도록 하여 진동과 기울기 등을 감지한다. 즉 어떤 물체가 운동량에 의해 틀이 기울어져도 자신의 위치는 항상 유지가 되므로 이 성질을 이용하면 다양한 응용장치를 만들 수 있다.

2.2.5 기타 3D 입력장치

기타 3D 입력장치에는 3D 마우스나 그림 2-17과 같은 모양의 3D 볼(BALL) 그리고 사이버스틱 (Cyberstick) 등 다양한 제품이 있다. 이 제품은 2D 마우스로 입력하기 힘든 X, Y 그리고 Z축에서 의 이동과 각축에 대한 회전 등을 입력하기 쉽게 구 성하여 3차원의 위치와 방향 좌표 입력이 가능하여 가상현실 속에서 탐색항해를 위해 사용된다. 또한 3D 입력장치는 단순히 가상현실 분야뿐만 아니라 CAD, 애니메이션 그리고 게임 분야에서 다양하게 사용되고 있다.

그림 2-17 | 3D 볼(출처 : Space Control)

2.3 출력장치

2.3.1 시각장치

인간의 오감 중 시각을 통해 얻을 수 있는 정보는 약 70% 이상으로 컴퓨터 모니터는 가장 일반적이고 대표적인 시각장치라 할 수 있다. 그러나 인간의 시야는 약 180° 정도를 한번에 관찰할 수 있지만 모니터는 인간의 시각 기준으로 약 56° 정도 밖에 보여주지 못한다. 따라 서 모니터는 비몰입형 가상현실 장비로서 사용되고 있다.

인간의 시각을 극복한 대표적인 몰입형 시각 장치는 그림 2-18과 같은 헤드마운트 디스플 레이(Head Mounted Display) 장치이다. HMD에는 공간 추적센서 등을 부착하여 사용자의 주시방향과 회전 등을 감지하여 적절한 장면을 출력한다. HMD는 일반적인 헬멧 모양으로 서 영상을 입체적으로 보기 위해서 각 눈앞에 높은 해상도의 작은 비디오 모니터(LCD)를 포 함하고 있다. 컴퓨터는 사용자에게 적절한 장면을 제공하기 위한 신호를 전송하면 HMD는 이를 입력 데이터로 받아서 디스플레이하게 된다. 사용자의 눈 바로 앞에 디스플레이 되기 때문에 인간의 시야와 비슷하게 제공되지만 처음 사용하는 사용자의 경우 두통과 같은 어지러움을 느끼는 경우가 흔하게 발생한다. 해상도가 높은 제품들은 상당히 고가여서 일반 대중들이 사용하기에는 많은 어려움이 있지만 닌텐도의 Wii 처럼 HMD 역시 일반 가정에서도 흔히 사용될 수 있는 날이 곧 올 것이다.

그림 2-18 | 다양한 HMD 장비(출처 : 네이버 이미지)

그림 2-19의 왼쪽 그림은 붐(BOOM : Binocular Omni Orientation Monitor) 장치로서 HMD의 초기 형태로서 헬멧의 모습이 아닌 것만 제외하면 HMD와 유사하다. 붐은 바닥에 고정된 스탠드 형태에 모니터를 고정하고 두 개의 렌즈로 가상의 세상을 들여다보는 시각장치이다. 초기에 제안된 붐은 HMD 장비의 발달로 현재는 사용되지 않고 있다.

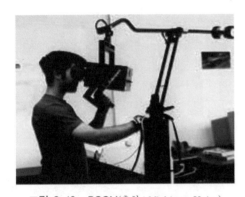

그림 2-19 | BOOM(출처 : Michigan Univ.)

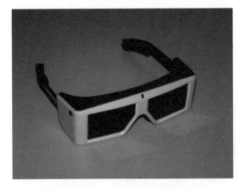

그림 2-20 | 액정 셔터 안경

그림 2-20에 나타난 액정셔터 안경(liquid crystal shutter glasses)은 HMD를 대체할 수 있는 비몰입형 시각장치로서 고화질의 입체영상을 구현이 가능하다. 이것은 크리스털 아이(Crystal Eyes)라고도 하며 원리는 좌우 렌즈가 교대로 출력하여 모니터의 좌우 영상을 디스플레이 시키는 방법으로 입체영상을 구현하는 방식이다. 상대적으로 저가의 가격으로 가상현실을 구현할 수 있기 때문에 데스크 탑 가상현실에 사용된다.

2.3.2 청각장치

3D 공간에서 소리의 전달은 입체음향 방식이어야 한다. 입체음향을 녹음하고 재생하기 위해서는 음원이 공간상의 위치변화에 따라 사용자가 듣는 느낌이 달라질 수 있도록 하는 입체음향 시스템을 사용해야 한다.

입체음향을 생성하는 방법은 다음과 같이 두가지 방식이 있다.

(1) 머리전달 함수(HRTF : Head-Related Transfer Funtion)

밀폐된 음향 녹음실에서 그림 2-21과 같이 가짜머리를 이용하여 여러 위치에 배치한 스피커에서 나오는 음들을 녹음하는 방식이다. 여러 각도에 배치한 스피커에서 나오는 소리는 들어오는 각도에 따라 달라지기 때문에 이 음들을 머리전달함수로 측정하여 녹음하고 데이터베이스로 구축하게 된다. 따라서 3차원 공간에서 재생할 경우 사용자의 위치에 따라 입체 음향이 재생된다.

그림 2-21 | 머리전달함수(HRTF)
(출처:http://interface.cipic.ucdavis.edu)

(2) 공간전달 함수(RTF : Room Transfer Function)

현실세계에서의 소리는 주변 환경에 따라 다르게 인간에게 전달된다. 상대적으로 실외보단 실내에서 작은 소리도 큰소리로 들리고 주변의 소음에 따라 소리의 형태도 달라진다. 공간전달 함수는 가상현실 공간에서 들려오는 소리를 현실세계의 비슷한 환경에서 입체 녹음하는 방법을 말한다. 보다 실감나는 입체음향을 녹음하고 재생하기 위해서는 머리 전달함수와 공간 전달 함수를 병행하여 사용해야 한다.

대표적인 입체음향 시스템으로는 Crystal River Fngineering사의 Beachtron System, Convolvotron System, Acoustctron Audio가 있다. 이것은 HRTF 사양을 기본으로 스튜디오 내에서 음원 혹은 청취자의 위치 변화에 따른 음량/볼륨 등을 DB화하여 구성된 AUDIO시스템으로 현재 가장 진보된 3D AUDIO시스템을 구축하고 있다.

2.3.3 후각장치

후각 장치는 다른 장치들보다 가장 최근에 연구되고 개발된 장치이다. 특히 후각을 감지하고 느끼는 센서를 바이오센서라고 한다. 최근 영국의 과학자들은 시각, 후각, 청각, 촉각 등을 모두 느끼며 가상현실을 체험할 수 있는 그림 2-22와 같은 HMD를 개발했다. 'Virtual Cocoon'이라고 불리는 이 헬멧의 특징은 전자적으로 발생시킨 냄새를 내뿜어 냄으로서 후각까지 생생히 느낄 수 있도록 하여 가상현실의 몰입감을 더욱 증대시킬 수 있다.

그림 2-22 | Virtual Cocoon(후각 장치)
(출처:http://www.gizmag.com/)

2.4 그래픽렌더링(Rendering) 시스템

렌더링은 컴퓨터 프로그램을 사용하여 3D 물체나 가상공간 장면을 담은 파일로부터 영상을 만들어내는 과정을 말한다. 가상현실을 구현하고 사용자에게 몰입감을 주기 위해서는 현실 세계의 움직임과 같은 연속된 장면들을 만들어야 한다. 인간의 시각은 둔감함으로 초당 정지영상(Frame)을 25~30장(Frame Per Second) 정도 연속으로 보여준다면 현실세계의 움직임을 재현할 수 있다. 일반적인 프로세서로 연속된 3D 물체나 가상공간을 실시간으로 만들어내는 것은 연산에 많은 부하를 준다. 따라서 그래픽 렌더링은 전용 그래픽 처리 장치(Graphic Processing Unit)를 통하여 3D 장면들을 만들어 낸다. 과거 그래픽 렌더링 시스템은 주로 중형급 이상의 컴퓨터에서 사용되었으나 최근 CPU와 GPU의 성능 발달로 개인 PC에서도 구현 가능하며 사용되고 있다. 그림 2-23은 AMD에서 개발한 3D 전용 그래픽 카드 FireProV9800이다.

그림 2-23 | 그래픽카드(FireProV9800)

실시간 렌더링 시스템으로 2012년 1월에 상용화된 스포츠 용품 전문회사인 아디다스와 인텔의 합작품인 그림 2-24의 아디버스(Adiverse) 시스템이 있다. 아디버스는 가상 신발 진열장으로 디스플레이 기술을 활용해 온라인 재고 관리부터 상품 선택, 3D로 세부 디자인 확인, 제품 정보 등 다양한 정보를 얻을 수 있는 시스템이다. 사용자가 쇼핑하는 동안 정교한 실시간 3D 렌더링 기술과 터치스크린 방식을 통해 마치 실제 신발이 눈앞에 있는 것처럼 다양한

그림 2-24 | 실시간 렌더링 시스템(Adiverse)

각도와 방향에서 볼 수 있으며, 제품에 대한 다양한 정보까지 제공받을 수 있다.

2.5 가상현실 소프트웨어

가상현실을 제작하기 위해서는 먼저 3D 물체를 생성, 편집하기 위한 3D 모델링 소프트웨어와 가상현실 시스템의 입출력 장치를 통한 다양한 데이터를 통합하고 제어하는 소프트웨어가 필요하다. 3D 모델링 소프트웨어는 단순히 3D 물체를 정교하게 생성하기 위한 소프트웨어와 웹을 통해 직접 가상현실을 구현하는 웹 기반 소프트웨어로 구분할 수 있다.

2.5.1 3D 소프트웨어

3D 소프트웨어의 기능은 3D 물체의 모델링을 통해 물체의 표면을 표현하는 렌더링과정으로 세분할 수 있다. 모델링 과정은 2차원의 평면에 만들어진 선들을 가상의 3차원으로 재배치하는 과정이 포함된다. 일반적인 디스플레이 장치들은 X, Y축을 갖는 2차원의 평면이지만 입체감을 표현하는 가상의 Z축을 통해 수학적 모델들을 재배치함으로서 입체감과 물체의 회전을 통해 3D 물체를 나타내게 된다. 모델링을 통해 3D 물체의 와이어(wire)가 만들어지게 되면 물

그림 2-25 | Z-brush 소프트웨어

체의 질감 혹은 외형을 결정하기 위한 렌더링 과정에 들어가게 된다. 질감을 표현하기 위해서는 모델링 과정에 나타난 와이어들을 다각형(Polygon)을 통해 연결하게 된다. 연결과정에서는 빛에 따른 질감을 표현하기 위한 쉐이딩(Shading)이나 실제 이미지를 모델링에 적용하는 텍스쳐 매핑(Texture Mapping) 등을 사용하여 현실감을 높일 수도 있다.
일반적으로 많이 사용하는 3D 소프트웨어로 Z Brush, 3D-Studio Max 그리고 MAYA 등이 있다.

Z-Brush

Z-Brush는 영화와 게임의 그래픽 소프트웨어를 개발하는 Pixologic사에서 개발한 소프트웨어로서 3D 물체를 생성하고 생성된 물체에 예술적인 색채를 적용하는 전문 프로그램이다. 별도의 그래픽 카드가 없어도 수백만개 이상의 폴리곤을 무리없이 작업할 수 있는 특징이 있다. 그래픽의 화려함과 미적인 면 때문에 일러스트레이션(Illustration)이나 영화 그리고 게임 등의 분야에서 탁월하게 사용되고 있다.

3D-Studio Max

3D-Studio Max는 AutoDesk사의 계열사인 Kinetix사에서 개발한 3D 그래픽 도구로서 대학이나 학원 등에서 교육적 목적이나 상업적 목적으로 많이 사용하고 있다. 이 소프트웨어는 3D 물체의 모델링과 렌더링을 통해 다양한 캐릭터를 만들 수 있으며 애니메이션 기능을 포함하고 있다. 3D 소프트웨어의 특성상 고급 기능까지 사용할 수 있기 위해서는 많은 어려움이 있다.

MAYA

MAYA는 컴퓨터 그래픽 분야의 선두 주자인 Silicon Graphics 회사가 정교한 3차원 그래픽과 애니메이션을 구현하기 위해 만든 소프트웨어다. Silicon Graphics사는 웹 기반 가상현실 언어인 VRML을 만든 회사이기도 하다. MAYA는 정교한 곡선을 생성하는 너브스(NURBS) 모델링, 다각형(Polygon) 모델링 그리고 미립자 시스템(Particle System) 등 일반적으로 생성하기 힘든 3차원 그래픽에 탁월한 기능을 가졌다. 이러한 장점 때문에 월트 디즈니의 영화나 SF 영화의 특수효과를 제작할 때 많이 사용된다.

2.5.2 웹 기반 소프트웨어

3D 그래픽 소프트웨어는 3차원 물체를 렌더링하는 것을 목적으로 하기 때문에 3D 물체를 웹 브라우저(Web browser)로 보기 위해선 웹 기반 프로그램으로 변경하는 절차를 필요로 한다. 이러한 문제점을 해결하기 위해 만들어진 소프트웨어를 웹 기반 소프트웨어라 한다.

웹 기반 소프트웨어로 구현된 3D는 별도의 변환과정 없이 3D 전용 뷰어만 있다면 웹에서 직접 3D 물체를 볼 수 있다.

웹 기반 소프트웨어인 VRML/X3D(Vritual Reality Modeling Language/eXtensible 3 Dimension)는 국제 표준 언어이다. X3D는 VRML의 차세대 버전으로서 개방된 언어를 사용하기 때문에 누구나 개발이 가능하다. VRML/X3D로 구현된 3D를 보기 위해선 VRML/X3D 전용 뷰어(Viewer)가 필요하다. VRML/X3D 전용 뷰어는 VRML/X3D 형식의 파일을 3D 화면으로 렌더링하기 위해 인터넷 익스플로러처럼 독립된 브라우저 형태로 제공되지 않고 플러그인(Plug In) 형태로 제공된다. VRML 1.0 이후 많은 종류의 VRML/X3D 뷰어가 개발되었다. 대표적인 전용 뷰어로는 VRML언어를 공식적으로 후원하였던 Silicon Graphic Inc.(SGI)사의 Cosmo Player, Sony사의 Community Place, Parallel Graphics사의 Cortona 그리고 Bitmanagemnt사의 BS Contact등이 있다. 각 전용 뷰어는 사용법과 기능이 다소 차이가 있으나 VRML은 기본적으로 SGI 사의 Open Inventor 기술을 바탕으로 하기 때문에 한때 가장 널리 사용되는 것은 Cosmo Player이다. 그러나 SGI에서 Cosmo 플레이어의 개발을 포기하였고 현재 VRML의 확장(Extension)을 이용한 Parallel Graphics사의 Cortona의 사용이 일반적이다. 그림 2-26은 독일의 Bitmanagement 사의 저작 프로그램이다.

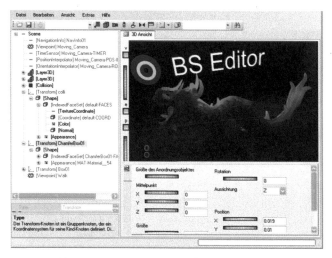

그림 2-26 | Bitmanagement 사의 저작 소프트웨어

2.5.3 데이터베이스 관리시스템(DBMS : Data Base Management System)

가상현실의 데이터는 방대하고 인간의 오감에 해당하는 다양한 매체의 멀티미디어 데이터이다. 기존의 단일 미디어에 대한 데이터는 방대한 양임에도 불구하고 정형화된 데이터이기

때문에 실시간 처리가 가능하지만 가상현실에 대한 데이터 처리는 고성능의 하드웨어 시스템으로도 실시간 처리가 힘들다. 따라서 가상현실에 대한 멀티미디어 데이터를 효율적으로 저장, 관리하고 검색하는 기능을 제공해야 한다. 일반적으로 멀티미디어 데이터베이스는 다양한 미디어 간의 동기화, 저장 공간의 동기화 그리고 사용자의 상황에 맞는 데이터를 쉽게 찾아 실행하고 저장하는 방법을 제공해야 한다.

일반적인 멀티미디어 데이터베이스의 유형으로는 RDBMS(Relational DBMS) 기반 방식과 OODBMS(Object Oriented DBMS) 기반 방식을 사용하고 있다. 표 2-5는 일반 데이터베이스와 멀티미디어 데이터베이스의 차이점을 나타낸 것이며 RDBMS와 OODBMS 방식을 혼용한 ORDBMS(Obejct Relational DBMS) 기반 방식이 사용되기도 한다.

◎ 표 2-12 ㅣ 데이터베이스관리 시스템의 종류와 특징

종 류	일반 DB	멀티미디어 DB	
	RDBMS	OODBMS	ORDBMS
내 용	정형, 텍스트 단순한 정보형태를 관리하기 위한 시스템	사용자 정의, 비정형복합 정보형태를 관리하기 위한 시스템	사용자 정의, 비정형복합 정보형태를 관리하기 위한 시스템
장 점	시스템 안정과 대용량 정보 처리	복잡한 구조의 정보 모델링	시스템의 안정성과 대용량 복합 정보 처리
단 점	복잡한 정보형태 처리 불가능	안정성과 성능 보통	표준화의 지연

참고문헌

1. http://nanotechweb.org/cws/article/lab/48901
2. 가상현실시스템을 위한 HCI의 현황과 발전방향 / 박찬종 · 김동현 정보처리학회지.
3. What is VR, http://vr.isdale.com/WhatIsVR/frames/WhatIsVR4.1.html
4. Virtual Reality Resource, http://vresources.org/applications/applications.shtml
5. Virtual Reality: A Short Introduction, by K.-P. Beier, http://www-vrl.umich.edu/index.html
6. 'VR 구현을 위한 디스플레이 장치': HMD, Shutter Glasses, 한국 CAD/CAM 학회지
7. Revealed: The headset that will mimic all five senses and make the virtual world as convincing as real life, The Daily Mail, March 5, 2009
8. http://www.amd.com/US/PRODUCTS/WORKSTATION/GRAPHICS/
9. 멀티미디어 배움터/ 최윤철 · 임순범/ 생능 출판사/ 2010
10. Multimedia : Making It Work 7th Edition/T.Vaughan/ McGraw Hill, 2008
11. 3D Studio Max 홈페이지, http://www.autodesk.com/3dmax
12. Maya 홈페이지, http://www.autode나.com/maya
13. Z-brush 홈페이지 http://www.zbrush.co.kr/

Chapter 03
증강현실

3.1 증강현실의 정의와 개념

증강현실(Augmented Reality)은 가상현실(Virtual Reality)의 한 분야로서 현실세계의 정보와 컴퓨터에 의해 처리된 가상의 정보를 결합시켜 제공하는 기술을 의미한다. 즉 실시간의 영상이나 음성 등 다양한 정보에 컴퓨터에 의해 생성된 데이터를 합성하거나 부가 정보를 혼합하여 사용자에게 증강된 정보 서비스를 제공하는 개념이다. 최초의 증강현실 기술로 알려진 것은 1966년 미국의 Ivan Sutherland가 개발한 HMD를 이용하여 Tom Caudell이 비행기의 케이블 설치 작업에 활용된 기술에 처음으로 '증강현실'이라는 명칭을 사용하였다. 이러한 증강현실에 대한 표준은 아직 없지만 1994년 Paul Milgram과 Ronald Azuma가 증강현실에 대한 개념을 제시한 정의가 널리 통용되고 있다.

증강현실은 그림 3-1과 같이 현실세계와 가상 세계라는 두 차원이 겹치는 위치에 혼합현실 (MR : Mixed Reality)로서 존재한다. 현실세계를 바탕으로 가상합성을 하게 되면 현실은 더 증강하게 되며 가상세계를 바탕으로 현실을 합성하게 되면 가상현실은 더 증강하게 되는 개념이다. 1997년 Ronald Azuma는 이와 같은 증강현실을 구현하기 위해서 3개의 요소로서 정의 하였다. 그림 3-2에서 나타난 바와 같이 증강현실을 구현하기 위해선 현실을 바탕으로 가상 이미지의 결합, 실시간 상호 작용성 그리고 3D 이미지로 구현되어야 함을 제시하고 있다.

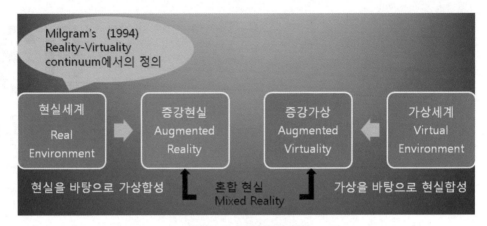

그림 3-1 | 증강현실의 정의

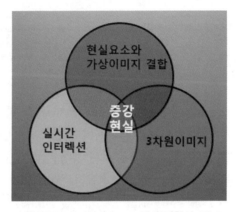

그림 3-2 | Ronald Azuma의 증강현실 3요소

증강현실은 인간의 감각과 인식을 확장한다는 측면에서 '확장현실'이라고 불리기도 한다. 증강현실의 장점은 가상현실과 달리 현실 세계를 바탕으로 가상 정보를 제공하기 때문에 현실 세계에 보다 근접한 개념을 가지고 있으며 저렴한 비용으로 가상 정보를 제공할 수 있다.

최근 증강현실의 기술은 시각을 증강하기 위한 방법과 정보의 증강을 목적으로 한 증강현실 기술로 분류되고 있다. 표 3-1은 시각과 정보의 측면에서 접근한 증강현실 개념을 단순 비교한 것으로 시각 기반 증강현실은 과거 가상현실의 일부 영역으로서 3D 가상 객체의 표현과 실시간 비디오와의 합성에 초점을 맞추고 네트워크에 연결되지 않은 컴퓨터에 의해서도 증강현실이 가능하다.

정보기반 증강현실은 최근 스마트폰의 기술과 함께 등장한 기술로서 현실세계의 정보를 바탕으로 한다는 점이 가장 큰 차이점이 된다. 정보서비스 증강기술은 모바일 증강현실이라고도 부르며 이러한 시스템들은 위치정보, 각도 등의 다양한 센서로 획득한 정보를 가공하며 인터넷 서비스와 결합시켜 정보를 증강한다.

◎ 표 3-1 | 시각 기반, 정보 기반 증강현실 비교

차이점	시각 기반	정보 기반
주 목적	현실(가상) 증강 제공	다양한 부가 정보 제공
인터페이스	3차원 물제와 중첩을 통한 상호작용	정보제공을 통한 탐색
요소 기술	3차원 그래픽 랜더링과 연산 속도	네트워크 망 구축
시각 장치	컴퓨터 모니터	스마트 폰, 태블릿
시스템 형태	독립적 시스템	네트워크 시스템
증강 정보	3D 물체	위치, 다양한 정보, 방향 등
응용 분야	3D 게임, 의학 시뮬레이션, 기술 시뮬레이션, e-learning, 광고	증강 부가 정보의 탐색과 항해, 위치 지형 정보제공, 게임

3.2 하드웨어

증강현실 시스템은 그림 3-3과 같이 증강의 목적에 따라 시스템의 구성이 달라진다. 시각 기반의 증강을 위해선 마커(Marker)가 부가적으로 필요하다. 마커란 그림 3-4와 같이 컴퓨터 비젼 기술로 인식하기 용이한 임의의 물체를 의미하며 QR(Quadrature Record)코드와 같은 형태로 만들게 된다. 증강된 이미지의 정보를 얻기 위해선 마커가 포함된 이미지를 카메라를 통하여 획득하고 증강시스템으로 전송해야 한다. 증강시스템은 마커의 위치에 이미 설정된 부가 정보를 포함하여 사용자의 디스플레이 장치로 전송한다.

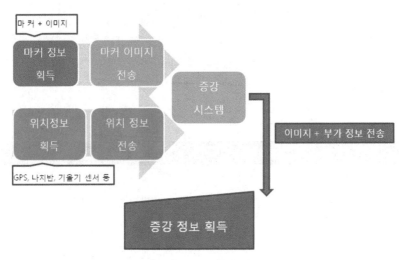

그림 3-3 | 증강 현실 시스템

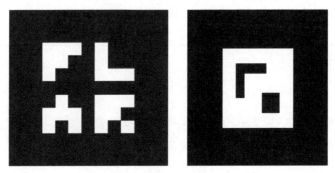

그림 3-4 | 증강현실 마커(Marker)

위치기반의 증강현실에서는 부가적인 장비가 더욱 필요하다. 사용자의 현재 위치를 파악하기 위하여 GPS, 나침반 그리고 기울기 센서 등을 통하여 사용자의 현재 위치를 파악하고 이를 증강 시스템으로 전송한다. 증강 시스템의 사용자의 현재 위치에 기반하여 전송된 현실 이미지에 부가적인 정보를 추가하여 사용자에게 전송하면 사용자는 현재 이미지에 중첩된 부가정보를 얻을 수 있게 된다.

증강현실 기술의 하드웨어 요소는 크게 디스플레이 장치, 트래킹(tracking) 장치, 입력장치 그리고 컴퓨팅 장치 등으로 구분된다. 증강 현실은 현실을 증강시키는 것이 목적이므로 현실 정보를 입력 받기 위한 카메라 등의 입력 장치가 필수적이다. 카메라와 트래킹 장치를 통해 입력된 정보는 컴퓨터에 의해 부가적인 정보를 혼합하고 최종 증강된 정보를 디스플레이 장치를 통해 사용자는 증강 정보를 얻는다.

증강 현실 시스템의 구성에서 보았듯이 증강현실을 구현하기 위해서는 카메라와 컴퓨터 그리고 디스플레이 장치가 반드시 있어야 한다. 따라서 과거 증강현실은 기업이나 학교의 연구실에서나 연구가 되었으며 일반인들에게는 낯설던 단어였다. 그 이유는 증강현실 장비들이 서로 독립적으로 운영이 되었으므로 일반 사용자들이 증강현실을 접하기는 어려웠다. 그러나 최근 스마트 폰의 등장으로 위의 장비는 하나가 되었으며 일반인들도 쉽게 체험할 수 있는 분야로 자리매김 되었다. 전문가들은 이러한 환경을 증강현실을 위한 바람직한 구성으로 보고 있다.

3.2.1 입력장치

그림 3-5와 같이 디지털 카메라(Digital Camera), 웹 캠(Web Cam) 그리고 스마트 폰의 카메라는 증강현실의 대표적인 입력장치이다. IT 기술의 발전으로 카메라의 발전은 용량과 화질에서 매우 발전하였으며 이를 기반으로 현실 기반의 이미지를 증강 시스템에서 처리하게 된다.

디지털 카메라　　　웹카메라(Web Camera)　　　스마트 폰 카메라

그림 3-5 | 디지털 카메라 종류

스마트 폰의 경우는 카메라와 컴퓨팅 장치가 일체화 되어 입력된 사진은 바로 처리할 수 있고 장소의 이동이 용이하다는 장점이 있다. 웹 카메라의 경우는 컴퓨터와 연결되어 획득한 이미지를 바로 처리할 수 있는 특징이 있지만 컴퓨터에 고정되어 있으므로 이동이 쉽지 않다는 단점이 있다. 디지털 카메라의 특징은 실세계의 장면을 촬영하여 카메라에 내장된 메모리에 디지털 이미지의 형태로 직접 저장할 수 있으며 저장된 이미지를 컴퓨터에서 편집 가공할 수 있다. 카메라에서 이미지의 품질은 일반 그래픽 이미지의 해상도(dpi)와 마찬가지로 표시된다.

트래킹(tracking) 장비란 사용자의 단말기 위치 또는 증강현실 마커를 인지하여 해당 위치에 증강현실 콘텐츠를 구현하는 장비이다. 특히 스마트 폰과 같은 모바일 장치는 사용자의 이동이 빈번하며 활용이 많은 분야에선 중요한 장치 요소이다. 가속도센서, 위성 위치확인 시스템(GPS), 자이로스코프, RFID, 무선 센서 그리고 마커(marker) 등은 증강현실을 구현하기 위한 트래킹 장비로 사용되고 있다. 증강현실에서 가장 중요한 것은 사용자의 위치와 머리의 방향이다. 적용된 트래킹 장비의 기술에 따라 정확성과 정밀성이 달라진다. 정밀성이 높을수록 증강된 정보는 정확하게 사용자에게 전달될 것이다.

가속도센서는 물체의 가속도, 중력 등을 감지하는 센서로 순간적인 충격 감지 기능을 가지고 있다. 초기 차량용으로 주로 사용하였던 가속도 센서는 닌텐도-Wii와 애플의 iPone에 사용되면서 다양한 입력장치로 사용되고 있다. 그림 3-6은 가속도 센서의 칩을 나타낸 것으로 수직 방향은 중력의 작용을 감지를 나타낸 것이다.

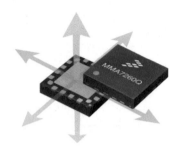

그림 3-6 | 가속도 센서

GPS(Global Positioning System)은 초기에 미국 공군이 군사적 목적으로 위치 및 속도, 시간정보를 제공하기 위해 만들었다. GPS 위성에는 매우 정밀한 시계가 장착되어 있어 이를 기반으로 시각정보와 위도, 경도, 높이 등 3차원 위치 정보까지 전송한다. 지상의 수신자는 GPS 수신기를 통하여 사용자의 시간과 위치 정보를 제공받아 다양한 응용을 할 수 있게 된다. 일반적으로 한 물체의 위치를 알기 위해서 삼각 측량법을 사용한다. 그림 3-7은 GPS 센서를 이용하여 사용자의 위치와 고도를 파악하는 원리를 나타낸 것이다. 수신지의 위치를 알기 위해서는 삼각 측량법에 의해 3개의 위성이 필요하며, 위성 정보 최소 4개를 취합하면 GPS 수신기가 위치한 장소의 경위도 좌표와 고도 정보를 얻을 수 있다.

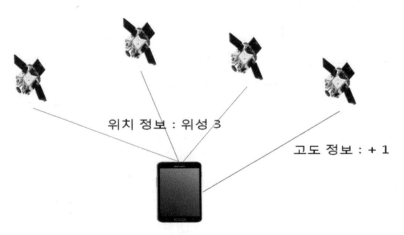

그림 3-7 | GPS 시스템의 원리

핵틱(Haptic) 기술은 구현된 증강현실 콘텐츠를 조작하기 위한 핵심 기술이며 스마트폰을 이용한 증강현실에서는 터치스크린이 자연스럽게 입력 장치의 역할을 수행하고 있다. 핵틱(haptic)이라는 단어는 그리스어로 '만지다'라는 뜻의 'haptesthai'에서 유래한 영어 단어로 '촉각의, 만지는'이라는 뜻이다. 컴퓨터 기술의 핵틱 기술은 촉각과 관련된 하드웨어와 소프트웨어 등을 포괄한 기술로서 입력 장치에 힘과 운동감을 촉각으로 재현하는 새로운 기술이다. 그림 3-8은 스마트폰에 적용된 핵틱 기술로서 디스플레이 장치위에 손가락의 촉각을 통하여 입력을 하고 있다.

그림 3-8 | 핵틱 기술

3.2.2 디스플레이 장치

그림 3-9 | PTAM 기술이 적용된 증강 지도(Map)

현재 증강현실을 위한 디스플레이 장치로서 스마트폰과 같이 사용자가 손에 잡을 수 있을 정도의 모바일 소형 디스플레이가 대다수를 차지하고 있다. 소형 디스플레이 장치는 초기 증강현실을 위하여 마커를 사용하였으나 GPS와 같은 다양한 트래킹 장치가 적용되며 응용범위가 넓어졌다. 최근에는 슬램(SLAM : Simultaneous Location And Mapping) 기술을 적용하여 사전에 등록된 데이터베이스(database) 없이도 증강현실을 구현할 수 있게 되었다. 슬램은 처음 경험하는 환경을 카메라로 습득된 정보만으로 증강 정보를 디스플레이 하도록 새로운 증강 지도(Map)를 형성할 수 있는 기술이다. 그림 3-9는 슬램 기술을 적용한 PTAM(Parallel Tracking And Mapping) 기술을 나타낸 것이다. 그림에서 표시된 그래픽 점들은 증강 정보를 표시하기 위한 위치 지도가 된다.

소형 디스플레이 장치는 언제 어디서나 사용할 수 있다는 장점이 있지만 사용자가 스마트폰을 직접 손으로 조작하며 화면을 바라보는 행동이 동시에 이뤄져야 한다는 점에선 단점으로 작용한다. 또한 실제 세계를 바라보는 인간의 시각과 모바일 카메라의 시각의 차이에서 오는 왜곡도 개선해야할 기술 중 하나이다.

이상적인 증강현실을 위해서는 이전에 살펴보았던 HMD처럼 직접 착용하여 곧바로 눈에 영상을 전송할 수 있는 형태가 바람직하다. HMD는 사용자가 바라보는 실제 세계의 정보에 증강된 정보를 중첩시켜 디스플레이 한다. 이를 위하여 HMD에는 반드시 트래킹 장비가 포함

되어 사용자의 위치와 방향을 인식하여야 한다. 증강
현실 시스템은 사용자의 위치 정보를 이용하여 사전에
등록된 데이터베이스로부터 정확한 증강정보를 사용
자에게 전송할 수 있다. 소형디스플레이처럼 전송된
사진에 의하여 부가 정보를 얻는 것이 아니고 실시간
으로 실세계에 대한 정보를 얻을 수 있을 수 있기 때
문이다.

그림 3-10 | 구글의 "Project Glass"

구글(google) 회사에서는 그림 3-10과 같은 증강현실
을 위한 HMD를 "Project Glass"라 명명하고 2012년
말까지 개발할 것을 발표하였으며 그림 3-11은 영화
아이언맨(Iron man)에서 주인공 눈에 직접 전송된 증
강 정보를 나타낸 것이다.

그림 3-11 | 영화 아이언 맨 증강현실 예

HMD나 소형 디스플레이 장치는 사용자가 착용하거나 들고 다녀야 하지만 디지털 프로젝터
(projector)를 이용한 증강현실은 사용자가 어떤 장비 없이도 실제 물체에 기반으로 그래픽
정보를 표현할 수 있다. 이처럼 프로젝터를 통하여 증강현실을 구현하면 사용자는 아무런
장비 없이 여러 명의 사용자가 동시에 증강현실을 사용할 수 있다. 이와 같이 프로젝터를
통하여 다수의 사용자가 정보를 얻는 증강현실을 공간적 증강현실(Spatial AR : SAR)이라
한다.

공간적 증강현실의 장점은 다수의 사용자가 부가적인 장비 없이 공통의 작업이나 토론을
할 수 있다는 것이다. 또한 기존의 디스플레이 장치는 해상도에 제한이 있지만 공간적 증
강현실은 공간에 따라 다수의 프로젝터를 사용할 수 있으므로 해상도의 제한 없이 사용할
수 있다. 그러나 프로젝터를 이용한 증강현실은 실외에서 사용하기 부적합하고 프로젝터
의 그래픽을 디스플레이할 표면이 있어야 한다는 단점이 있다.

그림 3-12는 애플(Apple)사에 개발한 공간적 증강현실의 예를 나타낸 것이다.

다양한 입력장치를 통해 획득된 정보는 증강현실 시스템으로 전송된다. 증강현실 시스템은 전송된 데이터를 가공하여 증강정보를 사용자에게 되돌려 주기 위한 증강현실 프로그램을 처리하기 위한 기본 하드웨어이다. 다양한 그래픽 이미지와 데이터를 처리하기 위한 메인 프로세서(CPU)와 그래픽 가속기는 필수적인 요소이다. 현재 일반적인 성능의 컴퓨터 및 스마트폰이라면 무리 없이 시각 기반 또는 위치 기반의 증강현실 기술을 구현할 수 있다.

그림 3-12 | 공간적 증강현실

3.3   증강현실 종류

현실의 물체에 부가적으로 증강된 정보를 보여 주기 위해서는 사전에 데이터베이스로 필요한 증강된 정보를 등록하여야 한다. 데이터베이스에 등록될 증강 정보의 종류는 위치기반의 경우 단순한 문자(text) 위주가 되겠지만 이미지 혹은 3차원 물체를 부가적으로 보여주기 위해서는 3D 객체의 정보가 요구된다. 경우에 따라서는 촉각 혹은 후각에 대한 정보가 필요하게 된다.

현실 세계를 얼마나 증강 시키느냐는 증강현실의 성능을 좌우하는 척도가 된다. 따라서 증강현실 소프트웨어는 증강현실의 하드웨어에 상관없이 현실세계의 위치를 정확히 측정해야 한다. 이처럼 다양한 장비로부터 현실세계의 좌표와 이미지 등의 정보를 획득하는 과정을 이미지등록(image registration)이라 한다. 이미지 등록 절차는 크게 두 부분으로 나뉜다. 첫 번째 단계는 현실세계의 정확한 좌표를 얻기 위한 과정이다. 과거에는 마커와 같은 표시로 위치 정보를 획득하기 위해 에지 검출(edge detection)과 같은 방법을 사용한다. 두 번째 단계는 첫 번째 단계에서 획득한 정보를 현실세계의 좌표와 함께 저장한다. 만약 사용자가 저장된 좌표에 있는 현실세계 이미지를 요구하면 증강현실 소프트웨어는 데이터베이스에 저장된 부가정보를 사용자에게 전송함으로써 사용자는 현실을 증강하게 된다.

(1) 위치기반 증강현실

위치기반 증강현실 기술은 스마트폰 보급의 확대로 가장 일반적으로 사용되고 있는 증강현실 기술이다. 스마트폰에 내재된 GPS 등을 통해 수집된 위치 정보를 바탕으로 일반적인 증강 정보를 제공하는 형태이다. 현재 응용되고 있는 서비스로는 주변 정보 제공, 길 찾기, 위치기반 정보 그리고 모바일 광고 및 SNS 등에 활용되고 있다. 그러나 GPS를 이용한 위치 정보는 수십 미터(meter) 정도의 위치 오류가 발생하기도 한다. 따라서 최근에는 Wi-Fi 신호를 적용하여 오차의 범위를 최소로하여 정보를 제공하기 위한 연구가 활발히 진행되고 있다.

위치기반 증강현실은 위치 정보에 따른 기존 데이터베이스를 지속적으로 업데이트 하여야 한다. 그렇지 않다면 현재의 위치 정보에 과거의 증강 정보가 제공되어 정보의 신뢰성에 문제가 있을 수 있다.

(2) 마커인식 증강 현실

마커(Marker)를 통한 증강현실은 가장 오래되고 일반적인 방법으로 이를 통하여 콘텐츠를 구현하는 경우에는 해당 마커를 인식할 수 있는 프로그램이 구축되어 있어야 한다. 마커인식 증강현실은 카메라를 통해 특정 마커의 위치를 인식하고 증강 정보를 제공하므로 위치기반 증강현실처럼 위치의 오류나 현실과 잘못된 증강 정보사용자가 마커를 통해 현실 세계의 좌표를 등록시키고 이 좌표에 증강정보를 요구하게 되면 증강현실 시스템은 사전에 데이터베이스에 등록된 정보를 해당 마커의 위치에 부가적인 정보를 디스플레이 하게 된다.

마커의 형태는 컴퓨터비젼에서 사용되는 인식하기 쉬운 단순한 형태가 일반적이며 현재는 QR코드의 형태가 사용되고 있다. 마커의 인식에 따라 이미 설정된 정보를 제공하므로 정확한 정보 전달이 요구되는 응용 서비스에 사용하고 있다. 예를 들어 쇼핑 카탈로그, 잡지 등에 마커를 삽입하고 사용자가 카메라로 인식시키면 다양한 부가 정보를 제공한다. 따라서 증강현실 광고 등에 상업성이 크다고 할 수 있다. 마커를 이용한 증강현실은 마커를 정확히 인식해야 하므로 마커가 훼손되거나 카메라의 조작에 따라 마커를 인식하지 못하게 되면 증강 정보를 얻을 수 없는 단점이 있다. 또한 필요시마다 마커를 새로 제작해야 번거로움이 있다.

최근에는 마커 없이(markerless) 증강정보를 제공하는 마커 없는 증강현실이 개발되고 상용화 되고 있다. 마커 없는 증강현실은 실재 물체나 일반적인 이미지들을 마커처럼 사용하는 기술이다. 마커 없는 증강현실 기법은 마커 인식 증강현실과 유사하지만 카메라의 정밀한 사물 인식 기술이 필요하다. 그림 3-13은 일본 소니(Sony)사에서 개발한 무마커식 증강현실 기법이다. 사진속의 분홍색 곰돌이가 마커 역할을 한다.

그림 3-13 | 마커 없는 증강현실(Sony "SmartAR")

⑶ 혼합현실(Mixed Reality)기술

지금까지의 증강현실 기술은 실제 사물에 기반하여 증강 정보를 제공한 형태였다. 그러나 반대로 3차원의 가상공간에 실제 정보를 제공하는 기술이 있다. 이러한 형태의 기술을 혼합 현실이라 부른다.

혼합 현실의 대표적인 예는 CAVE(Cave automatic virtual environment)이다. CAVE 4면 이 가상의 3차원 그래픽으로 구현되었으며 실제 사용자가 그 공간에서 가상의 체험을 하는 가상현실 기술이다.

3.4 증강현실 소프트웨어

3.4.1 ARToolkit

마커를 이용한 대표적인 저작 프로그램으로 ARToolkit 이 있다. ARToolkit은 가장 일반적으로 사용하는 증강 현실을 위한 라이브러리(library)이다. C 언어로 구현된 공개된 프로그램으로 다양한 국가의 언어로 구현되어 있다. 또한 증강현실을 구현하기 위한 안드로이드 (Android), 플래시 그리고 실버라이트 등의 플래폼을 지원한다. ARToolkit은 웹사이트 http://www. hitl.

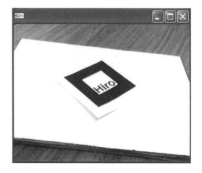

그림 3-14 | ARToolkit Marker

washington.edu/artoolkit에서 무료로 다운받아 사용할 수 있다. 자신의 컴퓨터 운영체제에 맞는 버전을 찾아 다운로드 받아 설치해야 한다. 그림 3-14는 ARToolkit의 예제 프로그램에서 마커를 통해 현실세계의 좌표를 등록시키기 위한 이미지를 나타내고 있다.

3.4.2 Argon

Argon은 조지아 공대(Georgia Tech.)에서 아이패드(Ipad)와 아이폰(Iphone)에서 적용 가능한 최초의 증강현실 웹 브라우저다. 현재 인터넷 웹브라우저에서 사용하고 있는 HTML/javascript/CSS와 KML을 사용하므로 기존의 인터넷을 통해서 증강현실을 개발하고 체험할 수 있다. Argon 웹 사이트에서는 Argon 응용 프로그램을 다운로드 받을 수 있으며 사용법 뿐만 아니라 개발자를 위한 내용들을 포함하고 있다. 그림 3-15는 Argon의 운영 원리를 도식화 한 것으로 KARMA 플랫폼을 나타낸 것이다. KARMA(KML/HTML Argumented Reality Mobile Archiecture)는 사용자 위치추적 서비스와 함께 컴퓨터 비전 이미지 인식 기술을 사용하여 사용자에게 증강 정보를 제공한다.

그림 3-15 | KARMA 플랫폼

3.4.3 믹사(mixare)

믹사(mixare)는 mix Augmented Reality Engine의 약자로서 증강현실 브라우저를 위한 공개된 프로그램이다. 믹사는 GPLv3 언어를 사용하고 안드로이드와 아이폰 계열에서 모두 사용가능하다. 그림 3-16은 믹사를 이용한 가상현실의 예를 나타낸 것이다.

그림 3-16 ǀ mixar 증강현실 어플리게이션

3.4.4 스캔서치(Scan search)

스캔서치는 국내의 (주)올라웍스에서 개발한 증강현실 프로그램이다. 스캔서치는 증강 정보를 위하여 그림 3-17의 왼편 그림과 같이 세 개의 부류로 구분하고 있다. 그림 3-17의 왼편 그림에서 첫 번째 이미지 스캔을 선택하고 책표지, 영화포스터, 음반, 그리고 제휴광고 이미지 등을 촬영하면 그림 3-17의 오른쪽 그림과 같이 관련된 정보를 보여준다.

그림 3-18과 같이 두 번째 QR/바코드 메뉴를 선택한 후 상품의 정보가 궁금하거나, 구매하고자 하는 상품이 있다면 카메라로 코드를 스캔한다. 스캔서치의 QR코드는 GNU LGPL 2.1이 적용된 Zbar library를 사용하고 있으므로 해당 상품의 관련 정보뿐만 아니라 제휴된 업체를 통해 쇼핑도 가능하다.

세 번째 메뉴 주변 장소 스캔의 경우는 사용자가 처음 가본 장소이거나 주변 장소들의 부가 정보를 얻기 위해 사용한다. 거리를 스캔하는 것만으로도 사용자의 위치와 주변의 부가 정보를 얻을 수 있다.

그림 3-17 | 스캔서치의 메뉴와 이미지 스캔

그림 3-18 | QR/바코드 스캔(좌)과 주변장소 스캔(우)

3.5 증강현실 응용

증강현실은 다양한 분야에서 응용할 수 있으며 증강현실 기술을 적용함으로써 많은 장점을 제공한다. 증강현실의 초기에는 주로 군사, 산업 분야 그리고 의학 분야에 초점이 이루어졌으나 현재는 상업적 목적과 오락적 목적 등 대중화 되고 있다.

증강현실의 대표적인 응용 분야는 최근 스마트폰을 이용한 부가 정보의 제공이다. 스마트 폰을 이용하여 건물, 상품 등을 사진으로 찍으면 해당 정보는 서버로 전송되고 서버에서는 실제 건물에 대한 부가 정보 및 건물주변의 공간 및 지도 정보 등을 사용자에게 전송하게 된다.

(1) 의료 분야

의료 분야에 대한 증강현실 응용은 의사나 수련의사 들에게 있어서 매우 유용하고 필요한 분야다. 증강현실을 이용한 환자에 대한 부가정보는 의사들이 환자를 수술하거나 치료하는 데 있어서 많은 도움을 줄 수 있다. 환자의 심장 박동수, 혈압 또는 환자 조직의 상태 등은 증강 정보로 구축되며 환자의 특이 동향이 발생할 경우 증강 정보의 도움을 받아 환자를 치료하게 된다. 또한 환자의 수술 시 증강 정보는 의사들의 협업이 가능하게 할 수도 있으며 수술과정에 발생하는 다양한 정보들을 바로 보여 줌으로써 수술의 결과를 좋게 할 수 있다.

특히 수련의들의 경우 직접 임상실험을 하지 않고 증강현실을 통하여 실제 수술을 하는 것과 같은 효과를 나타냄으로써 많은 지식을 효과적으로 얻을 수 있다. 그림 3-19는 인간의 두개골에 대해 증강현실을 적용한 경우로서 가상으로 두개골에 상처를 주고 이를 치료하는 과정을 모의 실험해 볼 수 있다.

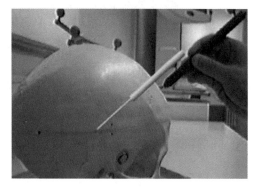

그림 3-19 | 의료분야의 증강 현실

(2) 국방 분야

국방 분야의 증강현실 응용은 군인들의 생명과 직결 지울 수 있을 정도로 중요하고 전투력을 향상 시키는 특성이 있다. 증강현실은 군인들이 전투시에 자신의 위치와 적들의 위치 그리고 적들의 수 등에 대한 정보를 직접 보지 않고도 알 수 있도록 해준다. 또한 직접 물리적인 지도를 지참하지 않아도 증강현실을 통하여 디지털 지도를 제공받을 수 있으며 저격수의 경우에는 본인이 은폐한 주변 환경 등의 정보를 제공 받음으로서 본인의 임무를 완수할 수 있도록 도울 수 있다.

특히 증강현실은 의료 분야에서의 시뮬레이션처럼 전쟁 시뮬레이션을 보여주는데 매우 효과적이다. 그림 3-20은 특정 지형에서의 전투에 대한 증강현실 시뮬레이션을 구현한 예이다. 이와 유사하게 군인들을 훈련시키거나 새로운 무기에 대한 사용법을 쉽게 익힐 수 있으며 다양한 증강현실 기술을 이용해서 보다 현실감 있는 전투 환경을 조성하는 것도 가능하다.

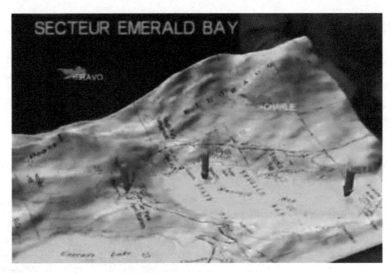

그림 3-20 | 국방 분야에서의 증강현실

⑶ 엔터테인먼트(Entertainment) 분야

사람들의 여가생활과 연관된 엔터테인먼트 분야에서의 증강현실은 일반 사람들을 대상으로 하기 때문에 파급 효과는 상당히 크다. 엔터테인먼트 분야는 스포츠, 문화 그리고 게임 분야로 분류할 수 있으며 이들 분야는 증강현실과 결합하여 더욱 발전할 것이다.

스포츠의 경우 일반적으로 익히 알려진 경기장에서 경기를 한다. 예를 들어 육상 경기장, 수영장, 당구장 그리고 축구장들의 공간은 잘 알려져 있으며, 경기를 중계하는 카메라의 동선은 거의 유사하기 때문에 위치기반이나 이미지 기반의 증강현실을 쉽게 구현할 수 있다. 경기 중 선수나 공들의 움직임에 대해 부가 정보를 제공함으로서 시청자들의 관심을 더욱 유발 시킬 수 있다.

게임 분야는 증강현실 분야에서 가장 폭발적인 인기와 빠른 기술 개발이 이루어지고 있다. 증강현실이 적용된 대표적인 게임으로 닌텐도(Nintendo) 회사에서 개발한 고스트와이어(Ghostwire)가 있다. 닌텐도 게임기를 가진 사용자가 자신의 집 실내 공간이나 길거리 등의 특정 공간에서 게임기의 카메라로 주변을 비추면 가상의 유령을 발견할 수 있다는 게임이다. 이 게임에서는 단순히 가상의 유령을 발견할 뿐만 아니라 그 귀신과의 대화 등을 통해 게임을 해결해 나간다. 그림 3-21은 실내공간을 게임기의 카메라로 입력 받았을 때 유령이 발견된 모습을 나타낸 것이다.

그림 3-21 | 닌텐도 게임기를 이용한 증강현실

⑷ 광고 분야

QR/바코드 등을 이용한 부가 정보 제공 서비스는 회사의 광고나 상품의 홍보를 위하여 매우 유용하다. 앞서 살펴본 스캔서치 프로그램의 경우 책이나 신문, 잡지 등에 포함된 마커를 스캐닝하면 보다 많은 정보를 제공함으로서 홍보의 효과를 극대화 시킬 수 있다.

그림 3-22 | 증강현실을 이용한 광고

유명한 속옷회사 켈빈클레인 회사는 새로운 상품출시에 따라 옥외광고와 잡지에 X마커를 삽입한 후 사용자들이 스마트 폰으로 마커를 스캔하면 옥외광고나 잡지에서 볼 수 없는 속옷 동영상을 구현함으로서 새로운 상품에 대해 효과적인 광고를 하였다. 그림 3-22는 CalvinKlein 회사에서 사용하였던 광고 이미지이다.

⑸ 건축/디자인 분야

건축과 디자인 분야에서의 증강현실은 사용자로 하여금 현재 설계중인 건축물이나 상품의 디자인에 대해 실제 완성하지 않고도 완성 작품을 볼 수 있는 기회를 제공한다. 단순히 2차원 평면상에 이루어지던 작업들을 증강현실을 통하여 3차원으로 볼 수 있으며 주변 물체나 색상 등에 대해서도 미리 평가할 수 있는 장점이 있다. 이러한 일련의 작업들은 혹시나 생길 수 있는 완성작의 실패를 미리 방지함으로서 시간과 경비를 절감할 수 있는 효과를 제공한다.

이러한 장점들은 아직 완공되지 않은 건물에 대해서 건물주에게 미리 보여 줌으로서 만족감을 충족시킬 수 있으며 이미 사라져버린 고궁과 같은 옛 건물 들을 보여 줌으로서 사용자에게 역사적인 교육을 할 수도 있다.

(6) 네비게이션/여행 분야

자동차 네비게이션과 여행 분야는 GPS를 이용한 위치 기반, 컴퓨터비젼을 통한 이미지 기반의 증강현실을 이용하여 효과적으로 적용될 수 있다. 자동차 네비게이션의 경우 사용자는 목적지까지의 경로정보, 날씨 정보 그리고 교통정보 등을 미리 예견할 수 있다. 또한 운행 도중 차량의 과속을 경고하고 운행 주의 구간 등을 알려 주기도 한다. 이러한 네비게이션은 단순히 차량에만 해당되는 것이 아니라 바다위의 배 운항에도 유용한 정보를 제공한다.

최근 여행객들을 위한 증강현실 기술이 발전하고 있다. 일반적으로 여행객들은 낯설은 지역을 여행하는 것이 보편적이므로 처음 가본 지역에 대한 정보들을 증강현실을 통하여 얻음으로서 편안하고 편리한 여행을 할 수 있다. 중요한 역사 유적지등을 스캔을 하게 되면 해당 유적지에 대한 역사와 의미 등을 해설자 없이 쉽게 이해할 수 있다. 이와 유사하게 박물관이나 미술관 등에서 적용할 수 있다.

관광을 위한 '스마트 투어' 프로그램은 관광지 정보를 제공하고 있으며 한국관광공사에서는 경주 지역의 유명관광지를 증강현실을 통해 검색하면 위치 정보와 안내 서비스 등을 제공한다. 그림 3-23은 스마트 투어 프로그램에서 제공하는 신라역사 여행을 위한 증강현실이다.

그림 3-23 | 스마트투어 가이드(관광공사)

(7) 기타 분야

증강현실의 응용분야는 일일이 열거할 수 없을 정도로 다양하다. 상업적 성격을 가진 산업 분야에서 유사한 증강현실은 구현될 것이다. 현재 제공되고 있는 미리보기 증강현실은 실재하지 않는 건물이나 상품 등을 가상 3차원 이미지로 구현하여 실제 모습을 예상해 볼 수 있다.

대표적인 '가상 피팅(fitting) 서비스'로는 신세계백화점의 리바이스 청바지 가상 피팅 시스템이 있다. 고객들은 키오스크(KiOsk)를 통하여 자신의 신체를 스캔하여 자신의 신체와 똑같은 아바타를 생성시킨다. 키오스크란 공공장소에 설치된 터치스크린 방식의 정보전달 시스템을 의미한다. 고객들은 가상의 아바타에 자신들이 구입하고자 하는 옷들을 착용시켜 보고 실제 모습의 상태를 미리 볼 수 있도록 하여 고객의 만족도를 높이고 있다. 이와 유사하게 아디다스는 신발 피팅 시스템을 고객에게 제공하여 고객이 직접 신발을 신어 보지 않고도 다양한 신발의 착용 상태를 미리 체험할 수 있는 아디버스(adiverse) 시스템을 개발하였다. 아디버스는 가상 신발 진열장으로 디스플레이 기술을 활용해 온라인 재고 관리부터 상품 선택, 3D로 세부 디자인 확인, 제품 정보 등 다양한 정보를 얻을 수 있는 시스템이다.

그림 3-24 | 가상피칭 아디버스(adiverse)

1 R. Azuma, A Survey of Augmented Reality Presence: Teleoperators and Virtual Environments, pp. 355-385, August 1997.

2 Milgram, P., et al. Augmented reality: a class of displays on the reality-virtuality continuum. in SPIE Volume 2351: Telemanipulator and Telepresence Technologies. 1994.

3 http://committee.tta.or.kr/data/weekly_view.jsp?news_id=3329 전종홍 모바일 증강현실(Mobile AR) 표준화 동향

4 "Knowledge-based augmented reality". ACM. July, 1993.

5 http://www.hitl.washington.edu/artoolkit

6 http://www.lumus-optical.com/

7 http://news.sel.sony.com/en/image_library/corporate_images/detail?asset_id=6068

8 http://www.robots.ox.ac.uk/~gk//PTAM/

9 "Google Unveils Project Glass: Wearable Augmented-Reality Glasses". Retrieved 2012-04-04., All Things D.

10 Ramesh Raskar, Greg Welch, Henry Fuchs Spatially Augmented Reality, First International Workshop on Augmented Reality, Sept 1998.

11 Argon, iTunes. Apple Inc. Retrieved 15 November 2011.

12 http://www.mixare.org/

13 http://ismar.vgtc.org/

C h a p t e r
04
VRML
(Virtual Reality Modeling language)

4.1 VRML정의

VRML은 "Virtual Reality Modeling Language"의 약자이며 국제 표준(ISO/IEC 14772-1) 3차원 모델링 언어로서 인터넷 환경에서 상호 작용하는 3차원 환경을 개발하기 위해 제안된 스크립트 언어이다. VRML에는 기본적인 입체 도형들이 정의되어 있으며 애니메이션, 사운드 등을 삽입 할 수 있다. 또한 상호작용이 가능하여 3차원 가상현실을 구현 할 수 있다. VRML의 등장은 1994년 5월 스위스 제네바에서 열린 World Wide Web conference에서 Tim Berners-Lee와 Dave Raggett가 3차원 환경의 필요성을 주장하면서 HTML 개념과 유사한 VRML을 사용한 것이 시초이다. 그 이후 3차원 세계를 구축하기 위한 표준 언어가 필요하다는 공감대가 형성된 직후 VRML을 개발하기 위한 국제 그룹이 만들어 졌으며 VRML 개발의 개발시간을 단축시키기 위하여 Silicon Graphics 사의 Open Inventor 파일 형식을 기반으로 VRML V1.0 규약을 만들었다. 그러나 VRML V1.0은 Open Inventor의 기능을 중심으로 정적인 3차원 세계의 탐색항해 위주였고 가상현실에서 중요한 상호작용이 지원되지 않아 큰 호응을 얻지 못하였다.

1996년 8월에 발표된 VRML V2.0은 V1.0의 기능에 다양한 기능을 추가하였고 1997년에 VRML 2.0은 VRML97로 수정하면서 국제 표준으로 인정받았다. 그러나 VRML97은 방대한 데이터로 인하여 인터넷에서 여러 문제점을 나타내었다. 이러한 VRML97이 가졌던 여러 가지 문제점을 보완하고 장점을 발전시킨 새로운 web3d 표준안으로 X3D(eXtensible 3 Dimension)란 명칭으로 2005년 국제표준으로 제정되어 가상현실을 모델링하고 있다. 그러나 X3D의 역사가 짧고 여러 회사가 자사의 X3D 기술을 보급하기 위해 노력하였으나 대부분의 회사가 X3D의 전용 뷰어(Viewer)마저 상업화하여 이를 사용하기 위해서는 돈을 주고 구입해야하는 문제점이 있다. 초기 VRML의 전용뷰어가 무료인 점을 감안하면 사용자의 입장에서 유료인 X3D 뷰어의 사용에 주저할 수밖에 없다. 또한 전용뷰어를 구입하였다 하더라도 타사의 X3D로 개발된 3차원 가상공간에 문제가 발생하기도 한다. 그러나 이러한 문제점은 곧 해결되리라 생각되며 비록 향후 X3D의 사용이 보편화 되어도 X3D의 모체는 VRML이기 때문에 가상현실을 모델링하기 위해선 VRML에 대한 이해는 필수적이라 할 수 있다. 또한 X3D는 XML과 호환되며 내용이 VRML과 비교하여 매우 방대하므로 접근하기가 싶지 않다. 따라서 VRML에 대한 개념을 숙지한 후 X3D에 접근하면 매우 효과적으로 가상공간 구축에 대한 개념을 습득할 수 있다.

4.1.1 VRML 1.0

1994년 제1회 WWW conference에서 Tim Berners-Lee가 VRML이란 단어를 도용한 후 Mark Pesce와 Tony Parisi가 인터넷을 위한 3차원 사용자 인터페이스 프로토타입(Prototype) 인 Labyrinth를 제시하였다. 많은 개발 시간과 비용을 줄이기 위해서 Labyrinth는 당시 널리 쓰이고 있던 실리콘 그래픽스(SGI)의 오픈 인벤터(Open Inventor)의 파일 포맷을 기초로 하여 VRML 1.0 규약이 제정되었다. 따라서 VRML 1.0은 오픈 인벤터의 기능을 중심으로 플랫폼의 독립성, 확장성 그리고 낮은 전송량과 온라인에서도 잘 작동되는 기능 등을 확보 할 수 있었다. 그러나 사운드, 애니메이션 등이 결여되었고 가장 중요한 요소인 상호작용이 지원되지 않음으로서 단순한 3차원을 표현하는 정도였다.

4.1.2 VRML 2.0

VRML 1.0 발표 이후, VAG(VRML Architecture Group)는 1996년 8월에 실리콘 그래픽스의 "Moving Worlds" 제안을 받아 VRML2.0 규약을 제정하였다. VRML 2.0은 V1.0의 기능에 다양한 기능을 추가함으로써 단순히 3차원 모델링만 구현하던 기술과 차별화를 시도하여 획기적인 모습을 보였지만 아직 국제표준으로는 인정받지 못하였다. 그림 4-1은 http://www.topedge.com/panels/cg/vrml/index.html 웹사이트에서 제공하는 VRML에 대한 로고이며 VRML 2.0에 대한 스펙(specification)과 간단한 사용법에 대해 제공하고 있다.

그림 4-1 | VRML 2.0 로고

VRML 2.0에 대표적으로 추가된 기능은 상호작용(interactive), 키프레임 애니메이션, 3차원 사운드, 다양한 배경 그리고 3차원 물체를 제어할 수 있는 여러 스크립트가 제공 되었다. 표 4-1은 VRML 2.0의 새로운 기능을 설명한 것이다.

◎ 표 4-1 | VRML 2.0의 새로운 기능

추가 기능	설 명
상호 작용	사용자의 마우스 클릭과 드래깅(Dragging)에 반응하여 물체를 회전 또는 이동 시킬 수 있다. 또한 다양한 센서 설정으로 애니메이션과 사용자의 움직임을 감지한다.
키 프레임 애니메이션 (Key Frame)	이벤트(Event)등을 이용하여 스스로 변화하는 애니메이션이 가능하다.
Navigation	3차원의 가상세계를 탐색 항해할 경우 분신(avatar) 표현이 가능하다.
3차원 사운드	현실 세계에서와 유사하게 음원에서의 거리와 방향에 따라 소리가 달라진다.
다양한 배경	3차원 공간의 배경 표현이 가능해짐으로서 하늘과 땅의 색상과 원근감의 표현이 가능하다.
스크립트(Script)	다양한 스크립트 언어를 사용해 3차원 물체를 제어할 수 있다.
프로토타입(ProtoType)	기존 54개의 노드를 이용하여 사용자가 필요에 따라 새로운 노드의 정의가 가능하다.

4.1.3 VRML 97

VRML 2.0을 국제 그래픽 표준으로 인정받기 위하여 V2.0의 스펙(Specification)과 관련한 문서의 수정과 기능의 수정을 통해 그래픽 언어의 표준으로 VRML97이 제안되었다. VRML97은 1997년 6월 가상현실 언어의 국제 표준(ISO/IEC DIS 14772-1)이 되며 인터넷 가상현실 표준으로 자리 잡았다. 그림 4-2는 VRML97에 대한 로고이며 http://tecfa.unige.ch/vrml/ 웹사이트에서는 VRML97에 대한 교육을 제공하고 있으며 다양한 예제를 엿 볼 수 있다. 그림 4-3는 VRML97 언어로 작성된 배의 모습이다.

그림 4-2 | VRML97 로고   그림 4-3 | VRML97 모델링

4.1.4 X3D(eXtensible 3 Dimension)

X3D는 "Extensible 3D"의 약자로 인터넷 가상현실 구현 표준 언어인 VRML97을 대체할 차세대 표준안의 명칭이며 2002년 12월 ISO에 드래프트(draft)를 상정하였다. VRML이 기존의 HTML을 기반으로 정의된 반면, X3D는 차세대 웹 페이지 형식인 XML의 형식으로 정의되었다. X3D는 기존의 VRML을 컴포넌트(Component)별로 분리하여 구현된 기능으로서 해당 컴포넌트에 추가만 해주면 새로운 기능이 추가되는 유연성을 가졌기 때문에 기존 VRML97과의 호환성을 계속 유지하는 것을 전제로 스펙을 진행하고 있다. 그림 4-4는 X3D에 대한 로고로서 http://www.web3d.org/x3d/ 웹사이트에서는 X3D에 대한 설명과 다양한 예제를 제공하고 있다.

그림 4-4 | X3D 로고

그림 4-5는 Web3D에 대한 ISO 도표를 나타낸 것으로 웹상에서 3D 그래픽을 구현하는 기술의 년도 별 발전 행보를 한눈에 볼 수 있다.

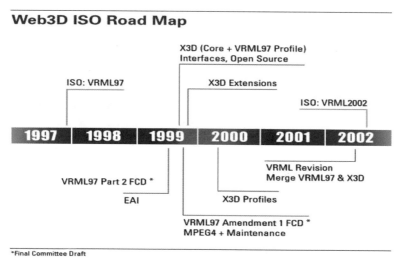

그림 4-5 | Web3D에 대한 ISO 도표

4.2 VRML의 특징

VRML은 웹상에서 3차원 물체를 모델링하는 것을 목적으로 하고 있다. 따라서 기존의 다른 컴퓨터 그래픽과의 가장 큰 차이점은 상호작용과 탐색의 기능이다. 상호작용은 가상현실을 만드는 가장 기본 요소로서 상호작용을 통하여 사용자는 흥미와 현실감을 맛 볼 수 있으며 가상공간을 자유자재로 탐색이 가능하다. 또한, VRML은 웹을 기반으로 하기 때문에 HTML 문서가 갖는 여러 특징을 갖고 있다. 즉, 다른 문서와 링크를 통하여 가상공간과 문서와의 이동이 자유로우며 자바나 자바스크립트 등과 같은 웹 관련 프로그램 언어를 사용하여 보다 효율적으로 표현할 수 있다.

VRML이 갖는 여러 특징을 세부적으로 살펴보면 다음과 같다.

상호작용과 탐색 기능(Interaction and Navigation)

VRML은 웹을 기반으로 하는 언어이기 때문에 VRML로 구현된 3D를 보기 위해선 전용 뷰어가 필요하다. 전용 뷰어는 3D 물체의 이동, 회전 등을 기본적으로 제공하며 경우에 따라서 사용자는 이벤트(Event) 등을 통하여 문이 열린다거나 3D 물체의 색상이 변화도록 할 수 있다. 이러한 상호작용 기능과 함께 가상 쇼핑몰이나 가상 학교, 백화점 등을 사용자 직접 탐색함으로서 가상 세계를 간접 체험을 할 수 있다. 그림 4-6은 http://www.3dplaza.co.kr에서 VRML/X3D로 구현한 아파트의 가상공간 거실

그림 4-6 | 가상 모델하우스

이다. 거실의 인테리어를 새로 바꾸기 위해 미리 벽지나 인테리어를 직접 사용자가 체험해 봄으로써 현실세계에서 일어날 수 있는 불만족을 해결 할 수 있다. 이처럼 가상공간의 내부를 탐색하고 물체를 클릭함으로서 상호작용을 할 수 있다.

인터넷상의 3D 그래픽 국제 표준

VRML은 국제 표준 언어이기 때문에 VRML 관련 기술은 모두 공개되어 있다. VRML을 배우고자 하는 사용자들은 쉽게 인터넷이나 VRML 관련 서적 등을 통해 쉽게 VRML 스펙(Specification)을 구할 수 있으며 이를 이용 개발이 가능하다.

또한, VRML은 그래픽이면서도 웹에서의 사용을 전제로 하기 때문에 웹 문서가 가진 여러 특징을 갖고 있다. 기존의 그래픽은 특정 시스템과 프로그램 언어에 의존적이지만 VRML은 플랫폼에 독

립적이다. 또한 실시간을 전제로 하기 때문에 파일
의 크기는 작아 ASCII 형태의 파일로 구성된다. 따
라서 간단한 메모장이나, 워드 등 Text 편집이 가능
한 프로그램이면 VRML을 구현할 수 있으므로 고가
의 하드웨어나 소프트웨어 없이도 3D 그래픽을 쉽
게 구현 할 수 있다. 그림 4-7은 메모장을 이용하여
간단히 VRML을 기술한 내용을 보이고 있다.

그림 4-7 | 메모장을 이용한 VRML

다양한 스크립트 지원

VRML은 HTML 문서와 연결 가능할 뿐만 아니
라, JAVA나 JavaScript와 결합 가능하여 다양
한 기술을 효과적으로 표현할 수 있다. 스크립트를 사용하면 단순한 상호작용뿐만 아니라
복잡한 기술도 효과적으로 나타낼 수 있다. 이러한 장점과 함께 VRML을 HTML 문서와 하
이퍼링크로 연결 할 수 있다. 따라서 자신의 홈페이지만 있다면 VRML로 만든 3D 물체를
별도의 비용 없이 웹상에서 표현 가능하다. 현재 많은 수는 아니지만 대기업을 포함하여 자신
의 웹 사이트를 3차원 모델로 바꾸어 가고 있다.

다른 응용 프로그램과의 호환성

VRML은 Macromedia사의 2차원 애니메이션 Flsah와 3차원 그래픽 툴인 3DMax와 호환
가능하다. 약간의 JavaScript에 대한 기술을 가진다면 VRML에서 구현하기 어려운 다양한
효과를 매우 효율적으로 표현할 수 있다. 그림 4-8은 VRML과 Flash를 이용하여 만든 웹
페이지이다. 사용자는 왼쪽의 가상 국가기록원을 탐색하면 Flash로 이루어진 오른쪽 하단
의 2차원 평면도에 사용자의 현재 위치가 표시된다.

그림 4-8 | VRML과 Flash와의 연동

4.3 VRML과 X3D(Extensible 3Dimension)

4.3.1 X3D의 개념

X3D는 인터넷 Web3D를 구현한 표준 언어인 VRML97을 대체할 차세대 표준안의 명칭으로 웹에서 3D 구현을 위한 개방된 표준안이다. 2002년 12월 ISO에 드래프트(draft)를 상정하였으며 2004년 국제 표준으로 승인되었다. VRML97이 기존의 HTML을 기반으로 정의된 반면, X3D는 차세대 웹페이지 형식인 XML(eXtensible Markup Language)의 형식으로 정의 되었다. VRML은 자체적으로 명세서에 관찰자의 항해, 물체의 각종센서, 그리고 다양한 그래픽 효과 등 필요한 기능들을 모두 포함하였음에도 불구하고 X3D가 등장한 이유는 다음과 같다.

VRML의 전용 뷰어인 탁월한 그래픽 성능과 안전성을 가진 Cosmo 플레이어는 버전 2.1.1까지 개발된 상태에서 실리콘 그래픽스는 VRML에 대한 개발을 중단하였다. 소규모 업체들이 VRML 개발을 담당하게 되자 사용자의 만족을 충족시키지 못하였고 개발은 사회적 요구를 충족하지 못하였다. 두 번째 이유로는 VRML의 명세서가 최초의 Web3D 이지만 너무 포괄적인 명세서로 인하여 전용뷰어의 용량이 커지는 문제점이 초래되었다. Cosmo 플레이어의 초기 버전은 용량이 3MB로서 사용자에게 큰 부담감을 주었으며 이로 인해 구현된 가상공간은 많은 메모리를 할당해야 하는 단점이 있었다. 현재 Cosmo 플레이어는 가상현실을 모델링하는 뷰어로서의 생명은 끝나고 Cortona 혹은 BSContact와 같은 뷰어를 사용해야만 한다.

그러나 X3D는 VRML97의 문제점인 하나의 커다란 스펙을 프로파일(Profile)과 컴포넌트(Component)별로 분리하여 구현하였다. 따라서 사용자 측면에서는 메모리의 부담이 줄어들었으며 제작사 측면에서는 해당 컴포넌트에 새로운 기능을 추가만하면 되는 유연성을 가지게 되었다. 또한 X3D 기존 VRML97과의 호환성을 계속 유지하는 것을 전제로 스펙을 진행하였다.

현재 X3D는 유럽을 중심으로 활발히 개발되고 이용되고 있으나 초기의 실리콘 그래픽스에서 무료로 제공하였던 전용뷰어 마저 각 업체들이 상업화하고 있어 사용자의 측면에서는 경제적 무리가 따르고 있다. 또한 시스템의 성능은 매우 좋아져 X3D의 기술적 요소들을 실시간으로 보여주는데 무리가 없지만 확장된 노드들은 아직도 각 회사에서 개발 중이라 아직 적용되지 않는 것들이 존재한다. 그러나 이러한 문제들은 곧 해결되리라 생각된다. http://www.web3d.org 사이트에서는 X3D의 표준 스펙과 함께 다양한 정보와 예제들을 볼 수 있다. 국내 서적으로 "X3D 넌 누구냐?"는 X3D에 대한 개념을 쉽게 이해하고 실습할 수 있는 참고 서적이다.

X3D는 XML을 기반으로 웹상에서 3차원 물체를 모델링하고 정보를 제공하는 것을 목적으로 하고 있으며 VRML을 모체로 하기 때문에 VRML의 모든 특징을 공통으로 포함하고 있으며 VRML과 상호 연동가능하다. 다음절에서 VRML과 X3D의 공통점과 차이점에 대해 알아보자.

4.3.2 VRML과 X3D의 비교

X3D의 전신은 VRML이기 때문에 VRML의 일반적인 특징을 모두 포함하고 있다. 따라서 VRML과 X3D의 특징은 VRML의 특징이라 해도 무방하다. 표 4-2는 VRML과 X3D의 공통적인 특징으로서 플랫폼에 독립적인 전용 뷰어, 탐색기능과 상호작용, Web3D 표준, SAI(Scene Authoring Interface) 그리고 다른 프로그램과의 호환성을 들 수 있다.

◎ 표 4-2 | VRML과 X3D의 공통적인 특징

특 징	설 명
독립적인 전용 브라우저	• VRML/X3D는 웹을 기반으로 하는 언어이기 때문에 3D를 보기 위해선 전용뷰어가 필요하다. • 전용뷰어는 물체의 이동, 회전 등을 기본적으로 제공하며 웹브라우저에서 독립적인 플랫폼으로 존재한다.
아바타의 탐색기능/ 상호작용(Navigation and Interaction)	• 가상공간의 주체는 관찰자로서 가상공간을 탐색하는 기본 기능을 제공한다. 예로서 쇼핑몰이나 병원, 백화점 등을 관찰자가 직접 탐색함으로서 가상세계를 간접 체험할 수 있다. • 웹의 가장 큰 장점은 사용자와의 상호작용이다. VRML/X3D 역시 가상공간에서 사용자와 상호작용을 지원한다. 모의 비행 훈련이나 로봇의 모의실험은 경제적 비용을 줄이면서 원하는 결과를 얻을 수 있다.
Web 3D 그래픽 국제 표준 (ISO Specification)	• VRML/X3D의 가장 큰 장점은 3D 국제표준 언어이다. 3DMax와 같은 비 표준 언어로 만들어진 3D 물체는 VRML/X3D 파일형태로 변경하여야 한다. • VRML/X3D 관련 기술은 모두 공개되어 있다. X3D에 대해 배우고자 하는 사용자들은 쉽게 인터넷이나 X3D 관련 서적 등을 통해 쉽게 X3D 스펙을 구할 수 있으며 이를 이용하여 개발도 가능하다. • 실시간을 전제로 하기 때문에 파일의 크기는 작아 ASCII 형태의 파일로 구성된다. • 별도의 비용 없이 웹에서 표현 가능하다.
SAI(Scene Authoring Interface) 외부 프로그램 연동	• X3D는 외부 프로그램과 X3D 프로그램간의 상호작용을 위하여 SAI를 지원하고 있다. • JAVA나 JavaScript와 같은 외부의 다른 응용프로그램과 결합 가능하다. • 외부 프로그램과 연동 가능하므로 단순한 상호작용뿐만 아니라 복잡한 기술도 효과적으로 나타낼 수 있다.
다른 프로그램과의 호환성	• 2차원 애니메이션 Flash와 3차원 그래픽 툴인 3DMax 등 다른 응용프로그램과의 호환 가능하다. • C, Visual Basic 그리고 JAVA 등과 같은 프로그램의 인터페이스를 지원하며 게임과 같은 역동적인 프로그램에 적합하다.

4.3.3 X3D의 특징

X3D는 VRML 기반의 확장된 개념이므로 HTML을 이용하여 구현이 가능하기도 하지만 XML을 기반으로 구성되는 것이 가장 큰 특징이다. 따라서 X3D는 VRML의 특징뿐만 아니라 XML의 특징도 포함하고 있다. 즉, HTML 문서와 같이 링크를 통하여 가상공간과 문서의 이동이 가능하며 XML 형식으로 데이터 형식에 주된 목적을 가지고 효율적으로 정보를 표현할 수 있다.

표 4-3은 VRML과 X3D의 대표적인 차이점을 나타낸 것으로 이외에도 X3D가 가지는 장점은 여러 가지이다. 간단히 차이점을 알아보자.

◎ 표 4-3 | VRML과 X3D의 차이점

	VRML의 특징	X3D의 특징
기반 언어	HTML	HTML, XML 모두 지원
파일확장자	.wrl(world의 축약형)	.wrl, .x3dv(vrml 버전), .x3d
편집기	• 메모장 : 기본적인 편집기 • VrmlPad : 유료	• 메모장 : 가장 기본적인 편집기이지만 XML 구현 시 번거로움 • XML 편집기 : 유료 • X3D_Edit : JAVA 인스톨 필요
노드 수	54개의 기본 노드	129개의 기본노드로서 VRML의 모든 노드 호환 가능하며 계속 추가됨
명세서 (Specification)	통합 명세서에 의한 메모리 적재 부담	프로파일과 컴포넌트에 의한 메모리 감소와 쉬운 확장성
전용 프로그램	메모장과 전용 뷰어만 있으면 가능함	VRML과 마찬가지로 메모장과 전용 뷰어가 필요하지만 XML 기반이므로 XML 편집기 또는 JAVA 기반의 프로그램이 설치되어야 함
확장성	• 잘 구성된 통합된 명세서 • EXTERNPROTO를 통한 노드의 확장이 가능하지만 융통성은 결여	• 유연하고 쉬운 확장성을 가능하도록 프로파일(Profile), 컴포넌트(Component)로 구성 • 시장의 즉각적인 요구에 부합하기 위해 하나의 통합된 명세서보단 기능별로 분리된 명세서를 제공 • 새로운 기능은 새로운 컴포넌트에 추가하여 확장 • 요구된 기능만 사용하는 프로파일 개념 적용하여 응용 프로그램의 효율성을 높일 수 있다.

① 기반 언어 : VRML은 HTML을 기반으로 하지만 X3D는 HTML과 XML을 모두 지원한다. 따라서 기존의 HTML 형식의 VRML도 X3D에서 실행가능하다.

② **파일 확장자** : X3D에서는 세 가지의 파일확장자가 사용된다. X3D의 기본 형식은 .x3d이며 VRML과 X3D 형식의 .wrl과 .x3dv 확장자를 지원한다. x3dv에서 마지막 문자 v는 vrml을 나타낸다.

③ **편집기** : VRML은 메모장과 같은 텍스트 편집기만 있으면 VRML 형식의 파일을 생성할 수 있다. 그러나 X3D는 XML을 기반으로 하기 때문에 단순한 텍스트 편집기만으로는 비효율적이다. X3D 파일을 생성하기 위해서는 XML 편집기나 X3D 파일을 생성할 수 있는 X3D-EDIT와 같은 편집기가 필요하다. 따라서 사용자는 XML 사용법과 XML편집기 그리고 X3D의 사용법에 대해 이해해야하는 어려움이 존재한다. 그림 4-9는 JAVA 프로그램의 설치가 필요한 X3D-EDIT의 실행화면이다. 편집기의 측면에서는 VRML이 훨씬 쉽고 작성이 간단하다.

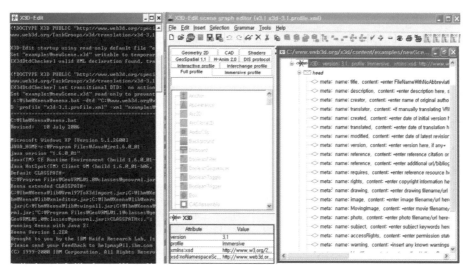

그림 4-9 ㅣ X3D의 XML 편집기(X3D-EDIT)

④ **노드 수** : 54개의 적은 노드 수에 비해 X3D는 기능별로 많은 노드 수를 포함하고 있다. 사용자의 측면에서 너무 많은 노드의 수는 X3D의 이해조차 어렵게 한다.

⑤ **명세서** : 프로파일과 컴포넌트의 개념은 X3D에서 필수적인 요소이다. 프로파일은 사용자의 측면과 컴포넌트는 개발자의 측면에서 효율적인 기능을 제공한다.

⑥ **전용 프로그램** : XML 기반의 응용 프로그램이 요구되며 JAVA 환경이 요구된다.

⑦ **확장성** : 프로파일과 컴포넌트 개념은 VRML의 제한된 확장성을 극복하고 시장의 즉각적인 요구에 부응할 수 있는 확장성을 제공한다.

프로파일의 개발에 대한 기본 프로파일을 그림 4-10과 같이 계층적인 구조로 나타내고 있다. 가장 내부의 코어(Core) 프로파일 계층은 X3D 파일이면 반드시 가져야할 핵심 프로파일을 나타내며 X3D의 헤더와 정보를 포함하고 있다. 참고로 이 부분은 저자가 편의상 추가하여 나타낸 것이다. 두 번째 계층인 인터체인지(Interchange) 프로파일 계층은 기본적인 기하도형, 이미지, 조명, 애니메이션의 컴포넌트로 구성되어 VRML의 노드들과 일치한다. 인터액티브(Interactive) 프로파일 계층은 기본적인 상호작용과 추가된 조명을 나타내고 이멀시브(Immersive) 계층은 완전한 상호작용, 3D 그래픽, 사운드, 스크립트가 가능하다. 최상위 Full 계층은 NURBS, 휴머노이드(Humanoid), Geospatial를 지원한다. 추가된 프로파일에는 모바일 핸드폰 제어를 위한 Mpeg-4와 CAD 데이터의 개방형 포맷을 지원하기 위한 CDF(CAD Distillation Format)가 있다. Full 계층의 프로파일들은 일반적으로 독립적인 기구를 결성하여 개발하는 실정이다.

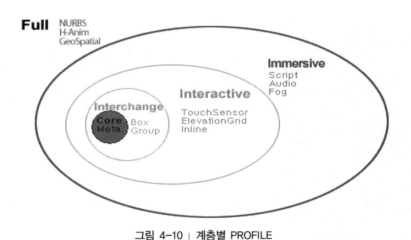

그림 4-10 | 계층별 PROFILE

4.4 프로파일(Profile)

4.4.1 프로파일 개념

프로파일은 X3D를 구현하기 위해 지원되어야할 기능적인 요구사항이다. 즉 프로파일은 BSContact와 같은 X3D 뷰어에게 가상공간이나 3D 물체를 랜더링하기 위해 필요한 정보만을 제공하여 VRML이 가지고 있던 문제점을 해결하기 위한 방법이다. VRML은 하나의 물체만을 표현하는데도 모든 노드에 대한 정보를 제공함으로써 뷰어의 성능에 많은 문제점을 나타내었다.

프로파일은 기능에 따라 6단계의 프로파일로 구분되어 진다. 각 프로파일은 해당 노드를 최소로 지원하기 위한 기준뿐만 아니라 전용뷰어에게 X3D가 실행될 때 포함해야할 컴포넌트와 실행수준(level)을 알려준다. 컴포넌트에 대한 개념은 다음절에서 설명한다.

프로파일의 선언구문은 X3D 헤더에 포함되어 다음과 같이 선언한다.

```
<X3D version='3.0' profile='profile_name'>
```

프로파일의 선언에서 이름(profile_name)에는 다음 6가지의 프로파일이 위치할 수 있다.

① Core

② Interchange

③ Interactive

④ MPEC Ⅳ Interactive

⑤ Immersive

⑥ Full

4.4.2 Core 프로파일

Core 프로파일은 X3D에서 요구되는 최소크기의 파일로서 최소한으로 정의된 장면을 만들기 위해 사용한다. Core 프로파일에서 지원되는 컴포넌트와 수준(levels)은 표 4-4와 같다.

◎ 표 4-4 | Core 프로파일

컴포넌트	레 벨
Core	1

Core 프로파일은 모든 프로파일에 포함하는 프로파일로서 Meta 노드만을 정의하며 Core 컴포넌트 구문에서 설정된 노드에 의존하게 된다.

META 노드

MetadataDouble, MetadataFloat, MetadataInteger, MetadataSet, MetadataString

4.4.3 Interchange 프로파일

Interchange 프로파일은 3D 물체의 랜더링과 최소의 애니메이션 장면을 만들기 위해 사용한다. 따라서 사용자와 상호작용을 요구하지 않는 메모리가 적은 시스템(low-footprint)에서 구현을 가능하게 한다. 또한 X3D 조명(lighting)모델을 세부적으로 묘사할 수 없는 경우에 적용한다. 따라서 X3D 장면을 나타내기 위한 최소 단위의 프로파일이다.

Interchange 프로파일에서 지원되는 컴포넌트와 수준은 표 4-5와 같다.

◎ 표 4-5 | Interchange 프로파일의 컴포넌트와 수준

컴포넌트	레벨
Core	1
Time	1
Networking	1
Grouping	1
Rendering	1
Shape	1
Geometry3D	1
Lighting	1
Texturing	1
Interpolation	1

예제 4-1은 Interchange 프로파일을 적용하여 가상공간에 단순히 3차원의 구를 나타낸 예제이다.

예제 4-1 Interchange 프로파일을 적용한 예

```
<X3D version='3.0' profile='Interchange'>
<Scene>
   <MetadataString name='filename' content='ex3-5.x3d'/>
   <Shape> <Sphere/> </Shape>
</Scene>
</X3D>
```

4.4.4 Interactive 프로파일

Interactive 프로파일은 풍부한 그래픽과 간단한 상호작용을 지원하기 위해 제안된 프로파일이다. 또한 한정된 가상공간의 탐색과 제한된 환경 센서제어를 요구하는 장면을 연출할 수 있다.

Interactive 프로파일에서 지원되는 컴포넌트와 수준은 표 4-6과 같다.

◎ 표 4-6 | Interactive 프로파일의 컴포넌트와 수준

컴포넌트	레 벨
Core	1
Time	1
Networking	1
Grouping	2
Rendering	2
Shape	1
Geometry3D	3
Lighting	2
Texturing	2
Interpolation	2
Pointing device sensor	1
Key device sensor	1
Environmental sensor	1
Navigation	1
Environmental effects	1
Event utilities	1

Interactive 프로파일에서는 Lighting 컴포넌트를 수준2까지 지원하므로 PointLight와 SpotLight 노드를 지원한다. Interchange 프로파일에서는 DirectionalLight만을 지원한다.

4.4.5 MPEG-4 Interactive 프로파일

MPEG-4 Interactive 프로파일은 MPEG-4 표준과 함께 상호운용의 기본관점을 제공하며 Interactive 프로파일이 가진 목적을 공통으로 가진다.

MPEG-4 Interactive 프로파일이 가진 컴포넌트와 수준은 표 4-7과 같다. Key device sensor와 Event Utility effect는 지원하지 않는다.

◎ 표 4-7 | MPEG-4 Interactive 프로파일의 컴포넌트와 수준

컴포넌트	레 벨
Core	1
Time	1
Networking	2
Grouping	2
Rendering	1
Shape	1
Geometry3D	2
Lighting	2
Texturing	1
Interpolation	2
Pointing device sensor	1
Environmental sensor	1
Navigation	1
Environmental effects	1

MPEG-4 Interactive 프로파일에서 지원되어야 할 노드는 Interactive 프로파일에서 Key Sensor 관련 노드와 Event Utility 관련 노드를 제외하면 Interactive 프로파일과 같다.

4.4.6 Immersive 프로파일

Immersive 프로파일은 완벽한 항해 및 환경 센서제어를 지원하여 몰입된 가상현실 구현을 목적으로 한다. VRML97의 모든 노드는 Immersive 프로파일의 범위에 속한다.
Immersive 프로파일에서 요구되는 컴포넌트와 수준은 표 4-8과 같다.

◎ 표 4-8 | Immersive 프로파일의 컴포넌트와 수준

컴포넌트	레벨
Core	2
Time	1
Networking	3
Grouping	2
Rendering	3

컴포넌트	레벨
Shape	2
Geometry3D	4
Geometry2D	1
Lighting	2
Texturing	3
Sound	2
Interpolation	2
Pointing device sensor	1
Key device sensor	2
Environmental sensor	2
Navigation	2
Environmental effects	2
Scripting	1
Event Utility	1

4.4.7 Full 프로파일

Full 프로파일은 X3D의 모든 표준노드를 포함한다. Full 프로파일에서 요구되는 컴포넌트와 수준은 표 4-9와 같다. 그러나 아쉽게도 아직 X3D로 구현되지 않은 컴포넌트들이 존재한다. 이러한 컴포넌트들은 현재 각 회사별로 확장 VRML의 형태로 지원하고 있다.

◎ 표 4-9 | Full 프로파일의 컴포넌트와 수준

컴포넌트	레 벨
Core	2
Time	2
Networking	3
Grouping	3
Rendering	4
Shape	3
Geometry3D	4
Geometry2D	2

컴포넌트	레 벨
Lighting	1
Texturing	3
Text	1
Sound	1
Interpolation	3
Pointing device sensor	1
Key device sensor	2
Environmental sensor	2
Navigation	2
Environmental effects	3
Geospatial	1
Humanoid animation	1
NURBS	4
Distribute interactive	1
Scripting	1
Event Utility	1

지금까지 X3D의 프로파일에 대한 개념을 알아보았다. 너무 간단한 설명이어서 잘 이해하지 못하는 독자가 있을 뿐 아니라 X3D 구현을 위해 프로파일에서 지원하는 노드들을 어떻게 이해를 해야 할지 모르는 독자들도 있을 것이다. 이러한 X3D를 이해하기 위한 기본 배경은 VRML이다. 먼저 VRML의 사용법을 완전히 숙지한 후 X3D를 접하게 된다면 충분히 X3D를 이해할 수 있을 것이다.

4.5 컴포넌트(Component)

X3D 컴포넌트는 VRML과 같이 하나의 통합된 명세서 보단 기능별로 분리된 프로파일에 맞게 유사한 기능을 가진 노드들의 집합이다. 기능별로 제공된 컴포넌트는 시장의 즉각적인 요구에 부합하며 새로운 기능은 새로운 컴포넌트에 추가하여 확장할 수 있도록 하였다.

X3D는 기능별로 표 4-10과 같이 총 29개의 컴포넌트를 제공하고 있으며 Shader, CAD 등의 새로운 컴포넌트가 계속하여 추가되고 있다.

◎ 표 4-10 ｜ 컴포넌트의 종류와 기능

컴포넌트	기 능
Core	X3D 장면의 최소 기능만을 요구
Time	TimeSensor 노드로서 시간을 제어하는 기능
Networking	url 필드로서 내/외부의 파일들을 장면에 포함
Grouping	자식노드를 포함하는 노드로서 다수의 노드로 구성
Randering,	점, 선, 면 등과 색상을 표현하는 기능
Shape	물체의 외형을 정의하기 위한 기능
Geometry3D	3D 물체를 표현하는 기능
Geometry2D	2D 물체를 기술하는 기능
Text	문자와 문자의 속성을 정의하는 기능
Sound	오디오와 소리를 정의하는 기능
Lighting	인공조명을 설정하는 기능
Texturing	3D 물체에 2D 이미지를 설정하는 기능
Interpolation	Time 컴포넌트를 이용한 애니메이션 기능
Pointing Device Sensor	마우스와 같은 입력장치를 감지하는 기능
Key Device Sensor	키보드와 같은 입력장치를 감지하는 기능
Environmental Sensor	관찰자의 위치나 시점을 감지하는 기능
Navigation	관찰자의 항해모드를 설정하는 기능
Environmental effects	X3D 장면의 배경과 같은 환경설정을 위한 기능
Geospatial	지형을 표현하기 위한 기능
Humanoid animation	인체 모형을 제작하기 위한 기능
NURBS	유선형의 곡선이나 곡면을 정의하기 위한 기능
Distribute Interaction Simulation(DIS)	군사적 모의실험 등을 위한 통신 기능
Scripting	다양한 스크립트 언어를 이용하여 X3D를 기술하는 기능
Event utility	Script 컴포넌트의 복잡성을 제거하기 위한 기능
Programmable shaders	그래픽카드를 제어하기 위한 프로그램 언어의 구현기능
Texturing3D	3D 이미지를 정의하기 위한 기능
Cube map environmental texturing	주변의 환경적 요소를 반영하는 물체를 정의하는 기능

각 컴포넌트에서 제공되는 노드들의 지원수준은 표 4-11과 같이 기능에 따라 각각 다르다.

◎ 표 4-11 | Core 컴포넌트 노드와 지원수준

수 준	선행 조건	노드/특징	지 원
1	없음	MetadataDouble	완전지원
		MetadataFloat	완전지원
		MetadataInteger	완전지원
		MetadataSet	완전지원
		MetadataString	완전지원
		구문: Header PROFILE COMPONENT META	완전 지원
2	없음	Core 객체	1 수준과 같음
		프로토 타입	완전 지원

[1] http://www.web3d.org/x3d/specifications/vrml/VRML1.0/index.html
[2] http://www.web3d.org/x3d/specifications/vrml/ISO-IEC-14772-VRML97/
[3] http://www.web3d.org/x3d/specifications/ISO-IEC-19775-X3DAbstractSpecification/
[4] http://www.3dplaza.co.kr
[5] http://www.web3d.org/x3d/specifications/vrml/VRML1.0/index.html
[6] http://www.web3d.org/x3d/specifications/vrml/ISO-IEC-14772-VRML97/
[7] http://www.web3d.org/x3d/specifications/ISO-IEC-19775-X3DAbstractSpecification/
[8] http://www.web3d.org/x3d/content/examples/help.html
[9] http://www.3dplaza.co.kr
[10] (주)사이맥스 "가상현실과 VRML", pp15~19, 21세기사, 2003

Part **02**

VRML 실습

C h a p t e r
05
VRML 시작하기

5.1 전용 뷰어(Viewer) 설치

인터넷을 사용하여 정보를 이용하기 위해서는 익스플로러(Explorer)가 필요 하듯이 VRML 로 구현된 3D를 보기 위해선 VRML 전용 뷰어(Viewer)가 필요하다. VRML 전용 뷰어는 VRML 형식의 파일을 3D 화면으로 그려주는데 인터넷 익스플로러처럼 독립된 브라우저 형 태로 제공되지 않고 플러그인(Plug In) 형태로 제공된다. VRML 1.0 이후 많은 종류의 VRML 뷰어가 개발되었다. 대표적인 전용 뷰어로는 VRML언어를 공식적으로 후원하였던 Silicon Graphic Inc.(SGI)사의 Cosmo Player, Sony 사의 Community Place 그리고 Parallel Graphics의 Cortona 등이 있다. 각 전용 뷰어는 사용법과 기능이 다소 차이가 있 으나 VRML은 기본적으로 SGI 사의 Open Inventor 기술을 바탕으로 하기 때문에 한때 가 장 널리 사용되는 것은 Cosmo Player이다. 그러나 SGI에서 Cosmo 플레이어의 개발을 포 기하였고 현재 VRML의 확장(Extension)을 이용한 Parallel Graphics사의 Cortona의 사용 이 일반적이다. X3D 이해를 위해서는 VRML의 전반적인 이해가 필수적이다. 따라서 본 내 용에서는 VRML의 이해를 쉽게 접근하기 위해 Parallel Graphics사의 Cortona 플레이어를 이용하여 설명을 한다.

Cortona Player를 설치하기 위해서 웹사이트 http://www.cortona3d.com/Products/에 접속한 후 cortona3d.msi를 다운로드 받아 설치해야 한다. cortona3d.msi 파일의 크기는 약 7MB이며 이를 실행하기 위해서 현재 실행중인 모든 윈도우 프로그램을 종료해야 한다. cortona3d.msi를 실행하면 그림 5-1의 환영 메시지가 뜨며 초기화면이 나타난다.

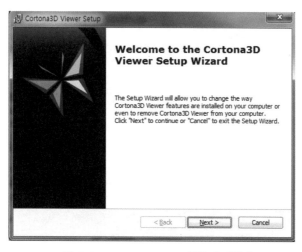

그림 5-1 | Cortona Player 설치 초기화면

환영 메시지에서 Next 아이콘을 클릭하면 그림 5-2와 같은 라이센스에 동의할 것인가를 묻
는 화면이 나타난다. 여기서도 Yes를 선택한다.

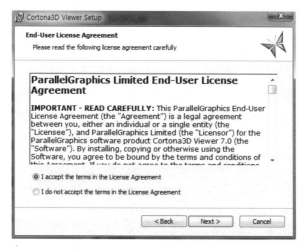

그림 5-2 | 라이센서 동의 화면

라이센서 동의화면에서 다음(Next) 단추를 누르면 그림 5-3과 같이 Cortona Player에서
사용할 랜더링 툴을 설정하는 화면이 나타난다. 만약 비디오 카드의 메모리양이 부족하다면
소프트웨어 랜더링을 선택한다. 그렇지 않다면, 일반적으로 사용되는 DiretX renderer나
OpenGL renderer를 선택한다.

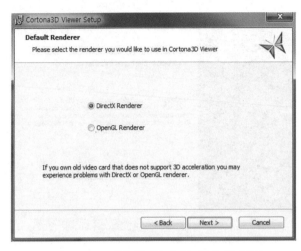

그림 5-3 | 그래픽 렌더링 소프트웨어 설저화면

Renderer를 지정한 후 Next 단추를 클릭하면 Cortona Player가 설치되는 과정이 나타나며 설치가 완료되면 그림 5-4와 같이 웹 브라우저의 화면 안에 Cortona Player가 나타나고 이를 통해 다양한 큐브(Qube) 모양의 애니메이션을 볼 수 있다.

앞에서 설명하였던 것처럼 Cortona Player는 독립된 브라우저 형태로 제공되는 것이 아니라 플러그인의 형태로 제공되기 때문에 별도의 Cortona Player 실행파일은 없다. 따라서 Cortona Player 실행 파일을 찾느라고 고생하는 독자가 없기를 바란다. 단지, Cortona Player는 VRML 파일을 불러들일 때 자동으로 Cortona Player를 실행하여 3D 물체를 나타내 준다. Cortona Player의 사용법은 다음 장에서 자세히 다룬다.

그림 5-4 | Cortona 설치 완료 화면

5.2 Cortona Player 사용법

Cortona Player의 사용법을 배우기 위해 간단한 VRML 작품을 만들어 보자. VRML 작품을 만들기 위해서는 Parallel Graphics 사에서 제공하는 VrmlPad를 사용하면 편리하며 메모장에서도 간단히 만들 수 있다. VrmlPad에 대해서는 추후에 설명한다. 먼저 메모장에 예제 5-1)과 같이 VRML 프로그램을 입력한 후 저장한다. 프로그램은 차후 설명하기로 하고 Cortona Player의 사용법에 대해 알아보자.

예제 5-1 VRML 프로그램

```
#VRML V2.0 utf8 #VRML 헤더
Shape {  #형태 지정
   geometry Box {} ## 육면체 생성
}
```

Cortona3D 뷰어는 파일명.txt를 인식하지 못하므로 파일을 저장할 때는 반드시 파일명.wrl로 해야 한다. wrl는 가상세계를 의미하는 world의 축약형이다. 따라서 VRML로 프로그램을 구현한 후에는 반드시 파일의 확장자를 wrl로 저장해야 한다. 예를 들어 ex5-1.wrl로 저장하였다면 파일명 앞에 ⚡아이콘 모양이 생긴다. ex5-1.wrl을 클릭하면 그림 5-5와 같이 실행할 연결 프로그램을 묻는다. 권장 프로그램은 인터넷 익스플로러, VrmlPad와 메모장이 있는데 인터넷 익스플로러를 선택하면 Cortona3D 뷰어가 실행되고 VrmlPad와 메모장은 VRML을 편집할 경우 사용한다.

그림 5-5 | VRML 연결 프로그램

연결 프로그램에서 인터넷 익스플로러를 선택하면 그림 5-6과 같이 3D 정육면체가
Cortona3D 뷰어(Viewer)에 나타난다.

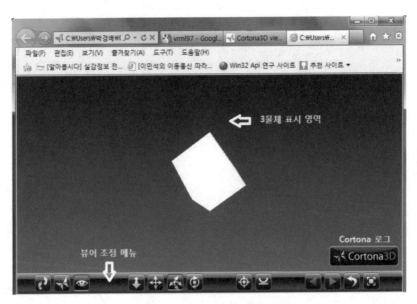

그림 5-6 | Cortona3D 전용 뷰어

Cortona3D 뷰어는 크게 3D 물체를 표시하기 위한 작업 표시 창과 3D 물체를 조종하기 위한
제어 바(Control Bar)로 나눌 수 있다. 제어 바는 초기에 수평과 수직으로 나뉘었으나 최신
버전은 뷰어 하단에 수평으로 위치하고 있다. 왼편의 버튼들은 뷰어에서의 탐색 모드를 변경
하기 위한 것이며 오른편의 버튼들은 사용자가 미리 정의해둔 위치로 이동할 수 있는 버튼들
을 포함하고 있다. 3D 물체를 표시하기 위한 영역에서 오른쪽 마우스 버튼을 누르면 그림 5-7
과 같이 3D 가상공간을 탐색하기 위한 옵션 팝업 창이 나타난다. 팝업 창의 여러 옵션 상태에
따라 사용자가 가상공간을 탐색하는 형태는 달라진다. 팝업 창의 주 메뉴 내용은 다음과 같다.

- Viewpoint : 사용자에 의해 미리 정의된 관찰자 시점
- Headlight : 가상공간에서 빛의 생성을 나타낸다. 현실 세계의 태양과 같다.
- Navigation : 탐색 형태를 나타낸다. Walk, Fly, Examine, Avatar, None 모드.
- Speed : 가상 세계를 이동하는 속도를 조정
- Full Screen : Cortona3D 뷰어 창의 크기를 조절한다. Esc와 F11 키는 단축키이다.
- Hide/Show Toolbar : 제어 바를 숨기거나 나타낸다.
- Show/Hide Console : VRML 코드의 에러 유무를 보여주는 콘솔 창의 표시 유무를 나타낸다.
- Preference : Cortona Player의 여러 성능 옵션을 나타낸다.
- Help : Cortona Player의 정보와 사용법을 나타낸다.

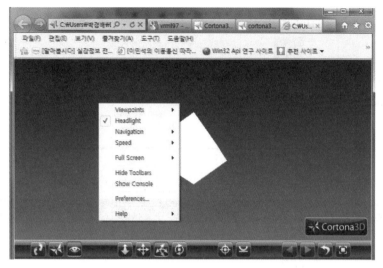

그림 5-7 | 팝업 메뉴

Cortona3D 뷰어를 이용하여 사용자가 가상공간을 탐색하는 과정은 비디오에서 나타나는 장면들과 매우 유사하며 가상공간을 탐색하기 위한 방법은 마우스와 키보드 모두 가능하다. 키보드의 경우는 상하좌우의 방향키(→←↑↓)로 공간을 탐색한다. 마우스의 경우는 왼쪽 마우스 버튼을 누른 채 드래깅을 하면 상하좌우로 관찰자가 움직인다.

하단의 뷰어 조정 기능의 각 모드는 WALK, FLY, STUDY 등으로 분류되며 각 모드에서의 기능은 다음과 같다.

◎ 🔄 모드 : 걷기(중력) 모드

선택모드	아이콘 형태	설 명
⬇	⬆	전진 모드로서 물체에 근접한다.
	⬇	후진 모드로서 물체에서 멀어진다.
	⬌	회전 모드로서 오른쪽 방향 전환
	⬌	회전 모드로서 왼쪽 방향 전환
✥	⬆	전진 모드로서 물체에 근접한다.
	⬇	후진 모드로서 물체에서 멀어진다.
	⇒	오른쪽 방향으로 이동
	⇐	왼쪽 방향으로 이동

선택모드	아이콘 형태	설 명
		회전 모드로서 위쪽으로 방향 전환
		회전 모드로서 아래쪽으로 방향 전환
		회전 모드로서 오른쪽 방향 전환
		회전 모드로서 왼쪽 방향 전환

◎ ✈ 모드 : 중력 해제 모드(카메라가 이동하며 물체 관찰)

선택모드	아이콘 형태	설 명
		세로축으로 기준으로 앞으로 이동
		뒤로 이동
		세로축을 기준으로 오른쪽 방향 회전
		세로축을 기준으로 왼쪽 방향 회전
		수직 평면 기준으로 위로 이동
		수직 평면 기준으로 아래 이동
		오른쪽 방향으로 이동
		왼쪽 방향으로 이동
		수평축 기준으로 위쪽으로 방향 전환
		수평축 기준으로 아래쪽으로 방향 전환
		수직축 기준으로 오른쪽 방향 전환
		수직축 기준으로 왼쪽 방향 전환
		왼편으로 카메라 방향 전환
		오른편으로 카메라 방향 전환

◎ 👁 모드 : 관찰 모드(다양한 각도에서 물체 관찰)

선택모드	아이콘 형태	설 명
↓	⬆	전진 이동
	⬇	후진 이동
	⊕	중심점 기준으로 오른쪽 방향 회전
	⊕	중심점 기준으로 왼쪽 방향 회전
🔄	▣	중심점 기준으로 위 방향 회전
	▣	중심점 기준으로 아래 방향 회전
	⊕	중심점 기준으로 오른쪽 방향 회전
	⊕	중심점 기준으로 왼쪽 방향 회전
🔄	↺	중심점을 기준으로 왼쪽으로 기울이기
	↻	중심점을 기준으로 오른쪽으로 기울이기

◎ 기타 메뉴

선택모드	설 명
⊕	가상세계의 물체에 바로 접근가능
↩	자동적으로 초기 상태로 되돌리기
▣	Cortona3D 뷰어를 윈도우 창의 크기에 맞게 객체를 표현
⤵	물체의 수직과 수평축을 직각으로 맞춤

5.3　VrmlPad 사용법

VRML을 이용하여 가상공간을 구현하기 위해서 Parallel Graphics사에서 제공하는 VrmlPad를 사용하면 매우 편리하다. VrmlPad를 이용하면 메모장이나 다른 편집기에 비해 매우 편리한 기능이 많이 제공된다. 대표적인 예로서 자동완성 기능과 자동 에러 탐색 기능이 있다. 메모장과 같은 편집기를 이용하다 보면 문법적 오류나 철자의 오류로 인한 에러가 빈번히 발생하게 되는데 편집자의 입장에서 에러가 발생한 위치를 찾는 것은 쉬운 일이 아니다. 특히 VRML 코드를 처음 접한 초보자의 경우 대 소문자를 구별하지 않는 경우나 철자의 오류는 매우 빈번하다. VRML에서는 대소문자를 엄격히 구분하므로 이를 철저히 지켜야 한다. 그러나 VrmlPad에서는 이와 같은 오류를 자동으로 검출하기 때문에 매우 편리하게 코드를 유지 관리하는 장점이 있다. 또한 VRML97의 명세서에 나타난 각 코드들은 VrmlPad에 내장되어 있어 해당코드들을 표시하려 할 때 편집기는 각 코드들을 자동으로 완성시켜 준다. 따라서 철자의 오류로 인한 에러는 미연에 방지할 수 있다. 아쉬운 점은 데모 버전은 한 달간만 무료로 사용할 수 있다.

VrmlPad는 http://www.parallelgraphics.com/products/vrmlpad/download/에서 다운로드 받아 사용하면 된다. VrmlPad를 설치하고 실행하면 그림 5-8과 같이 VRML 코드를 편집할 수 있는 상태가 된다. 이번 절에서는 간단히 VrmlPad의 특징과 사용법에 대해 설명한다.

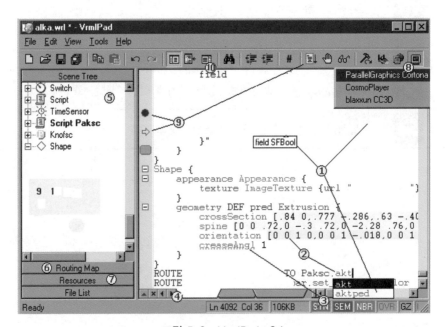

그림 5-8 | VrmlPad v2.1

① 편집 창 : VRML 코드를 편집하기 위한 창으로서 사용자가 효율적이고 편리하게 코드를 편집할 수 있도록 한다. 프로그래머의 입장에서 가장 중요한 점은 프로그램의 유지보수가 쉬워야 한다는 점이다. VrmlPad는 이러한 점에서 프로그램 편집을 매우 간결하게 해준다. 또한 VRML의 명령어를 내장시켜 사용자가 첫 문자를 입력하면 해당 문자들을 표시하므로 매우 편리하게 사용할 수 있다. 사용자 여러분도 메모장과 VrmlPad를 한번 비교해 보기 바란다.

② 칼라 코딩 : VRML 코드의 종류에 따라 다른 칼라를 제공한다. VRML은 다음절에서 설명하지만 노드와 필드로 구성되어 있다. VrmlPad는 노드와 필드 그리고 이를 구성하는 데이터의 종류에 따라 다른 칼라를 제공함으로써 프로그래머에게 일목요연하게 프로그램을 관리할 수 있도록 한다.

③ 에러 검출 : 그림 5-9와 같이 잘못된 구문이나 데이터의 경우 에러 유무를 나타낸다. VRML의 노드나 필드가 아닌 경우 혹은 논리적 에러인 경우 편집 창에 빨간색 줄로 해당된 문자가 표시된다. 만약 편집 창에서 에러가 발생되면 편집 창의 하단에 에러가 일어났음을 나타낸다. 에러의 종류는 SYN(synmentic : 문법오류), SEM(sementic : 구문), NBR (number : 에러 발생 줄 번호)이 있다.

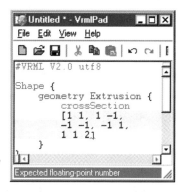

그림 5-9 | 에러 자동 검출

④ 서류 탭(Document Tab) : 복잡하고 파일용량이 큰 경우의 VRML 파일은 일반적으로 여러 부분으로 분할하여 구현한다. 서류 탭 부분은 다수의 VRML 문서를 Open하여 동시에 여러 문서를 편집할 수 있다. 메모장에서 VRML을 편집할 경우 여러 VRML 파일을 보기 위해선 모두 메모장에 활성화 시켜야 한다. 편집자의 입장에서 매우 번거로운 일이다. VrmlPad에서는 다수의 VRML 파일을 활성화하여 파일간의 이동이 매우 자유롭다.

⑤ 장면 트리(Scene Tree) : VRML은 노드와 필드로 구성되어 있다. 그림 5-10과 같이 이중 각 장면에 포함된 노드들에 대한 계층적 구조를 보여준다. 한 노드는 부모노드가 될 수 있으며 부모노드는 여러개의 자식노드를 포함하고 있다. VrmlPad는 각 파일에 적용된 노드들을 한눈에 파악할 수 있도록 사용된 노드와 각 노드의 계층적 구조를 장면 트리로 나타내어 프로그래머에게 편리한 기능을 제공한다. 만약 +부호를 누르면 해당 노드의 자식노드들이 계층적으로 나타난다.

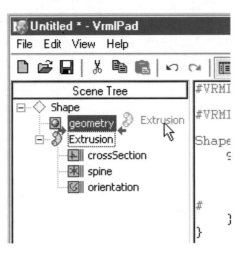

그림 5-10 | 장면 트리

⑥ 라우팅 맵(Routing Map) : 그림 5-11과 같이 각 장면의 이벤트에 대한 경로과정을 나타낸다. 라우팅이란 센서와 애니메이션 노드를 이용하여 가상공간에 상호작용을 일으키는 과정을 나타낸다. VrmlPad에서는 사용된 이벤트의 종류와 라우팅 과정을 라우팅 맵을 통하여 쉽게 파악할 수 있다. 라우팅 관련 문법은 어느 정도 VRML에 대한 기초 개념을 필요로 한다.

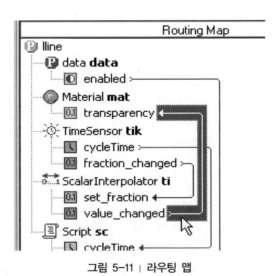

그림 5-11 | 라우팅 맵

⑦ 자원(Resource) : 각 문서에서 사용되어진 자원을 쉽게 관리하도록 한다.

⑧ 미리보기(Preview) : 구현된 파일을 실행시키기 위해서는 먼저 wrl 파일로 저장해야 하고 이 파일을 마우스로 더블 클릭해야만 한다. 사용자 입장에서는 매우 번거로운 일이

다. 미리보기 기능은 현재 가능한 전용 뷰어를 통해 따로 wrl 파일로 저장하기 않고도
미리보기가 가능하다. VRML파일을 편집하다가 중간에 언제든지 미리보기 기능을 통하
여 현재 만들어진 3차원 공간을 확인 할 수 있으며 이로 인하여 편집과 확인이 매우 편리
하다. 한 가지 주의할 점은 현재의 파일에서 다른 대상의 wrl 파일을 호출할 경우에는
반드시 저장해야 해당 장면이 올바르게 나타난다. 현재의 파일을 저장하지 않을 경우 대
상 파일이 없기 때문에 정확히 나타날 수 없다.

⑨ 디버거(Debuger) : VRML 코드에 오류가 있을 때 자동적으로 해당 위치로 이동한다.
VRML을 실행시키기 전에 VrmlPad에서 테스트를 할 경우 에러가 발생하면 해당위치에
서 에러의 유무를 나타낸다.

⑩ 아이콘 노드(Node Thumbnail) : 노드를 이용하여 물체를 만들 경우 해당 물체가 올바르
게 만들어 졌는지 알기 위해서는 프로그램을 실행해야만 한다. 따라서 매번 확인하는 것
은 매우 번거로운 작업이 된다. 그림 5-12와 같이 아이콘 노드는 각 장면의 노드에 대해
따로 실행하지 않아도 미리보기 기능을 제공한다. 프로그래머는 가상공간을 구현하기 위
해 매우 많은 3차원 물체를 만들어야 한다. 이때 자신이 구현한 3차원 물체가 원하는 대
로 만들어 졌는지 알기 위해서는 Cortona를 통해 확인해야 하는데 매번 물체마다 확인
하기는 매우 번거로운 일이다. 이러한 번거로움을 막기 위해 VrmlPad에서는 편집창의
오른쪽에 프로그래머가 만든 3차원의 물체를 간략히 보여줌으로써 물체의 외양과 색상
이 정확히 구현되었는지를 알 수 있다.

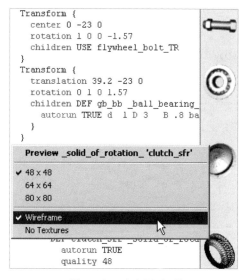

그림 5-12 | 미리 보기 기능

5.4　노드와 필드

5.4.1 VRML 구조

예제 5-1)을 통해 간단한 3D 정육면체를 구현 하였다. 가상 세계를 현실감 있게 구현하기 위해서 VRML에 대해 자세히 알아본다.

예제 5-2)는 예제 5-1)에 size란 항목을 추가하였고 결과는 예제 5-1)과 같다. 이를 통해 VRML의 구조에 대해 자세히 알아보자.

예제 5-2 VRML 문법 구조

```
#VRML V2.0 utf8        ### 반드시 #VRML은 빈칸 없이 첫줄에서 시작

### 크기 1을 가진 정육면체 사각형
Shape {
    geometry Box { size 2 2 2 }
}
```

첫 라인의 #VRML V2.0 utf8은 VRML 버전 2.0 규약으로서 VRML의 헤더이다. 모든 VRML 문서는 반드시 이 헤더를 포함해야 한다. 주의해야 할 사항은 #VRML은 빈 칸 없이 반드시 첫 줄에서 시작해야 한다. VRML 규약의 #은 두 가지 용도로 사용되는데 첫째가 VRML 헤더를 가리키며 반드시 첫째 줄의 첫 칸에 대해서만 해당된다. 둘째는 두 번째 문장 처럼 프로그램내의 설명문을 나타낸다. 일반적으로 초보 프로그래머들은 설명문을 달지 않는 경우가 많으나 프로그램의 크기가 커진다면 프로그램 유지 보수의 측면에서 반드시 설명문을 기입하는 습관을 처음부터 들이는 것이 좋다. utf8은 VRML 문서의 인코딩(Encoding) 방식을 UTF-8로 한다는 것이다. UTF-8은 모든 유니코드(Unicode) 문자를 1바이트에서 4 바이트까지 가변 폭 바이트 스트림으로 인코딩한다.

Shape{ .., }안의 내용이 Cortona 플레이어를 통해 보여 지는 내용이다. Shape{ .., } 안의 내용은 다음과 같이 두 가지 특징 점이 있다.
① 대문자로 시작하는 영문자
② 소문자로 시작하는 영문자

VRML에서 대문자로 시작하는 영문자를 노드(Node)라 부르며 소문자로 시작하는 부분을 필드(Field)라 부른다. 예제 5-2)의 경우 Shape와 Box는 노드가 되며, geometry와 size는 필드가 된다. 노드는 VRML에서 3D 물체의 형태를 기술하는 구성요소이며 필드는 노드의 특성을 기술하는 구성요소로서 변수 값을 가진다. 하나의 노드는 다수의 필드로 구성되어 있어 다수개의 필드를 반드시 대괄호({ })안에 포함하여야 한다. 노드는 또 다른 노드를 포함할 수 있으며 같은 노드라도 필드의 값에 따라 다양한 형태의 3D 물체를 구현할 수 있다. VrmlPad를 이용할 때는 큰 문제가 없지만 메모장을 이용하여 VRML을 구현할 경우 주의해야 할 점은 반드시 대소문자를 구별해야 하며 대괄호를 정확히 사용해야 한다. 예를 들어 노드의 대문자를 소문자로 기입하거나 대괄호를 생략한 채로 파일을 실행시키면 그림 5-13 처럼 Cortona 콘솔 창에 에러 메시지가 나타나며 실행되지 않는다.

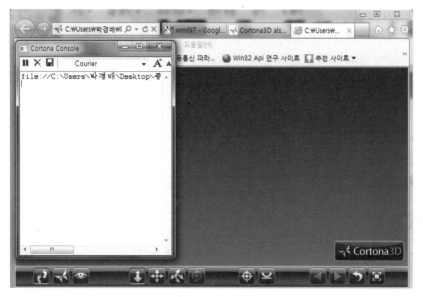

그림 5-13 | 오류 코드에 대한 메시지

VRML97에는 총 54개의 노드가 정의 되어 있는데 필드의 변수 값을 어떻게 지정하느냐에 따라 현실 세계의 물체를 거의 나타낼 수 있다. 노드와 필드의 관계를 정의한 VRML97 스펙은 공개되어 있으며 부록에 수록되어 있다. VRML을 이용하여 3D를 구현하고자 한다면 VRML97 스펙의 내용을 수시로 살펴봐야 한다.

5.4.2 노드(Node)

VRML97 스펙은 총 54개의 노드에 대해 정의하고 있으며 확장 VRML을 통해 계속하여 노드가 추가 되고 있다. 추가되는 노드들은 X3D에서 지원하는 노드들로서 확장 VRML로서 X3D를 표현할 수 있다. 이번 절에서는 VRML97 노드와 확장 VRML 노드의 종류에 대해 알아본다. VRML 노드와 VRML 확장노드에 대한 스펙은 부록을 참조 바란다.

54개의 표준 노드는 다음과 같은 특성이 있다.

- 각 노드는 Box, Color, Group 등과 같이 하나의 타입(type name)을 가진다.
- 각 노드가 가진 필드 값에 따라 같은 타입의 노드를 구분할 수 있다.
- 각 노드는 이벤트(Event)를 받거나 전송할 수 있다.
- 각 노드에 대한 동작방식은(3D 랜더링, 이벤트에 대한 행위 등) Cortona 플레이어와 같은 VRML 전용뷰어에 이미 정의되어 있다.
- 각 노드는 다른 노드의 참조를 위해 이름을 부여하여 재사용할 수 있다. (DEF/USE)

54개의 노드를 타입별로 분류하면 다음과 같다.

필수 노드는 3차원 물체를 만들기 위해서는 반드시 요구되는 노드로서 Shape 노드가 있다. Shape 노드는 물체의 외형과 속성을 지정하는 기하 노드와 기하속성 노드를 자식노드로 포함한다. WorldInfo 노드는 3D 장면에는 나타나지 않지만 3D 공간에 대한 정보를 제공한다. Script 노드는 javascript 코드와 같은 외부 연동 프로그램의 동작에 사용하는 고급 단계에 적용되는 노드이다.

◎ 필수 노드와 일반 노드(Shape and Info Nodes)

Shape	기하 노드의 속성, 외형 노드를 포함하여 3D 물체를 표현하는 노드
Script	외부 프로그램의 동작을 지정하는 노드
WorldInfo	3D 공간에 대한 정보를 나타내는 노드

기하노드란 물체의 외형을 표현하는 노드로서 Shape 노드에서 반드시 하나의 기하 노드를 포함해야 한다. 따라서 기하노드는 외형노드(appearance)와 함께 Shape 노드의 자식노드가 된다. 기하노드는 VRML을 배우는 초급자가 처음 접하는 단계로 가장 간단한 Box 노드에서부터 Extrusion 노드와 같은 다소 복잡한 노드로 구성되어 있다.

◎ 기하 노드(Geometry Nodes)

Box	3D 공간에 육면체를 정의하는 노드
Cone	3D 공간에 Y축과 평행한 원뿔을 정의하는 노드
Cylinder	3D 공간에 Y축과 평행한 원기둥 정의하는 노드
Sphere	3D 공간에 (0,0,0)를 중심으로 구를 정의하는 노드
ElevationGrid	Y=0인 평면에 다양한 높이의 격자를 생성하여 불규칙한 면을 만드는 노드
Extrusion	2D 평면에 3차원 회전을 통하여 돌출 형태를 만드는 노드
PointSet	3D 좌표를 가진 점(point)을 정의하는 노드
IndexedLineSet	3D 좌표의 두 점을 이용하여 선(line)을 정의하는 노드
IndexedFaceSet	3D 좌표의 세 점 이상을 이용 면(face)을 정의하는 노드
Text	3D 공간상에 2D 문자열을 정의하는 노드

기하노드는 색상(Color), 좌표(Coordinate), 법선벡터(Normal), TextureCoordinate와 같은 기하학적 속성을 가질 수도 있다. 기하 속성노드는 서로 다른 기하 노드들이 사용 가능하도록 독립적으로 정의된다.

◎ 기하 속성 노드(Geometry Properties Nodes)

Color	3D 물체에 RGB 칼라를 적용하는 노드
Coordinate	PointSet, IndexedLineSet, IndexedFaceSet 노드의 3D 좌표 값을 정의하는 노드
Normal	IndexedFaceSet, ElevationGrid 노드의 normal 필드에 사용되는 3D 표면의 법선 벡터를 정의하는 노드
TextureCoordinate	기하노드에 적용된 이미지를 수정하기 위하여 2D 좌표를 정의하는 노드

Shape 노드에 포함된 기하노드들의 외적 특징을 부여하는 것은 외형노드이다. 즉 같은 Box라 하더라도 빨강색 Box와 파랑색 Box로 외형을 정의할 수 있다. 외형노드의 속성에 따라 기하노드들은 다른 형태로 표현된다.

◎ 외형 노드(Appearance Nodes)

Appearance	기하 노드에 외형을 색상으로 표현할 것인지 혹은 이미지로 표현할 것인지를 정의하는 노드
FontStyle	문자열의 다양한 모양을 정의하는 노드
ImageTexture	기하 노드에 외부 이미지를 적용하는 노드
Material	기하 노드의 외형에 색상 속성을 정의하는 노드
MovieTexture	기하 노드에 외부 동영상을 적용하는 노드
PixelTexture	기하 노드에 화소 단위로 색상을 지정하는 노드
TextureTransform	기하 노드의 이미지 좌표계에 적용하여 2D 변형을 정의하는 노드

그룹노드는 다수의 자식(children) 노드를 포함하며 각 자식노드의 좌표공간을 정의한다. Inline, LOD 그리고 Switch 노드를 제외하면 이벤트를 입력(eventIn) 받는 필드로서 addChildren과 removeChildren을 가진다. 이벤트는 VRML의 중급단계라 할 수 있다.

◎ 그룹 노드(Group Nodes)

Anchor	Anchor 그룹 노드안의 자식 노드를 사용자가 선택 했을 때 url 필드에 링크된 내용을 가져오는 노드. HTML 구문의〈A〉태그(tag)와 유사한 기능을 수행한다.
Billboard	3D 물체를 항상 설정된 축으로 회전하도록 설정하는 노드
Collision	충돌 감지를 설정하는 노드

Group	변형 없이 자식 노드만을 포함하는 노드
Transform	부모와 자식 노드 간에 좌표 체계를 공유하며 좌표의 이동, 회전, 크기 변화를 포함하는 노드
Inline	웹에 있는 자식노드의 데이터를 읽어 현재 화면에 삽입하는 노드
LOD	시점과 거리에 따라 사물을 다양하게 표현하도록 뷰어에게 정보를 제공하는 노드
Switch	choice 필드에 정의되어 있는 노드 중 하나만을 선택하는 노드

센서 노드는 VRML 환경 내에서 이벤트를 발생시키는 노드이다. 이벤트를 생성 시키는 원인에 따라 마우스(Pointing_Device) 센서, 환경(Environment) 센서로 구분지울 수 있다. 마우스 센서는 사용자의 입력을 감지하여 이벤트를 발생시키며 환경 센서는 환경의 변화에 따라 이벤트를 발생시킨다.

◎ 센서 노드(Sensor Nodes)
• 마우스 센서

TouchSensor	TouchSensor가 설정되어 있는 노드에 관찰자가 클릭하는 행위 등을 감지하고 이벤트를 발생하는 노드
PlaneSensor	PlaneSensor가 설정된 물체를 드래그할 때 X-Y 평면에서 움직임을 감지하고 이벤트를 발생하는 노드
CylinderSensor	CylinderSensor가 설정된 물체를 드래그할 때 Y축 방향의 회전을 감지하고 이벤트를 발생하는 노드
SphereSensor	SphereSensor가 설정된 물체를 드래그할 때 임의의 정점을 중심으로 회전을 감지하고 이벤트를 발생하는 노드

• Environmental 센서

ProximitySensor	자동문처럼 ProximitySensor가 설정된 임의의 영역 내에 관찰자의 위치와 방위를 감지하여 이벤트를 발생시키는 노드
TimeSensor	시간의 설정, 흐름, 간격 등을 감지하여 이벤트를 발생시키는 노드
VisibilitySensor	특정 물체나 특정 영역의 부분이 관찰자에게 보이는지를 감지하고 이벤트를 발생하는 노드

애니메이션(Interpolator) 노드는 선형적인(linear) 키 프레임 애니메이션을 위한 노드이다. 애니메이션 노드에 의해 3D 물체들은 시간이 지남에 따라 색상, 위치 그리고 크기 등을 변화시키며 활동적인 모습을 제공한다.

◎ 애니메이션 노드(Interpolators Nodes)

ColorInterpolator	MFColor 키 값의 리스트 중에서 색상 값들을 적용하여 이벤트를 발생하는 노드
CoordinateInterpolator	MFVec3f 값의 리스트 중에서 좌표 값들을 선형적으로 적용하여 이벤트를 발생하는 노드
NormalInterpolator	방향 벡터 리스트 중에서 방향(normal vector) 값들을 적용하여 이벤트를 발생하는 노드
PositionInterpolator	MFVec3f 리스트 중에서 연속적인 이동을 위해 좌표 값들을 적용하여 이벤트를 발생하는 노드
ScalarInterpolator	MFFloat 리스트 중에서 크기 값들을 선형적으로 적용하여 이벤트를 발생하는 노드

바인딩(Binding)이란 "어느 곳에 묶여 있다"란 뜻으로 구속형 노드라고도 한다. 바인딩 노드는 특정 시점에 오직 하나의 노드만이 적용되는 노드이다.

◎ 바인딩 노드(Bindable Nodes)

Background	3D 공간에 배경그림이나 색상을 설정하는 노드
Fog	안개 효과를 나타내는 노드
NavigationInfo	3D 가상공간을 탐색하기 위한 아바타(avatar)의 여러 정보 등을 설정하는 노드
Viewpoint	사용자의 관찰 위치를 설정하는 노드

가상공간에서 물체를 보기 위해서는 현실 세계와 마찬가지로 빛이 존재하여야 한다. 기본적으로 NavigationInfo에서 headlight를 제공하지만 이 밖에도 Shape 노드에 여러 특성들을 제공하는 인공조명(light) 노드가 있다.

◎ 인공조명 노드(Light Nodes)

DirectionalLight	3D 공간의 한 종착점으로 향하는 빛을 방출하는 노드
PointLight	3D 공간의 한 시점으로 시작하는 빛을 생성하는 노드
SpotLight	3D 공간의 한 시점에서 특정한 방향으로 빛을 방출하는 노드

이외에도 3D 공간에서 소리를 들을 수 있는 사운드 노드가 있다.

◎ 사운드 노드(Sound Nodes)

Sound	3D 공간에 사운드를 나타내기 위한 노드
AudioClip	Sound 노드의 음악파일 경로를 지정하는 노드

5.4.3 확장 VRML 노드

Cortona VRML 클라이언트에서는 VRML97에서 제공하는 표준 노드이외에도 X3D와 유사한 확장 VRML 노드를 다음과 같이 제공하며 계속해서 업데이트(Update)되고 있다.

◎ 향상된 시각 효과 노드(Advanced visual effects Node)

DirectX 9.0 shaders	DiretX 9.0의 Shader를 지원한다. ShaderAppearance, VertexShader, FragmentShader 노드의 3종류가 있다.
BumpMap	3차원 물체의 표면에 대해 돌출효과(bump effect)를 나타내는 노드
MipMap	이미지의 해상도를 유지하기 위한 노드
CubeEnvironment	장면 내에서 3차원 박스 물체에 반사되는 주변 이미지의 그림자 효과를 표현하는 노드
SphereEnvironment	장면 내에서 3차원 구 물체에 반사되는 주변 이미지의 그림자 효과를 표현하는 노드
AdvancedAppearance	여러 이미지를 표현할 수 있는 이미지를 제공하는 노드
TextureTransform3	이미지의 3차원 좌표 이동을 나타내는 노드
Position2fInterpolator	2차원의 선형 움직임을 제공하는 노드

◎ 기하 노드(Geometry Nodes)

Splines	기하노드들에 대해 부드러운 면을 제공하는 노드 SplineExtrusion, SplineFaceSet SplineElevationGrid, SplineCone, SplineCylinder, SplineSphere,
NnrbsSurface	수학적 모델링으로서 복잡한 기하 도형을 생성하는 노드

◎ 계층과 랜더링 노드(Layers and rendering Nodes)

Layer2D/Layer3D	투명한 2,3차원의 투명 사각형을 제공하는 노드 Circle, Rectangle, IndexedLineSet2D, IndexedFaceSet2D, PointSet2D, Coordinate2D, CoordinateInterpolator2D, Transform2D, Background2D
Panel	HTML 문자를 표현하기 위한 사각형 판넬 노드
HTMLText	HTML 문자를 표현하기 위한 노드
OrderedGroup	공면/닫힌 모양의 랜더링 순서의 배열을 가진 그룹노드
ZGroup	Z-버퍼에서 자식 기하노드의 쓰기를 가능하게 하는 노드

◎ 텍스트 노드(Text Nodes)

Text3D	3D의 문자 노드
FontStyle	표준 FontStyle에 향상된 기능을 추가한 노드

◎ 마우스와 키보드 센서 노드(Mouse and keyboard Sensor Nodes)

DropSensor	마우스를 이용한 이벤트로서 가상공간 이외의 URL에서 이미지 등을 가상공간 내로 Drag & Drop 하는 노드
KbdSensor	3D 공간내에서 키보드의 입력을 감지하는 노드

◎ 무비 노드(Movies Nodes)

FlashMovie	3D 가상공간에 Flash 애니메이션을 가능하게 하는 노드
MovieTexture	확장기능으로 QuickTime의 .mov 파일과 Flash의 .swf 그리고 .gif 파일을 추가 지원한다.

◎ 행위 노드(Behaviour Nodes)

Collidee/Collision	물체와 물체의 충돌을 감지한다.
NavigationInfo	EXAMINE 모드에서 좌표축과 가시거리 기능 추가
Interpolator nodes	ColorInterpolatorEx, OrientationInterpolatorEx, Position2InterpolatorEx, PositionInterpolatorEx, ScalarInterpolatorEx 추가
TransformSensor	자식 기하 노드의 이동을 감지하는 노드

◎ X3D 노드(X3D Nodes)

BooleanFilter	Script 노드의 사용 없이 다양하게 상호 작용하는 이벤트를 조절하는 노드로서 TRUE/FALSE 값을 중계
BooleanToggle	toggle 필드에 불린(boolean)값을 저장 .
BooleanTrigger	set_trigger Time 이벤트를 받으면 항상 TRUE 값을 생성
IntegerSequencer	set_fraction 이벤트를 받고 value_changed 이벤트 발생
IntegerTrigger	set_boolean 이벤트를 받고 triggerValue 이벤트 발생
TimeTrigger	set_boolean 이벤트를 받았을 때의 시간 값
Inline	Inline 노드의 확장으로 TRUE/FALSE 값

5.4.4 필드(Field)

필드는 노드를 정의하기 위한 데이터 타입이다. 필드는 노드의 자료형에 따라 단일 값을 가진 SF형과 다중 값을 가진 MF형이 있다. 필드를 구성하는 요소는 속성, 자료형, 이름 그리고 변수 값으로 정의된다. 표 5-1에 Box 노드에 대한 필드 구성 요소를 나타내었다.

◎ 표 5-1 Box 노드의 필드 구성 요소

속 성	자료형	이 름	변수 값
field	SFvec3f	size	2 2 2

필드의 각 요소별 종류와 의미는 다음과 같다.

① 속성 : 데이터의 속성으로서 field/exposedField/eventIn/eventOut의 네 가지 속성이 있으며 field를 제외한 세 가지 속성은 센서 등을 이용한 이벤트를 설정할 때 중요하게 사용되는 요소이다.

② 자료형 : 필드가 가질 수 있는 변수의 데이터 형태를 나타낸다. 앞서 언급한 것처럼 자료형이 단일 값일 경우는 SF(Single Field)를 나타내며 다중 값일 경우는 MF(Multiple Field)를 나타낸다. MF의 다중 값의 내용들은 중괄호([ ])안에 쉼표(,)를 사용하여 각각의 값을 구분한다. 속성과 자료형은 VRML 프로그램에는 나타나지 않지만 항상 속성과 자료형을 확인하며 노드를 구현하여야 한다.

③ 이름 : 해당 노드가 실질적으로 가진 속성의 이름이다.

④ 변수 값 : 해당 노드의 실질적인 데이터 값을 의미한다.

예를 들어 Box 노드를 표현하기 위해서는 정육면체의 크기 size에 대한 변수 값만을 나타내면 정육면체를 표현 할 수 있다.

◎ 속성의 종류와 의미

field	상수와 같은 의미로 한번 정의되면 그 값을 변경할 수 없다.
exposedField	변수와 같은 의미로 프로그램의 실행 중 항시 값의 변경이 가능하며 이벤트에서 값을 받을 수도 있고 다른 노드에게 이벤트 값을 전송할 수도 있다.
eventIn	이벤트를 발생하기만 하는 속성이다.
eventOut	이벤트를 받기만 하는 속성이다.

◎ 자료형의 종류와 의미

단일값(SF)	다중값(MF)	내 용	기본값
SFBool	–	불리언(Boolean)값	TRUE/FALSE
SFFloat	MFFloat	32비트 실수 값	SF–0.0, MF–[]
SFInt32	MFInt32	32비트 정수 값	SF–0, MF–[]
SFTime	MFTime	시간을 절대, 상대 값으로 표현	SF–1, MF–[]
SFVec2f	MFVec2f	2차원 좌표 값	SF–xy, MF–[]
SFVec3f	MFVec3f	3차원 좌표 값	SF–xyz, MF–[]
SFColor	MFColor	R,G,B로 구성된 색상 값	SF–rgb, MF–[]
SFImage	–	2차원 이미지로서 8비트에서 32비트로 구성된 이미지 표현	SF–rgb
SFNode	MFNode	단일/다중 노드를 포함	SF–NULL, MF–[]
SFRotation	MFRotation	회전축과 회전각도 값	SF–xyzθ, MF–[]
SFString	MFString	" "안에 문자열을 표현	SF–"", MF–[]

참고문헌

[1] http://www.digitalspace.com/avatars/book/fullbook/chww/chww5.htm
[2] http://www.parallelgraphics.com/developer/products/cortona
[3] http://www.parallelgraphics.com/developer/products/vrmlpad
[4] http://www.parallelgraphics.com/developer/products/cortona/help/
[5] http://www.parallelgraphics.com/developer/products/cortona/help/
[6] http://www.web3d.org/x3d/specifications/vrml/ISO-IEC-14772-VRML97/part1/concepts.html

C h a p t e r

06
기본 물체 만들기

6.1 기본 3D 객체 만들기

6.1.1 Shape 노드

Cortona Player의 전용뷰어에 가상현실 공간을 만들기 위해서는 무엇보다도 먼저 공간을 구성하는 3D 객체를 만들 필요가 있다. 3D 물체를 표현하기 위한 노드는 Shape 노드이다. Shape는 모양을 의미하는 추상적인 단어다. 이와 같이 추상적인 개념이 필요한 이유를 그림 6-1를 통해 살펴보자.

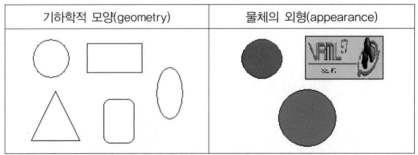

그림 6-1 | Shape 노드에 대한 개념이해

누군가 모양(Shape)라고 하였을 때 독자의 머릿속에는 구체화 되지는 않지만 그림 6-1의 왼편 그림과 같이 추상적인 기하학적(geometry) 모양이 떠오를 것이다. 이를 구체화하기 위해선 원, 또는 사각형이라고 언급을 해야지만 추상적인 모양(Shape)에서 구체적인 기하학적(geometry) 모양이 된다. 그러나 정확한 모양의 형태만 정의되었지 해당 모양의 외형은 설정되지 않았다. 물체는 모양만으로 결정되는 것이 아니라 그림 6-1의 오른쪽 그림과 같이 외형(appearance)에 따라 느껴지는 정도가 달라진다. 이처럼 모양이 가지는 속성에는 물체의 형태를 나타내는 기하학적 특성과 물체의 외형을 나타내는 외형적인 특성이 존재한다.

앞서 설명하였던 것처럼 Shape 노드는 표 6-1과 같이 geometry와 appearance 필드를 기본적인 속성으로 가지고 있다. Shape 노드를 이용하여 3D 물체를 표현하기 위해서는 반드시 geometry 필드를 포함해야 한다. appearance 필드는 geometry 필드에 적용될 외형적 특성을 나타내므로 geometry 필드가 정의된 후 appearance 필드가 적용된다. 아쉽게도 Shape 노드만을 이용해서는 아무런 3D도 만들어지지 않는다. 그 이유는 Shape는 추상적인 개념으로 물체의 기하학적(Geometry) 특성을 나타내는 geometry가 NULL 값이기 때문이다. 이처럼 SFNode형이 NULL 값을 가지면 또 다른 Geometry 노드가 필요하다. 따라서 Shape 노드를 통해 3D 물체를 만들기 위해서는 geometry 필드를 통해 반드시 하나 이상의 기하노드가 정의되어야 한다.

◎ 표 6-1 | Shape 노드

exposedField	SFNode	appearance	NULL
exposedField	SFNode	geometry	NULL

- appearance : geometry 필드에서 정의되는 노드의 외형적인 특성을 나타낸다. 일반적으로 Appearance 노드를 포함하며 물체의 색상, 이미지 등 시각적인 특성을 설정하기 위한 필드이다.
- geometry : 물체의 구체적인 형태인 Box, Cone, Sphere, Cylinder 등과 같이 기하학적 형태를 가지는 자식노드를 설정하기 위한 필드이다.

6.1.2 Box 노드

Shape 노드의 geometry 필드에 Box 노드를 적용하여 육면체를 만들어 보자. 표 6-2에 Box 노드의 필드와 속성을 정의하였다.

◎ 표 6-2 | Box 노드

field	SFVec3f	size	2 2 2	#(0, ∞)

- size : 육면체에서 x, y, z 방향의 크기 값을 갖는다.

Box 노드의 자료형은 SFVec3f로서 좌표 값에 단일 3차원 벡터 값을 가지며 size는 x, y ,z
방향으로 각각 크기가 기본 값 '2, 2, 2'를 갖고 있음을 나타낸다. #[0, ∞)는 주석문으로 size
의 값이 0에서 무한대(∞)의 값을 가질 수 있음을 나타낸다.

예제 6-1은 Shape 노드와 기하노드 Box 노드를 이용하여 가상공간에 정육면체를 나타낸 예
제로서 그림 6-1에 결과를 나타내었다. Cosmo Player의 초기화면은 정면으로 나타나기 때
문에 사각형의 형태로 보이지만 관찰모드에서 물체를 회전시켜보면 3D 물체임을 알 수 있다.
Shape 노드와 Box 노드를 보면 각각 대괄호({ })로 표현되었음을 볼 수 있다. Shape 노드는
geometry 필드와 appearance 필드를 갖고 있지만 예제 6-1은 geometry 필드만을 이용하
여 객체의 형태만을 나타내었기 때문에 하얀 Box가 만들어진 것이다. VRML은 필드가 생략
되더라도 부록에 정의되어진 VRML 스펙처럼 기본 값으로 객체를 그리게 된다. 따라서 예제
6-2처럼 size 필드를 생략해도 그 결과는 그림 6-1과 같다. size 필드는 Box의 x, y, z축
크기를 각각 나타낸다. 그림 6-2는 3차원 공간에서 x, y, z축의 방향과 크기를 나타내고 있
다. Cortona Player에서 중앙은 x, y, z축의 값이 각각 (0, 0, 0)인 원점을 나타내고 있으며
x축의 좌측과 y축의 아래 방향 그리고 z축의 뒤의 방향은 각각 음(-)의 방향을 나타낸다.

예제 6-1 Shape 노드를 이용한 Box 만들기

```
#VRML V2.0 utf8       ### 반드시 #VRML은 빈칸 없이 첫줄에서 시작
### 크기 2을 갖는 정육면체 사각형
Shape {
    geometry Box { size 2 2 2 }
}
```

예제 6-2 Box 노드에서 size 필드 생략

```
#VRML V2.0 utf8       ### 반드시 #VRML은 빈칸 없이 첫줄에서 시작
### 크기 2을 갖는 정육면체 사각형
Shape {
    geometry Box { } ### size 필드 생략
}
```

그림 6-1 | Box 만들기

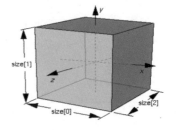

그림 6-2 | Box 노드의 특성

만약 Box에 색상을 입히고 싶다면 Shape 노드의 appearance 필드를 사용하여 외형노드 Appearance를 추가하여야 한다. Appearance 노드의 외형을 나타내는 방법이 여러 가지 있지만 단순히 색상을 입히기 위해서는 Material 노드를 사용하면 된다. 예제 6-3)은 Material 노드를 이용하여 파랑색 Box를 표현한 것이며 그림 6-3은 관찰 모드에서 Box를 회전시킨 결과이다.

예제 6-3에서 appearance와 Appearance 그리고 material과 Material이 반복되어 나타났다. 그러나 VRML에서는 소문자는 필드이고 대문자는 노드를 표현한다. 따라서 appearance는 Shape 노드의 필드로서 사용되는 것이며 Appearance는 appearance의 SFNode로서 역할을 한다. 이와 유사하게 material은 Appearance 노드의 필드로 사용되는 것이며 Material은 material 필드의 SFNode가 된다. Material 노드는 여러 필드의 조합으로 객체의 색상을 표현하는 노드이다. 여기서는 단순화를 위하여 diffuseColor만을 이용하여 물체의 색상을 나타내었다.

```
appearance Appearance { # 외형노드  #객체에 색상 입히기
  material Material { diffuseColor 0 0 1 } # R=0, G=0, B =1 파랑색
```

예제 6-3 파랑색 Box 만들기

```
#VRML V2.0 utf8      ### 반드시 #VRML은 빈칸 없이 첫줄에서 시작
### 파랑색의 정육면체 사각형
Shape {
   geometry Box { size 2 2 2 }
   appearance Appearance { # 외형노드  #객체에 색상 입히기
     material Material { diffuseColor 0 0 1 } # R=0, G=0, B =1 파랑색
   } }
```

diffuseColor는 R(Red), G(Green), B(Blue)를 혼합하여 색상을 표현한다. 따라서 diffuseColor 0 0 1은 파랑색을 나타낸다. 색상에 대한 설명은 Appearance 노드를 설명하며 추후 상세히 다룬다.

그림 6-3 | 파랑색 Box 만들기

응용 6-1 Box

Box는 단순히 육면체의 모양만 만들 수 있는 것은 아니다. Box를 적절히 이용하면 다양한 객체를 만들 수 있다. 그림 6-4와 같은 객체를 만드시오.

그림 6-4 | Box 응용

6.1.3 Cone 노드

Cone 노드는 원뿔 형태의 객체를 정의한다. 표 6-3에 Cone 노드의 필드를 정의하였다. Cone 노드의 속성들은 field 타입을 가지며 밑면반지름(bottomRadius), 원뿔높이(height), 옆면(side) 그리고 바닥(bottom)으로 원뿔을 나타낸다.

Cone의 밑면반지름과 높이는 SFFloat형으로 실수 값으로 나타내며 값의 범위는 0~∞이다. 기본 값은 각각 1과 2로 정의되어 있다. 옆면과 바닥은 SFBool 형으로 TRUE와 FALSE 값을 가진다. 만약 side나 bottom이 불린 값 TRUE이면 해당 면이 시각적으로 나타나고 FALSE 값이면 해당 면은 나타나지 않게 된다.

◎ 표 6-3 | Cone 노드

field	SFFloat	bottomRadius	1	#(0, ∞)
field	SFFloat	height	2	#(0, ∞)
field	SFBool	side	TRUE	
field	SFBool	bottom	TRUE	

- bottomRadius : 원뿔의 밑면반지름 크기를 나타낸다.
- height : 기본 값은 2로서 원뿔의 높이를 나타낸다.
- side : 옆면의 표시여부를 불(Bool) 값으로 나타낸다. false이면 나타나지 않는다.
- bottom : 밑면의 표시여부를 불 값으로 나타낸다. false이면 나타나지 않는다.

그림 6-5는 예제 6-4에서와 같이 밑면 반지름이 1이고 높이가 2인 원뿔 모양을 나태고 있으며 그림 6-6은 bottom를 FALSE 값으로 하였을 때 옆면만 나타난 결과를 표현한다.

> geometry Cone { bottomRadius 1 height 2 side TRUE **bottom FALSE** }

특이한 것은 바닥 면이 사라진 경우 Cone 내부가 보이지 않는다. 3D 객체들은 내부를 표현하지 않도록 함으로써 3D 물체를 빠르게 표현하도록 한다.

그림 6-5 | Cone 만들기

그림 6-6 | 옆면만 표현된 Cone

예제 6-4 Cone 만들기

```
#VRML V2.0 utf8      ### 원뿔 만들기
Shape {
    geometry Cone { bottomRadius 1 height 2 side TRUE }
    ## bottom 필드가 FALSE 인 경우 그림 6-6
    appearance Appearance { # 외형노드
      material Material { diffuseColor 1 1 0 } # R=1, G=1, B =0 노랑색
    }
}
```

응용 6-2 Cone

Cone의 side와 bottom의 값을 이용하여 그림 6-7과 같이 옆면과 바닥면이 서로 다른 색상을 갖는 Cone을 생성하시오.

그림 6-7 | Cone 응용

6.1.6 Cylinder 노드

Cylinder 노드는 원기둥 형태의 물체를 정의한다. 표 6-4에 Cylinder 노드의 필드와 속성을 정의하였다. Cylinder 노드의 속성은 원기둥의 반지름(radius), 높이(height), 옆면(side), 윗면(top) 그리고 바닥면(bottom)을 가진다.

◎ 표 6-4 | Cylinder 노드

field	SFFloat	height	2	#[0, ∞)
field	SFFloat	radius	1	#[0, ∞)
field	SFBool	bottom	TRUE	
field	SFBool	side	TRUE	
field	SFBool	top	TRUE	

- height : 기본 값은 2로서 원기둥의 높이를 나타낸다.
- radius : 0이상의 값으로 원기둥의 반지름 크기를 나타낸다.
- bottom : 밑면의 표시 여부를 불린 값으로 나타낸다.
- side : 옆면의 표시 여부를 불 값으로 나타낸다. false이면 옆면은 나타나지 않는다.
- top : 윗면의 표시 여부를 불 값으로 나타낸다.

예제 6-5는 Cylinder 노드의 기본 값을 사용하여 보라색의 원기둥 모양을 나타낸 것으로 그림 6-8에 그 결과를 나타내었다.

```
Cylinder { radius 1 height 2 }
```

예제 6-5 Cylinder 만들기

```
#VRML V2.0 utf8      ### 반지름 1 ,높이 2를 갖는 원기둥
Shape {
    geometry Cylinder { radius 1 height 2 }
    appearance Appearance{ # 외형노드
        material Material{ diffuseColor 1 0 1 }
        # R=1, G=0, B =1 파랑색
} }
```

그림 6-8 ㅣ Cylinder 만들기

응용 6-3 Cylinder

Cylinder 노드를 여러개 사용하여 그림 6-9에 나타난 물체를 생성하시오.

그림 6-9 ㅣ Cylinder 응용

6.1.5 Sphere 노드

Sphere 노드는 구 형태의 객체를 정의한다. 표 6-5에 Sphere 노드의 필드를 정의하였다. Sphere 노드의 속성은 구의 반지름(radius)만으로 나타낸다.

◎ 표 6-5 ㅣ Sphere 노드

field	SFFloat	radius	1	#(0, ∞)

• radius : 0이상의 값으로 구의 반지름 크기를 나타낸다.

예제 6-6은 반지름이 1인 기본 값을 갖는 초록색의 구를 나타낸 것으로 그림 6-10에 그 결과를 나타내었다.

```
geometry Sphere { radius 1 }
```

예제 6-6 Sphere 만들기

```
#VRML V2.0 utf8     ### 반지름 1인 구
Shape {
   geometry Sphere { radius 1 }
   appearance Appearance { # 외형노드
     material Material { diffuseColor 0 1 0 } # R=0, G=0, B =1 초록색
} }
```

그림 6-10 ㅣ Sphere 만들기

응용 6-4 Sphere

Sphere, Box, Cylinder 노드를 이용하여 그림 6-11에 나타난 물체를 생성하시오.

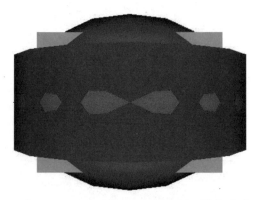

그림 6-11 ㅣ Sphere, Box, Cylinder를 이용한 물체

6.2 점, 선, 면을 이용한 3D 객체 만들기

6.2.1 PointSet(점) 노드

3D 공간에 점을 표시하기 위해서는 우선 점의 좌표(Coordinate)와 색상이 필요하다. PointSet 노드는 3D 공간에 점을 표시하기위한 노드이다. 이번 절에서는 PointSet 노드를 사용하여 점을 표현하는 방법에 대해 알아보자.

표 6-6은 PointSet 노드의 속성이며 모두 자식노드를 포함하는 필드를 가지고 있다. color 는 색상표현을 위한 Color 노드를 포함하며 coord는 좌표를 설정하기 위한 Coordinate 노드를 포함한다.

◎ 표 6-6 ｜ PointSet 노드

exposedField	SFNode	color	NULL
exposedField	SFNode	coord	NULL

- color : Color 노드를 포함한다.
- coord : Coordinate 노드를 포함한다.

Color 노드는 표 6-7에서와 같이 color 필드로서 점의 색상을 결정한다. color는 Red(R), Green(G), Blue(B)의 혼합으로 색상을 나타내며 0~1 사이의 값을 포함한다. R, G, B 모두 가 0인 색상 값을 가지면 해당 색이 전혀 표현이 안 되어 검정색으로 나타난다. 반면에 R=1, G=1 ,B=1로서 모두 1인 값을 가지면 R+G+B가 혼합되어 흰색으로 나타난다. 만약 빨강색 으로 나타내고 싶다면 R=1, G=0, B=0으로 만들면 된다. 자료형 MFColor는 중괄호([])안 에 다수의 색상을 표현할 수 있으며 각 색상과 색상은 콤마(,)로 구분한다. Coordinate 노드 는 표 6-8과 같이 point 필드 이름을 가지며 3D 공간상의 점의 좌표를 결정한다. 3D 공간을 표현하기 위해서는 x, y, z축의 좌표가 필요하다. 자료형 MFVec3f는 다수의 좌표 표현이 가 능하므로 각 좌표 값은 콤마(,)를 이용하여 구분한다. 만약 color와 point가 같이 사용되었다 면 점의 수와 색상 수는 같아야 한다. Color 노드와 Coordinate 노드는 추후 자세히 설명한다.

◎ 표 6-7 ｜ Color 노드

exposedField	MFColor	color	[]	#[0,1]

- color : R, G, B 요소로 점의 색상을 나타낸다.

◎ 표 6-8 ┃ Coordinate 노드

exposedField	MFVec3f	point	[]	#(−∞, ∞)

• point : 3D 공간에 좌표를 표시하기 위한 x, y, z의 좌표 값을 표시한다.

예제 6-7)은 3D 공간상에 빨강, 초록, 파랑색의 세 점을 나타낸 것으로 그림 6-12에 그 결과를 나타내었다.

```
color Color { color [ 1 0 0, 0 1 0, 0 0 1 ] } ## R, G ,B
coord Coordinate { point [ 0 0 0, 3 0 0 ,-3 0 0 ] } ## x y z 좌표
```

예제 6-7 PointSet을 이용한 점 만들기

```
#VRML V2.0 utf8      ### 반드시 #VRML은 빈칸 없이 첫줄에서 시작
### 세개의 점 표현하기
Shape {
    geometry PointSet{
        color Color { color [ 1 0 0, 0 1 0, 0 0 1 ] } ## R, G ,B
        ## x y z 좌표
        coord Coordinate { point [ 0 0 0, 3 0 0 ,-3 0 0 ] }
} }
```

그림 6-12 ┃ PointSet을 이용한 세 개의 점 표현

응용 6-5 PointSet

그림 6-13와 같이 3D x, y, z 축의 각 좌표에 3과 −3을 갖는 점을 나타내시오.

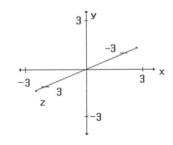

그림 6-13 ┃ PointSet

6.2.2 IndexedLineSet(선) 노드

IndexedLineSet 노드는 3D 공간상에 선을 그리기 위하여 사용한다. 선을 그리기 위해서는 2개의 점이 필요하고 공간상의 두 점을 이어주면 선으로 표현할 수 있다. 표 6-9는 IndexedLineSet 노드의 필드를 나타낸 것으로 다양한 속성을 갖는다. evnetIn 필드는 이벤트와 관련된 속성으로 다소 복잡한 개념이 필요하므로 차후 설명하기로 한다. set_coordIndex와 set_colorIndex는 colorIndex 필드의 값과 coordIndex 필드의 값을 설정한다. colorIndex 필드의 값은 여러 개의 선에 대한 색상을 지정하기 위한 색인 값으로 설정되며 coordIndex 필드의 값은 3D 공간에 여러 개의 선을 그리기 위한 색인 값으로 설정한다. color와 coord 필드는 사용될 색상과 점의 좌표를 지정한다. colorPerVertex 필드는 TRUE와 FALSE 값으로 점을 기준으로 색을 적용할 것인지 선을 기준으로 색을 적용할지를 나타낸다. colorIndex의 설정 상태와 colorPerVertex의 값이 TRUE와 FALSE에 따라 약간의 차이가 있다. 자세한 내용은 예제를 통해 알아보자.

◎ 표 6-9 | IndexedLineSet 노드

eventIn	MFInt32	set_coordIndex		
eventIn	MFInt32	set_colorIndex		
exposedField	SFNode	color	NULL	
exposedField	SFNode	coord	NULL	
field	MFInt32	colorIndex	[]	#(−1, ∞)
field	SFBool	colorPerIndex	TRUE	
field	MFInt32	coordIndex	[]	#(−1, ∞)

- set_colorIndex, set_coordIndex : colorIndex 필드의 값과 coordIndex 필드의 값을 이벤트로 설정한다.
- colorIndex : Color 노드에 적용된 각 점의 색상에 대한 인덱스 값이다.
- colorPerVertex : 선의 색상을 적용하는 방법을 나타낸다. true 값을 가지면 점의 색상을 기준으로 선이 나타나며 false이면 선의 색상은 한 색상으로 나타난다.
- coordIndex : Coordinate 노드에서 사용된 각 점의 좌표에 대한 인덱스 값으로 처음 선언된 색인 값은 0으로 참조되며 마지막 값은 반드시 −1이 되어야 한다.

예제 6-8은 3D 공간상의 세 점을 이용하여 삼각형을 정의한 것으로 그림 6-14에 그 결과를 나타내었다. IndexedLineSet 노드를 통하여 선을 그리기 위해서는 Color 노드와 Coordinate 노드를 통하여 3D 공간상에 점의 좌표와 색상을 지정한다. 이때, 점의 좌표 지정순서와 색상의 지정순서는 색인(index)으로 등록된다. 가장 먼저 지정된 좌표는 색인 값 0이 되며 순차적으로 1씩 증가한다. 예를 들어 Coordinate 노드의 point를 (2 0 0, -2 0 0, 0 3 0)으로 좌표 값을 지정하였다면 첫 번째 좌표 (2 0 0)의 색인 값은 0이 되며 (-2 0 0)은 1 그리고 (0 3 0)은 2가 된다. 이 색인 값은 coordIndex 필드에서 사용한다. 예제의 coordIndex [0 1 -1, 1 2 -1, 2 0 -1]은 색인 값을 이용한 선 그리기로서. 첫 번째 항목 [0 1 -1]은 색인의 첫 번째 좌표(2 0 0)과 두 번째 좌표 (-2 0 0)를 이어 선으로 그리라는 명령이다. coordIndex의 [-1]은 첫 번째 색인 값[0]과 두 번째 색인 값[1]로 선을 그리라는 명령으로 사용한다. 예제에서는 colorIndex 값이 사용되지 않았다. colorIndex 값은 colorPerVertex와 연관이 있는데 colorPerVertex의 값이 TRUE/FALSE에 따라 사용법이 두 방향으로 나뉜다.

① TRUE
- 예제처럼 colorIndex 값이 설정되지 않았을 경우에는 coordInexed 필드는 Color 노드 로부터 색상을 선택하기 위하여 사용된다.
- colorIndex 값이 설정되었다면 coordIndex에 설정된 색인(좌표) 수와 colorIndex의 색인(색상) 수는 정확히 일치해야 하며 각 색인에 해당되는 값으로 색상이 결정된다.

② FALSE
- colorIndex 값이 설정되지 않았을 경우에는 Color 노드에서 제공된 색상으로 선을 나 타낸다.
- colorIndex 값이 설정되었다면 IndexedLineSet의 각 선들은 오직 하나의 색상으로만 표현된다.

예제 6-8 IndexedLineSet을 이용한 선 만들기

```
#VRML V2.0 utf8        ### 반드시 #VRML은 빈칸 없이 첫줄에서 시작
### 선 만들기
Shape {
   geometry IndexedLineSet {
       color Color { color [1 1 1, 1 1 1, 1 1 1] }## 색상 지정
       coord Coordinate { point [2 0 0, -2 0 0, 0 3 0] }#좌표 지정
   coordIndex [0 1 -1, 1 2 -1, 0 2 -1] ## 선 그리기 명령
   }
}
```

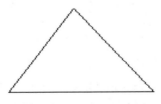

그림 6-14 | IndexedLineSet

응용 6-6 IndexedLineSet

그림 6-15와 같이 선을 이용하여 삼각뿔을 완성하시오.

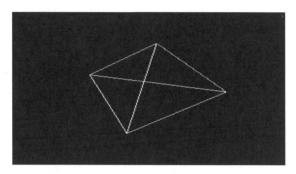

그림 6-15 | IndexedLineSet을 이용한 삼각뿔

응용 6-7 IndexedLineSet

그림 6-16과 같이 선을 이용하여 3D 좌표축을 완성하시오.

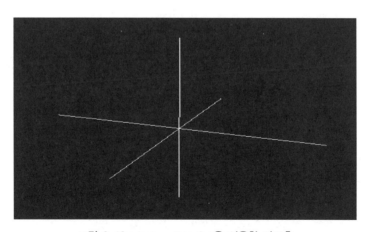

그림 6-16 | IndexedLineSet을 이용한 좌표축

6.2.3 IndexedFaceSet(면) 노드

IndexedFaceSet 노드는 3D 공간상에 면을 그리기 위하여 사용한다. 면을 그리기 위해서는 세 개의 점이 필요하고 공간상의 세 점을 이어주면 면으로 표현할 수 있다. 표 6-10에서와 같이 IndexedFaceSet 노드의 필드는 18개를 포함하고 있으며 사용법이 매우 다양하다.

◎ 표 6-10 | IndexedFaceSet 노드

eventIn	MFInt32	set_coordIndex		
eventIn	MFInt32	set_colorIndex		
eventIn	MFInt32	set_normalIndex		
eventIn	MFInt32	set_texCoordIndex		
exposedField	SFNode	color	NULL	
exposedField	SFNode	coord	NULL	
exposedField	SFNode	normal	NULL	
exposedField	SFNode	texCoord	NULL	
field	SFBool	ccw	TRUE	
field	MFInt32	colorIndex	[]	#(-1, ∞]
field	SFBool	colorPerIndex	TRUE	
field	MFInt32	coordIndex	[]	#(-1, ∞]
field	SFFloat	creaseAngle	0	#(-1, ∞]
field	MFInt32	normalIndex	[]	#(-1, ∞]
field	SFBool	normalPerIndex	TRUE	
field	SFBool	solid	TRUE	
field	MFInt32	texCoordIndex	[]	#(-1, ∞]

- **set_normalIndex, set_texCoordIndex** : normalIndex와 texCoordIndex의 값을 설정한다.
- **normal** : Normal 노드를 포함한다. Normal 노드의 필드 vector는 크기와 방향을 갖는 벡터, 즉 단위 길이를 설정한다.
- **texCoord** : TextureCoordinate 노드를 포함한다. TextureCoordinate 노드의 필드 point 는 Texture 이미지의 좌표를 설정한다.
- **ccw** : couter clock-wise의 의미로 TRUE이며 시계방향으로 벡터 값을 자동으로 생성한다.
- **colorIndex** : IndexedLineSet에서와 같이 면에 적용될 색상의 색인 값

- colorPerVertex : 색상의 적용 방법으로 TRUE이면 점, FALSE이면 면에 적용
- convex : 볼록면의 여부를 나타내는 것으로 FALSE이면 평면으로 지정된다.
- coordIndex : 면을 그리기 위한 좌표의 색인 값으로 세 개 이상의 인덱스 값으로 구성된다. 마지막 값은 항상 −1로서 면을 그리는 명령이다.
- creaseAngle : 면과 면이 만나는 모서리를 처리하는 방법을 나타낸 것으로 설정된 값보다 작으면 모서리를 부드럽게 처리한다.
- normalIndex : 점이나 면에 적용할 벡터의 색인
- normalPerIndex : 벡터의 적용 방법으로 FALSE이면 점에 TRUE이면 면에 적용
- solid : TRUE이면 면의 한쪽만 표시하고 FALSE이면 양면을 모두 표시한다.
- texCoordIndex : Texture 이미지의 좌표 색인 값

IndexedFaceSet 노드는 많은 필드와 함께 많은 정보를 포함하고 있기 때문에 세부적인 사항들은 추후에 설명하고 기본적으로 면을 구성하는 방법에 대해 알아보자.

예제 6-9는 그림 6-17과 같이 IndexedFaceSet 노드를 사용하여 각 꼭지점의 색상이 다른 양면을 표현한 삼각형의 예제이다. 면을 만들기 위해서는 세 개 이상의 점이 필요하므로 Coordinate 노드의 point 필드에서 (2 0 0, −2 0 0, 0 3 0) 좌표를 설정하였다. 각 좌표의 점들의 색상은 color 필드에서 R, G, B로 정의 하였고 coordIndex 필드의 [0 1 2 −1]에 의해 면이 완성된다.

예제 6-9 IndexedFaceSet을 이용한 면 만들기

```
#VRML V2.0 utf8        ### 반드시 #VRML은 빈칸 없이 첫줄에서 시작
### 면 만들기
Shape {
   geometry IndexedFaceSet{
       solid FALSE  # 양면 표현
       color Color { color [ 1 0 0, 0 1 0, 0 0 1 ] }## RGB색상 지정
   coord Coordinate { point [ 2 0 0, -2 0 0, 0 3 0 ] } ##좌표 지정
   coordIndex [ 0 1 2 -1 ] ##면 그리기 명령
   }
}
```

그림 6-17 | IndexedFaceSet을 이용한 삼각형

IndexedLineSet에서와 마찬가지로 coordIndex 필드의 값 [0 1 2]는 point 필드의 점 (2 0 0, -2 0 0, 0 3 0)의 색인 값이며 [-1]에 의해 면이 그려진다. solid 값은 FALSE로서 면의 양면을 나타내고 있다. 만약 solid 값이 TRUE이면 정면에서는 면이 보이지만 뒷면에서는 면이 보이지 않는다. 그림 6-17에서 보이는 것처럼 삼각면의 색상은 꼭지점을 기준으로 각각 RGB로 나타나는데 이는 colorPerVertex의 값이 TRUE이고 colorIndex가 제공 되지 않았기 때문에 면의 색상은 color 필드의 색상 값 R, G, B를 색인 값으로 사용한 것이다. 그림 6-18에서와 같이 만약 꼭지점이 아닌 면을 기준으로 색상을 표현하고 싶다면 colorPerVertex의 값을 FALSE로 해야 한다.

```
geometry IndexedFaceSet {
    colorPerVertex FALSE # 면 기준 색상지정
    solid FALSE  # 양면 표현
    coord Coordinate { point [ 2 0 0, -2 0 0, 0 3 0 ] } ##좌표 지정
    coordIndex [ 0 1 2 -1 ] ##면 그리기 명령
}
```

그림 6-18 | 면 색상 지정

IndexedFaceSet을 이용하면 면뿐만 아니라 면을 이용하여 다양한 3D의 모양을 만들 수 있다. 예제 6-10)은 다섯 개의 좌표 값을 이용하여 면을 생성하여 피라미드 모양을 만든 예제로서 그림 6-19에 그 결과를 나타내었다.

```
coord Coordinate { point [2 0 2, -2 0 2, 2 0 -2 , -2 0 -2 , 0 4 0] }
```

면을 만들 때 반드시 주의해야할 점은 point에 적용된 각 점의 좌표 순서는 coordIndex에서 색인으로 사용됨으로 반드시 그 순서를 일치하여 색인 값을 참조해야 한다. 그렇지 않을 경우 의도하지 않는 면이 생성이 되게 된다.

```
coordIndex [0 1 3 2 -1, 0 4 2 -1, 0 4 1 -1, 2 4 3 -1, 1 4 3 -1]
```

그림 6-19 | 피라미드 만들기

예제 6-10 IndexedFaceSet을 이용한 만들기

```
#VRML V2.0 utf8   ### 피라미드 만들기
Shape {
   geometry IndexedFaceSet{
     solid FALSE          #양면
     colorPerVertex FALSE  # 면 기준 색상 적용
     color Color { color [1 0 0 , 0 1 0, 0 0 1, 1 1 0, 1 0 1] }
     ##다섯개의 좌표값
     coord Coordinate { point [2 0 2, -2 0 2, 2 0 -2 , -2 0 -2 , 0 4 0] }
     ##좌표 인덱스
     coordIndex [0 1 3 2 -1, 0 4 2 -1, 0 4 1 -1, 2 4 3 -1, 1 4 3 -1]
   }## end IndexedFaceSet
}
```

응용 6-8 IndexedFaceSet

그림 6-20와 같이 면을 이용하여 정육면체를 완성하시오.

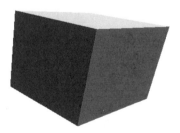

그림 6-20 | 정육면체

응용 6-9   IndexedFaceSet

그림 6-21과 같이 면을 이용하여 오각기둥을 만드시오.

그림 6-21 | 오각기둥

6.3   3D 불규칙 면/돌출 물체와 문자

6.3.1 ElevationGrid(격자) 노드

ElevationGrid 노드는 그림 6-22와 같이 x와 z축을 기준으로 하는 면에 격자(grid)의 크기를 설정한 후 각 격자의 y축 값을 조정하여 굴곡 있는 면을 생성하기 위하여 사용된다. 굴곡이 생긴 면은 실제 공간의 지형과 같은 효과를 얻을 수 있다.

표 6-11에 ElevationGrid의 속성과 이름을 나타내었다.

◎ 표 6-11 | Elevation Grid 노드

eventIn	MFFloat	set_height		
exposedField	SFNode	color	NULL	
exposedField	SFNode	normal		
exposedField	SFNode	texCoord		
field	SFBool	ccw	TRUE	
field	SFBool	colorPerIndex	TRUE	
field	SFFloat	creaseAngle	0	#[0, ∞)

field	MFFloat	height	[]	#(−∞, ∞)
field	SFBool	normalPerVertex	TRUE	
field	SFBool	solid	TRUE	
field	SFInt32	xDimension	0	#[0, ∞)
field	SFFloat	xSpacing	0.0	#[0, ∞)
field	SFInt32	zDimension	0	#[0, ∞)
field	SFFloat	zSpacing	0.0	#[0, ∞)

- set_height : height 필드의 값을 설정한다.
- xDimension : x축 방향의 격자(grid)의 수를 지정한다.
- xSpacing : x축 방향의 격자의 간격을 지정한다. 값이 클수록 격자의 간격은 넓어져 완만한 평면을 이루게 된다.
- zDimension : z축 방향의 격자(grid)의 수를 지정한다.
- zSpacing : z축 방향의 격자의 간격을 지정한다.

위에서 언급하지 않은 다른 필드들은 IndexedFaceSet 노드의 필드들과 같은 의미이므로 다시 한번 살펴보기 바란다.

예제 6-11은 x와 z가 각각 5, 4차원인 ElevationGrid를 나타낸 것이다. 불규칙 면을 나타내기 위해서는 먼저 x와 z의 차원과 간격을 정의해야 한다. 따라서 x와 z의 차원은 5와 4로 선언하고 간격은 각각 2와 1로서 x와 z의 크기 비율은 5 : 2가 된다.

```
xDimension 5  xSpacing 2   ## x차원과 간격
zDimension 4  zSpacing 1   ## z차원과 간격
```

ccw는 면에 적용되는 색상의 방향으로 TRUE이면 반시계 방향, FALSE이면 시계방향으로 적용된다. 반시계 방향으로 적용될 경우 앞면 색상이 나타나고 뒷면에는 나타나지 않는다. 시계 방향의 경우에는 반대로 뒷면에 색상이 나타나고 앞면에 나타나지 않으므로 불규칙 면을 확인하기 위해서는 물체를 180도 회전시켜 보아야 한다. 만약 solid 값이 FALSE이면 양면을 나타내기 때문에 ccw는 고려하지 않아도 된다.

```
ccw TRUE  # 반시계 방향으로 면을 적용
```

height의 값은 x와 z축의 격자에 대한 y축의 높이를 의미한다. 반드시 xDimension과 zDimension의 수가 일치하게 값들을 지정해야 한다. 만약 수가 하나라도 일치하지 않는다

면 물체는 나타나지 않는다. 예제에서 x차원 5, z차원 4이므로 총 20개의 height 값이 정확히 표현되어야 한다.

```
height [0 1 0 1 0, 1 0 3 0 1, 0 2 1 2 0, 1 0 2 0 1] ## 각 격자의 높이 값
```

creaseAngle은 면과 면이 만나는 모서리를 처리하는 방법을 나타낸 것으로 모서리의 값이 설정된 값보다 작으면 부드럽게 보이게 된다. 만약 모든 모서리를 부드럽게 표현하고 싶다면 creaseAngle 값을 크게 설정한다.

```
creaseAngle 2      #면과 면의 모서리 처리방법
```

그림 6-23은 예제의 결과로서 불규칙한 면을 보이고 있다.

예제 6-11 ElevationGrid를 이용한 불규칙 면 만들기

```
#VRML V2.0 utf8 ### 반드시 #VRML은 빈칸 없이 첫줄에서 시작
## ElevationGrid
Shape {
    geometry ElevationGrid {
        ccw TRUE  # 반시계 방향으로 면을 적용
        xDimension 5  xSpacing 2   ## x차원과 간격
        zDimension 4  zSpacing 1   ## z차원과 간격
        height [0 1 0 1 0
               1 0 3 0 1
               0 2 1 2 0
                  1 0 2 0 1]  ## 각 격자의 높이 값
        creaseAngle 2     #면과 면의 모서리 처리방법
    }
    appearance Appearance {
        material Material { diffuseColor 1 0 1 }
    }
}
```

그림 6-23 | ElevationGrid를 이용한 불규칙한 면

응용 6-10 ElevationGrid

그림 6-24와 같이 xDimension=8 zDimension=8, 각 Spacing =2인 ElevationGrid를 이용하여 산악 지형을 만드시오.

그림 6-24 | ElevationGrid를 이용한 산악지형

6.3.2 Extrusion(돌출) 노드

Extrusion 노드는 그림 6-25와 같이 x와 z축을 기준으로 y=0인 2D 단면을 정의한 후 회전(spine)을 이용하여 2D 단면을 3D 공간상으로 돌출(extrusion)시키는 것이다. Extrusion 노드에서 단순돌출이나 물체의 비틀기(Twist)를 잘 정의하면 실제 세계에 존재하는 다양한 형태들을 표현 할 수 있다. 표 6-12에 Extrusion 노드가 갖는 필드를 나타내었다.

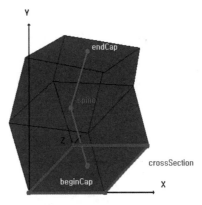

그림 6-25 | Extrusion

◎ 표 6-12 | Extrusion 노드

eventIn	MFVec2f	set_crossSection		
eventIn	MFRotation	set_orientation		
eventIn	MFVec2f	set_scale		
eventIn	MFvec3f	set_spine		
field	SFBool	beginCap	TRUE	

field	SFBool	ccw	TRUE	
field	SFBool	convex	TRUE	
field	SFFloat	creaseAngle	0	#[0, ∞)
field	MFVec2f	crossSection	[11,1−1,−1−1,−11,11]	#(∞,∞)
field	SFBool	endCap	TRUE	
field	MFRotation	orientation	0 0 1 0	#[0, ∞)
field	MFVec2f	scale	1 1	#[0, ∞)
field	SFBool	solid	TRUE	#[0, ∞)
field	MFVec3f	spine	[0 0 0, 0 1 0]	#[0, ∞)

- set_crossSection, set_orientation, set_scale, set_spine : 각각 crossSection, orientation, scale, spine 값을 정의한다.
- beginCap : 시작 단면의 표시 여부 결정
- crossSection : 돌출시킬 단면을 y=0인 평면에 정의하고 x, z 좌표 값을 설정
- endCap : 마지막 면의 표시 여부 결정
- orientation : 각 단면의 회전 방향 결정
- scale : 각 단면의 크기 결정
- spine : crossSection을 돌출시킬 경로 설정

예제 6-12는 사각형의 2D 단면에 spine과 scale을 적용하여 3D로 돌출시킨 간단한 돌출물체이다.

돌출 물체를 만들기 위해선 먼저 crossSection을 통해 단면을 정의해야 한다. 예제의 경우는 사각면을 정의한 경우로서 x, z의 좌표가 [1 1]에서 시작해서 [1 1]로 끝남을 주의해야 한다. 즉 crossSection의 좌표 수는 정의한 면보다 항상 한 개가 많게 정의된다. solid 값을 FALSE로 하여 양면이 표현되도록 하였다. 그러나 물체의 내부를 구현할 필요가 없다면 굳이 FALSE로 선언할 필요가 없다.

```
solid FALSE ## 양면 표현
crossSection [1 1, 1 -1, -1 -1, -1 1, 1 1] #단면 정의
```

돌출 경로(spine)는 x, y, z축을 따라 물체의 나타나는 방향을 나타낸다. 예제에서는 x와 z값을 0으로 하고 y축에 대해서만 0에서 2까지 정의하여 물체는 y축만을 따라 돌출하는 물체가 된다.

spine [0 0 0, 0 1 0, 0 2 0] #돌출 경로

크기(scale)는 spine에서 각 y축에 해당하는 x와 z의 크기 값이다. spine 값과 대응되어 y축의 높이에 따라 면의 크기가 결정된다.

scale [0.5 0.5, 1 1, 0.5 0.5] #크기 설정

그림 6-26은 예제의 결과로서 y=0, 2에서 크기 값이 각각 [0.5 0.5]이고 y=1에서는 크기 값이 [1 1]이므로 가운데가 불룩한 상자가 표현되었다.

예제 6-12 Extrusion을 이용한 상자 만들기

```
#VRML V2.0 utf8 ### 반드시 #VRML은 빈칸 없이 첫줄에서 시작
## Extrusion
    Shape {
    geometry Extrusion {
        solid FALSE
        crossSection [1 1, 1 -1, -1 -1, -1 1, 1 1] #단면 정의
        spine [0 0 0, 0 1 0, 0 2 0] #돌출 경로
        scale [0.5 0.5, 1 1, 0.5 0.5]  #크기 설정
    }
    appearance Appearance {
        material Material { diffuseColor 1 0 1 }
    }
}
```

예제 6-13은 다소 복잡한 구조로서 spine 경로를 x, y, z축 모두에 대해 세부적으로 설정하여 그림 6-27과 같이 스프링 물체를 구현하였다. 이처럼 세부적으로 많은 값을 적용할 경우에 scale 값과 일대일 대응되는지 잘 살펴보아야 한다. 만약 일대일 대응이 되지 않는다면 scale 값은 모두 초기 값 [1 1]로 적용된다.

그림 6-26 | Extrusion 이용한 돌출

그림 6-27 | 스프링 만들기

예제 6-13 Extrusion을 이용한 스프링 만들기

```
#VRML V2.0 utf8 ### 반드시 #VRML은 빈칸 없이 첫줄에서 시작
## Extrusion
Shape {
  geometry Extrusion {
    solid FALSE
    crossSection [ 0.1 0.1, 0.1 -0.1, -0.1 -0.1, -0.1 0.1, 0.1 0.1 ]
    spine [ 0 0 1, 0.75 0.2 0.75, 1 0.4 0, 0.75 0.6 -0.75, 0 0.8 -1, -0.75 1
-0.75, -1 1.2 0, -0.75 1.4 0.75, 0 1.6 1, 0.75 1.8 0.75, 1 2 0, 0.75 2.2 -0.75,
0 2.4 -1, -0.75 2.6 -0.75, -1 2.8 0, -0.75 3 0.75, 0 3.2 1, 0.75 3.4 0.75, 1 3.6
0, 0.75 3.8 -0.75, 0 4 -1, -0.75 4.2 -0.75, -1 4.4 0, -0.75 4.6 0.75, 0 4.8 1,
0.75 5 0.75, 1 5.2 0, 0.75 5.4 -0.75, 0 5.6 -1, -0.75 5.8 -0.75, -1 6 0, -0.75
6.2 0.75 ]
    scale [ 1 1 ] }
  appearance Appearance { material Material { diffuseColor 1 0 0 } }
}
```

응용 6-11 Extrusion

crossSection의 단면을 정의하여 그림 6-28과 같은 돌출 모양을 만드시오.

그림 6-28 | Extrusion 이한 달 모양

응용 6-12 Extrusion

crossSection은 원의 형태도 정의 할 수 있다. 그림 6-29의 도넛 모양을 만드시오.

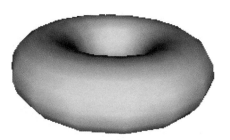

그림 6-29 | Extrusion을 이용한 도넛 모양

6.3.3 Text 노드

Text노드는 3D 공간상에 문자를 입력할 수 있는 노드이다. 아쉽게도 Cortona에선 아직 한글이 지원 안 되지만 3D 공간의 문자의 표현은 상당히 매력적이다. 표 6-12에 Text 노드의 필드를 나타내었다.

◎ 표 6-13 | Text 노드

exposedField	MFString	string	[]	
exposedField	SFNode	fontStyle	NULL	
exposedField	MFFloat	length	[]	#[0, ∞)
exposedField	SFFloat	maxExtent	0.0	#[0, ∞)

- string : 3D 공간상에 표시되는 문자열
- fontStyle : FontStyle 노드를 포함하며 문자열의 속성을 설정한다.
- length : 문자열의 길이를 설정
- maxExtent : 문자열의 최대 길이를 설정

예제 6-14는 뷰어 창에 VRML V2.0 문자를 표현한 예이다. string 필드의 [ ]안에 표현하고자 하는 문자를 따옴표(" ")에 삽입한다.

```
geometry Text { string [ "VRML V2.0" ] } # 문자열 정의
```

그림 6-30에서 그 결과를 볼 수 있다. 해당 문자를 회전시켜 보면 두께가 없음을 알 수 있다. 즉 문자는 2D로 표현 된다.

예제 6-14   Text노드를 이용한 문자 삽입

```
#VRML V2.0 utf8 ### 반드시 #VRML은 빈칸 없이 첫줄에서 시작
## Text
Shape {
    geometry Text { string [ "VRML V2.0" ] } # 문자열 정의
    appearance Appearance {
        material Material { diffuseColor 0 1 1 }
    }
}
```

VRML V2.0

그림 6-30 | Text 노드를 이용한 문자 삽입

만약 여러 줄에 걸쳐 문자열을 나타내고 싶다면 각 문자열을 따옴표에 각각 삽입하고 따옴표를 쉼표(,)로 구분한다. 예를 들어 string["VRML","V2.0"] 하게 되면 V2.0 문자는 엔터키(Enter key)를 입력한 효과처럼 VRML 문자의 아래에 나타난다.

만약 문자열의 글씨체나 정렬방법 등 세부적인 사항들을 조절하고 싶다면 Text 노드의 속성 fontStyle 필드에 FontStyle 노드를 이용한다. 표 6-12는 FontStyle 노드의 필드를 나타낸 것이다.

◎ 표 6-14 | FontStyle 노드

field	SFString	family	"SERIF"	
field	SFBool	horizontal	TRUE	
field	MFString	justify	"BEGIN"	
field	SFString	language	""	
field	SFBool	leftToRight	TRUE	
field	SFFloat	size	1.0	#[0, ∞)
field	SFFloat	spacing	1.0	#[0, ∞)
field	SFString	style	"PLAIN"	
field	SFBool	topToBottom	TRUE	

- family : 글씨체를 정의한다. 기본은 SERIF이고 SAN, TYPEWRITER 글씨체를 사용할 수 있다.
- horizontal : 문자열의 표시 방향을 나타낸다. 만약 FALSE 값을 갖으면 수직방향으로 문자열이 나타난다.
- justify : 문자열의 정렬 방법으로 BEGIN, FIRST, MIDDLE, END가 있다. BEGIN과 FIRST는 첫 문자를 중심으로 한 왼쪽 정렬이며, MIDDLE는 중앙 정렬 그리고 END는 오른쪽 문자를 중심으로 한 오른쪽 정렬을 나타낸다.
- language : 국제표준기구(ISO)의 문자를 표현하기 위한 언어 표시
- leftToRight : 문자열을 쓰는 방향으로 TRUE이면 왼쪽에서 오른쪽으로 표시한다.
- size : 글씨의 크기를 설정
- spacing : 문단 사이의 줄 간격이다.
- style : 문자의 폰트(font) 유형으로 PLAIN, BOLD, ITALIC, BOLDITALIC이 있다.
- topToBottom : 수직으로 문자열을 삽입한 기능. 만약 FALSE 이면 아래에서 위로 문자열을 나타낸다.

예제 6-15는 FontStyle 노드의 필드를 이용하여 "VRML V2.0 UTF-8" 문자를 다양하고 세부적으로 표현한 방법이다.

첫 번째 문자열은 크기 1로서 굵게, 정렬 방식은 BEGIN이다.

```
fontStyle FontStyle { style "BOLD"  justify "BEGIN" size 1 }
```

두 번째 문자열은 크기 2로서 굵게, 정렬 방식은 FIRST이다.

```
fontStyle FontStyle { style "BOLD"  justify "FIRST" size 2 }
```

세 번째 문자열은 크기 3으로서 굵게, 정렬 방식은 MIDDLE이다.

```
fontStyle FontStyle { style "BOLD"  justify "MIDDLE" size 3 }
```

네 번째 문자열은 크기 1이고 굵게, 정렬 방식은 END이다.

```
fontStyle FontStyle { style "BOLD" justify "END" size 1 }
```

그림 6-31에서 글씨 크기와 문단 정렬 방법에 따라 다양하게 표현된 문자들을 볼 수 있다.

그림 6-31 | FontStyle에 따른 문자 삽입 방법

예제 6-15 FontStyle을 이용한 다양한 문자 표현

```
#VRML V2.0 utf8 ### 반드시 #VRML은 빈칸 없이 첫줄에서 시작
#FontStyle
Shape {#BEGIN
    appearance Appearance { material Material { diffuseColor 1 0 0 } }
    geometry Text {
        fontStyle FontStyle { style "BOLD"  justify "BEGIN" size 1 }
        string [ "VRML V2.0 UTF-8" ]
} }
Shape { #FIRST
    appearance Appearance { material Material { diffuseColor 0 0 1 } }
    geometry Text {
        fontStyle FontStyle { style "BOLD"  justify "FIRST" size 2 }
        string [ "VRML V2.0 UTF-8" ]
} }
Shape {#MIDDLE
    appearance Appearance { material Material { diffuseColor 0 1 0 } }
    geometry Text {
        fontStyle FontStyle { style "BOLD"  justify "MIDDLE" size 3 }
        string [ "VRML V2.0 UTF-8" ]
} }
Shape { #END
    appearance Appearance { material Material { diffuseColor 1 1 0 } }
    geometry Text {
        fontStyle FontStyle { style "BOLD" justify "END" size 1 }
        string [ "VRML V2.0 UTF-8" ]
} }
```

응용 6-13 Text

FontSytle 노드 필드를 다음과 같이 정의 하고 그림 6-32의 문자를 표현 하시오.

1.style "ITALIC" horizontal FALSE
2.style "BOLD" justify "END"
3.style "ITALIC" horizontal FALSE justify "END"
4.style "BOLD"

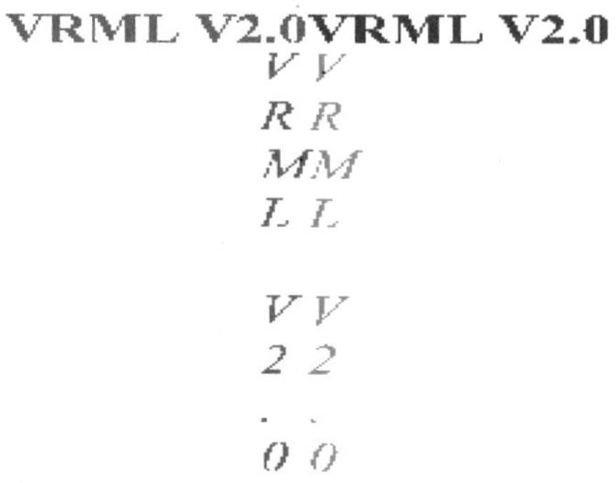

그림 6-32 | FontStyle을 이용한 다양한 문자 표현

6.3.4 3D 문자

3차원의 공간에 2D 문자를 이용하여 효과를 나타내는 것은 다소 비효율적이다. 이번 절에서는 VRML97 스펙에서는 지원하지 않지만 확장 VRML에서 지원하는 3D 문자효과에 대해 알아보자. 표 6-13은 Parallel Graphics에서 지원하는 Text3D 노드이다. sting, length, maxExtent 필드는 Text 노드의 속성과 같다.

◎ 표 6-15 | Text3D 노드의 필드와 속성

exposedField	MFString	string	[]	
exposedField	SFNode	fontStyle	NULL	
exposedField	MFFloat	length	[]	#[0, ∞)
exposedField	SFFloat	maxExtent	0.0	#[0, ∞)
exposedField	SFFloat	depth	0.1	#[0, ∞)
exposedField	SFFloat	creaseAngle	1	#[0, ∞)

- fontStyle : 한글을 비롯한 확장된 폰트 형태를 지원한다.
- depth : 3D를 표현하는 문자로서 문자의 깊이를 나타낸다.
- creaseAngle : 문자 모서리의 처리 방법을 나타낸다. 정의된 값보다 작으면 문자의 모서리를 부드럽게 나타낸다.
- solid : TRUE 값이면 한 면에서만 문자를 표현하고 FALSE 값이면 양면으로 문자를 표현한다.

Text3D 노드는 한글을 비롯한 더욱 다양한 폰트 형태를 지원한다. 다음은 FontStyle에서 한글을 지원하는 코드이다.

문자 심볼	MS 문자 값	MS 문자이름	언어
"ko"	"129"	HANGUL_CHARSET	Korean

기술적인 문제인지 위의 코드에 따라 프로그램을 구현하여도 한글은 아쉽게도 나타나지 않았다. 단지 현재의 기술적인 문제일지 몰라 위의 코드를 적어 놓는다.

예제 6-16은 홈페이지 방문을 환영하는 3차원 문자를 표현하는 예제이다. Tex3D 문자는 2D 문자 Text 노드와 대부분 유사한 필드를 가진다. 그러나 Text3D 노드에 추가된 depth 값을 조절하면 입체감이 조절된다. creaseAngle 필드는 3차원 문자의 모서리 처리 방법을 나타낸 것으로 값이 클수록 부드러운 입체 문자가 된다.

```
Text3D { creaseAngle 1.5
    string ["Welcome To 3D World!"]
    fontStyle FontStyle {
            family ["Verdana", "Arial", "Helvetica"] # 문자 체
            language "129"  ## 언어  }
    depth 0.5 }  ## 입체감 조절 값
```

예제 6-16 Text3D 노드를 이용한 3차원 문자

```
#VRML V2.0 utf8 ### 반드시 #VRML은 빈칸 없이 첫줄에서 시작
#Text3D 문자
Transform{
children Shape{
   geometry Text3D {
        string ["Welcome To 3D World!"]
        fontStyle FontStyle {
        justify ["MIDDLE", "MIDDLE"]
        family ["Verdana", "Arial", "Helvetica"] # 문자 체
            language "129"  ## 언어
```

```
            style "BOLD" size 1
        }
        creaseAngle 1.5
        depth 0.5 ## 입체감 조절 값
    }
    appearance Appearance {
        material Material { diffuseColor .43 .42 .47 }
    }
} }
```

그림 6-33은 예제 6-16)의 결과로서 입체감을 갖는 3D 문자를 표현하였다.

그림 6-33 ┆ Tex3D를 이용한 3차원 문자

Chapter

07
객체의 확장

그룹객체와 3D 좌표

지금까지 객체의 형태에 관한 기하노드(Geometry)와 하나의 객체(SFNode) 중심으로 살펴보았다. 기하 노드를 가상공간에 나타내면 기본적으로 화면의 중앙에 생성이 된다. 따라서 여러 객체(MFNode)를 동시에 나타내려면 화면의 중앙에 겹치는 현상이 발생된다. 여러 객체를 표현하기 위해서는 각 객체를 이동하여 화면의 중앙에서 겹치는 현상을 피해야 한다. 대부분의 사용자들은 모니터의 2D 좌표에 익숙하여 있으므로 3D 공간에서의 물체의 이동은 아직 익숙하지 않을 것이다. 또한 객체의 이동과 더불어 객체의 회전, 크기 변환 등의 작업이 필요한데 이는 더욱더 생소할 것이다. 따라서 3D 좌표에 대해 세부적인 이해와 함께 익숙해질 필요가 있다.

다수의 노드를 3D 공간상에 표현하다 보면 같은 객체를 반복해서 만들 경우가 생긴다. 같은 객체의 경우에는 한 객체에 이름을 부여한 후 이를 재사용한다면 가상공간을 매우 쉽게 효율적으로 구성할 수 있다. 다수의 노드를 하나의 그룹노드로 만들어 이를 재사용할 수 있다는 데서 매우 복잡한 가상공간도 보다 쉽게 구성할 수 있다. 이번 장에서는 객체의 이동/회전/크기변환/중심변환을 포함하는 Transform 노드와 객체의 이름을 부여하여 재사용하는 방법에 대해 배운다. 이러한 재 정의를 통해 복잡한 가상공간을 보다 효율적으로 구성하는 Group 노드에 대해 알아본다.

7.1.1 3D 좌표

대부분의 사용자들은 x, y축을 기본으로 한 좌표에 익숙할 것이다. 우리는 실제적으로 3D 공간에 살고 있지만 지면이나 컴퓨터와 관련된 작업들은 2D 공간이었다. 6장에서는 기하노드를 중심으로 객체의 형태에 대해서만 언급하였기 때문에 아직도 3D의 좌표에 대해서는 익숙하지 않을 것이다. Cortona Player 역시 모니터 상에 표현되는 가상의 3D 공간이다. 따라서 2D를 3D로 표현하는 자체가 무리가 있지만 2D에서 가능하면 유사한 3D 공간을 만들어낸 것이다. 3D 좌표에 대한 충분한 이해를 통해 객체의 이동과 회전에 대해 알아보자. 그림 7-1은 2D의 모니터 상에 표현되는 3D 공간을 나타낸 것으로 시각적인 효과를 위하여 좌표축을 왼쪽방향으로 회전 시킨 것이다. x축은 가로축 즉 모니터의 수평 방향과 동일한 축이며 y축은 세로축인 수직 방향이다. 이처럼 x와 y축만 표현 된다면 부피가 없는 2D 평면이 된다. 그러나 사용자가 수직으로 모니터를 보는 방향으로 z축을 추가하여 가상의 3D 공간을 구성하였다. 현실세계에서는 음의 방향이 존재하지 않으나 가상공간에서는 객체의 정확한 위치를 위하여 음의 값이 존재 한다. 6장에서 객체를 만들면 화면의 중앙에 생성되었다. 화면의 중앙 좌표는 x, y, z가 모두 0이 된다. 이를 기준으로 왼쪽은 −x축이 되며 아래쪽은 −y축 그리고 뒤쪽은 −z축이 된다. 사용자들은 x, y축에 대한 이해는 어렵지 않을 것이다. 그러나 2D에서 가상의 3D를 구성하기 위하여 (다소 억지로) z축을 만들었기에 생소할 것이다. 그러나 보다 쉬운 접근은 z축을 원근감을 타나내기 위한 축이라고 생각하면 다소 이해하기가 쉽다. 그림 7-2에서와 같이 같은 크기의 객체라도 z축의 값이 클수록 객체는 사용자와 가까운 것이고 z축이 큰 음(−)의 값을 가질수록 객체는 사용자와 멀어진다.

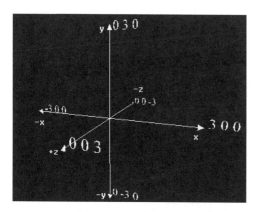

그림 7-1 | 3D 공간상의 좌표

그림 7-2 | z축에 따른 물체의 표현

VRML을 통하여 객체의 이동뿐만 아니라 객체의 회전이 필요한 경우가 있다. 객체의 회전은 3D 좌표에 대한 완전한 이해가 필요하다. 왜냐하면 3D 공간에서의 객체의 회전은 세 개의 축이 적용되기 때문에 어느 축을 기준으로 회전 시키느냐에 따라 객체는 완전히 다른 모습으로 나타날 수 있기 때문이다. 그림 7-3은 x, y, z의 회전축을 나타내고 있으며 각 축을 기준으로 45°회전시켰을 때의 Cone을 나타내고 있다. 빨간색 원뿔은 x축을 기준으로 45°회전시킨 경우로서 +z축 방향으로 객체가 회전한다. 초록색 원뿔의 경우 y축을 기준으로 45°회전시킨 경우이다. y축은 세로축이기 때문에 구(Sphere)와 같이 옆면이 모두 같은 객체는 회전이 되었는지 알 수 없다. 파란색 원뿔의 경우 z축 방향으로 45°회전시킨 경우로서 −x축의 방향으로 객체가 회전을 하게 된다. 다소 의외의 결과라고 생각하는 사용자도 있을 것이다. 그러나 왼편의 좌표축 회전 그림을 생각하면 틀림이 없다. VRML에서는 x, y, z 중 하나의 축 만을 기준으로 회전시킬 수도 있으며 세 개의 축을 모두 회전시킬 수 있다. 그러나 두개 이상의 축으로 회전시킨 경우 각기 다른 각도로 회전시킬 수는 없으며 오로지 하나의 각도로만 회전이 이루어진다. 또한, 양과 음의 방향에 따라 회전 결과가 틀려진다. 만약 음의 각도 −45°로 그림 7-3의 원뿔을 회전 시킨다면 +x축으로 회전하게 된다. 보다 자세한 내용은 Transform 노드의 rotation 필드에서 살펴보자.

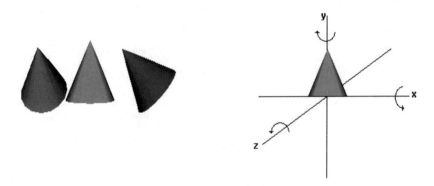

그림 7-3 | 객체의 좌표축에 따른 회전

7.1.2 Transform 노드

Transform 노드는 앞서 언급한 것처럼 객체의 이동(translation), 회전(rotation), 크기조절(scale)을 위해 사용되는 그룹노드이다. 그룹노드란 하나 이상의 다수노드를 포함할 수 있는 노드를 의미한다.

표 7-1은 Transform 노드의 필드를 나타낸 것으로 각각 매우 중요하고 유용한 필드들이다. 각 필드의 사용법에 대해 자세히 알아보자.

◎ 표 7-1 | Transform 노드

eventIn	MFNode	addChildren		
eventIn	MFNode	removeChildren		
exposedField	MFNode	children	[]	#(−∞,∞)
exposedField	SFVec3f	center	0 0 0	[]
exposedField	SFRotation	rotation	0 0 1 0	#[−1,1],(−∞,∞)
exposedField	SFVec3f	scale	1 1 1	#[0,∞)
exposedField	SFRotation	scaleOrientattion	0 0 1 0	#[−1,1],(−∞,∞)
exposedField	SFVec3f	translation	0 0 0	#(−∞,∞)
field	SFVec3f	bboxCenter	0 0 0	#(−∞,∞)
field	SFVec3f	bboxSize	−1 −1 −1	#[0,∞)or −1, −1,−1

- addchildren : 이벤트를 위한 필드이다. 이벤트로서 그룹노드 안에 새로운 자식노드들을 추가할 수 있다.
- removechildren : 이벤트를 위한 필드이다. 이벤트로서 그룹노드 안의 자식노드를 제거할 수 있다.
- children : Transform 노드를 포함한 그룹(Group) 노드에 속한 노드들은 반드시 children 필드를 갖는다. children 필드는 중괄호([]) 안에 다수의 자식 노드들을 표현 할 수 있다. 자식 노드들은 그룹노드의 영향과 속성을 그대로 이어 받는다. Transform 노드는 자식노드를 가질 수 있지만 자신도 자식 노드에 포함 될 수 있다.
- center : 회전시키는 물체의 회전중심을 지정한다. 회전중심의 기본 값은 원점(0,0,0) 이며 다른 필드에 대해 항상 먼저 적용된다. center에 대해 잘못 이해하고 적용할 경우 생각지 못한 결과가 나타난다.
- rotation : 물체를 임의의 축을 기준으로 회전시키는 역할을 하며 회전 각도는 라디안(radian)을 적용한다.
- scale : x, y, z의 각 방향으로 크기 조절을 할 수 있으며 0이상의 값을 갖는다. 잘 적용하면 유용하고 다양한 모양을 만들 수 있다.
- scaleOrientation : scale을 적용하기 전에 scale의 방향을 적용하는 필드이다.
- translation : 좌표계에서 물체의 이동 좌표를 지정한다.
- bboxCenter : bbox(bounding box)Center는 그룹 노드의 중심을 나타낸다.
- bboxSize : 그룹노드의 전체 크기를 나타낸다. 기본 값은 −1 −1 −1로서 전용 뷰어가 자동으로 그룹노드의 크기를 지정한다.

Transform 노드의 각 필드들은 가상공간과 3D를 효율적으로 표현하기 위해서는 필수적인 요소들이다. 각 필드가 적용되는 분야는 무한대라 해도 과언이 아닐 것이다. 각 필드의 사용법에 대해 다양한 예제를 통해 충분히 이해를 한다면 다양한 3D 객체를 효율적으로 생성할 수 있게 된다.

객체의 이동(translation)

translation 필드는 VRML에서 가장 유용하고 널리 사용되는 필드라 해도 과언이 아닐 것이다. translation은 Transform 내의 children에 포함된 자식 노드들을 지정된 좌표만큼 이동하여 나타낸다.

예제 7-1은 translation을 이용하여 두 개의 Box를 나타낸 것이다. 그룹 노드인 Transform 노드는 대괄호({ })안에 자식노드들을 children 필드의 중괄호([ ])를 통해 표현한다. 예제에서는 하나의 Transform 노드에 하나의 자식노드 Shape 노드를 나타내었지만 Transform 노드 안에는 하나 이상의 노드를 포함시킬 수 있다. 하나의 자식노드에서는 children 필드의 중괄호([ ])를 생략할 수 있지만 두 개 이상의 자식노드가 포함되면 반드시 중괄호([ ])를 포함하여야 한다.

```
Transform { children [ Shape { ... } ] }
Transform { children Shape { .. } } ## 단일 노드일 경우 [] 생략 가능
```

translation 필드의 자료형은 SFVec3f로서 3D 좌표계에서 이동할 x, y, z의 크기를 나타낸다. 반드시 주의할 점은 x, y, z의 좌표 값이 아니라 x, y, z의 이동 크기임을 명심해야 한다. translation의 기준이 원점(0, 0, 0)일 경우에는 translation의 x, y, z를 좌표 값으로 인식해도 무방하지만 기준이 원점이 아닐 경우에는 그 결과가 다르게 나타난다. translation 2 0 0은 children 필드 안의 노드를 원점(0 0 0)을 기준으로 양의 x축으로 +2만큼 이동하여 객체를 나타낸다.

```
translation 2 0 0          ## x축으로 +2 이동
```

두 번째 Transform 노드의 translation -2 0 0은 음의 x축 방향으로 2만큼 이동하여 Box를 나타낸다.

```
translation -2 0 0         ## x축으로 -2이동
```

그림 7-4는 장면을 약간 회전하여 예제의 결과를 나타낸 것이다.

그림 7-4 ㅣ translation을 통한 객체의 표현

예제 7-1 Transform 노드의 translation를 이용한 객체 표현

```
#VRML V2.0 utf8        ### translation 객체의 이동
Transform { translation 2 0 0   ## x축으로 2 이동
    children [ Shape { ## 자식노드
    geometry Box { size 2 2 2 }
    appearance Appearance { material Material { diffuseColor 1 0 0 } }
    }# end Shape
] } ## end Transform
Transform { translation -2 0 0   ## x축으로 -2이동
    children Shape {
    geometry Box { size 2 2 2 }
    appearance Appearance { material Material { diffuseColor 1 0 0 } }
} }
```

응용 7-1 translation

Transform 노드의 translation을 이용하여 그림 7-5와 같은 객체를 만드시오.

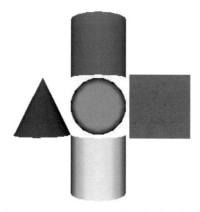

그림 7-5 ㅣ translation을 이용한 객체의 표현

객체의 회전(rotation)

rotation은 Transform내의 children에 포함된 자식 노드들을 임의의 축을 기준으로 회전을 시킨다. rotation의 자료형은 SFRotation으로서 3D 좌표계에서 회전시킬 축과 회전각도 (Angle)로 표현된다. 회전축은 x, y, z축 중 하나 이상을 지정하고 이에 따른 회전 각도를 나타내면 된다. 회전축의 지정은 1로 나타내고 회전하지 않는 축은 0이 된다. 만약 x축으로 회전을 시킨다면 1 0 0이 된다. 회전축이 결정되면 회전각도는 도(degree)가 아닌 라디안 (radian)을 사용하여 결정한다. 라디안이란 각도의 360도법을 원의 둘레 길이로 표현한 것이다. 예를 들어 반지름이 1인 원의 경우 원의 둘레 길이는 2πr로 2π가 된다. π는 대략 ≒ 3.14이므로 360°의 경우는 ≒ 2×3.14 = 6.28이 된다. 따라서 다른 라디안 값들은 회전각도 360°에 대한 라디안 값인 6.28에서 유추하면 쉽게 구할 수 있다. 개략적인 각도(degree)와 라디안의 관계를 표 7-2에 나타내었다.

◎ 표 7-2 | 각도(Degree)와 라디안(Radian)의 관계

각 도	라디안	각 도	라디안
360	≒6.28	45	≒0.743
270	≒4.71	30	≒0.496
180	≒3.14	15	≒0.248
90	≒1.571	5	≒0.083

회전각도 라디안은 음의 값으로 표현이 가능하다. 라디안 값이 음의 값을 갖는 경우는 회전의 방향이 바뀌기 때문에 회전의 방향도 정확히 이해를 해야 한다. 예를 들어 그림 7-6과 같이 z축으로 270°(≒4.71) 회전시킨 객체는 z축으로 −90°(≒−1.571) 회전한 경우와 동일하다. z축 방향의 경우 시계 방향은 음의 라디안 값을 가지며 반시계 방향은 양의 라디안 값을 갖는다. 또한 각 회전축을 중심으로 객체를 회전시킨 결과에 대한 예측이 가능해야 한다. 예를 들어 원뿔의 경우 y축을 기준으로 회전이 이루어져도 모양은 항상 같게 된다. 각 축에 대한 회전 결과는 표 7-3에 요약을 하였다.

◎ 표 7-3 | 회전축과 회전 결과

회전축	x(+radian)	x(−r)	y(+r)	y(−r)	+z	−z
회전결과	+z	−z	+x or +z	−x or −z	−x	+x

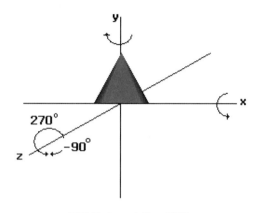

그림 7-6 | rotation 방향

예제 7-2 세 개의 원뿔을 x, y, z 각 축에 따라 각기 다른 회전을 표현하는 내용으로서 rotation에 대한 개념을 자세히 살펴보자.

첫 번째 원뿔은 x축으로 −2만큼 이동하고 x축으로 90도(1.57) 회전한 결과를 나타내고 있다. 물체를 x축으로 회전시키면 물체는 사용자 쪽으로 회전하게 된다. 만약 반대로 −1.57회전을 한다면 사용자 반대쪽으로 회전할 것이다. x축으로 회전시킨다는 것은 원뿔의 몸통에 x축 방향으로 막대를 꽂고 돌린다고 생각하면 결과를 다소 쉽게 이해할 수 있다.

```
translation -2 0 0 rotation 1 0 0 1.57  ## 회전중심 x축 90도
```

두 번째 원뿔은 y축 방향으로 1.57회전시킨 것이다. 그러나 원뿔과 같이 좌우 대칭인 물체를 y축으로 회전을 시키면 비록 회전한다 하더라도 결과는 항상 같게 된다. y축의 회전은 원뿔의 몸통에 y축으로 막대를 꽂고 돌린다고 생각하면 쉽다.

```
rotation 0 1 0 1.57  ## 회전중심 y축 90도
```

세 번째 원뿔은 z축 방향으로 1.57회전시킨 것이다. 원뿔은 관찰자의 시점에서 −x축 방향으로 1.57회전한 결과로 나타난다. 위의 설명과 유사하게 z축의 회전은 원뿔의 몸통에 z축 방향으로 막대를 꽂고 회전시키는 경우라 생각하면 된다.

```
translation 2 0 0 rotation 0 0 1 1.57  ## 회전중심 z축 90도
```

+축의 회전은 반시계 방향이 되고 −축의 회전은 시계 방향이 된다. 그림 7-7은 회전 결과를 나타내고 있다.

예제 7-2 Transform 노드의 rotation 이용한 객체 표현

```
#VRML V2.0 utf8      # 각축에 따른 회전
Transform { translation -2 0 0 rotation 1 0 0 1.57  ## 회전중심 x축 90도
children        Shape {
    geometry Cone { radius 1  height 2 }
    appearance Appearance { material Material { emissiveColor 1 0 0 } }
} }
Transform { rotation 0 1 0 1.57  ## 회전중심 y축 90도
children        Shape {
    geometry Cone { radius 1 height 2 }
    appearance Appearance { material Material { emissiveColor 0 1 0 } }
} }
Transform { translation 2 0 0 rotation 0 0 1 1.57  ## 회전중심 z축 90도
children        Shape {
    geometry Cone { radius 1 height 2 }
    appearance Appearance { material Material { emissiveColor 0 0 1 } }
} }
```

그림 7-7 | rotation에 따른 객체의 표현

응용 7-2 rotation

Transform 노드의 translation과 rotation을 이용하여 그림 7-8과 같이 왕관을 만드시오.

그림 7-8 | rotation을 이용한 왕관 만들기

객체의 회전중심(center)

center의 자료형은 SFVec3f로서 Transform 내의 children에 포함된 자식노드들을 임의의 축을 기준으로 회전을 시키기 위한 좌표 값을 지정한다. center는 항상 rotation과 같이 사용되며 center값을 중심으로 rotation 필드의 값을 적용하여 회전시킨다. 같은 rotation이라 하더라도 회전중심의 값에 따라 결과는 많이 틀려진다. 그림 7-9는 두 실린더를 각기 다른 center 값을 적용하여 회전시킨 결과이다.

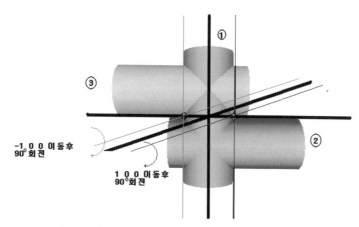

그림 7-9 ㅣ center 값에 따른 물체의 회전

①번 Cylinder는 어떠한 변형도 없는 Cylinder이다. ②번 Cylinder는 center 1 0 0 값을 가지며 z축으로 90°회전한 결과이며 ③번 Cylinder는 center -1 0 0 값에 z축으로 90°회전한 결과이다. ②번의 경우 회전이 적용되기 전에 회전중심(center)을 1 0 0 으로 이동 후 회전이 적용되며 ③번의 경우는 중심점이 -1 0 0 으로 이동 후 회전이 적용된다. 따라서 회전중심에 따라 객체의 표현 위치가 달라지므로 사용자는 정확히 이해를 한 후 center를 사용해야한다.

예제 7-3은 그림 7-9를 표현한 예제이다.
첫 번째 Cylinder는 rotation이 적용되지 않고 원뿔을 표현되었다.

```
Transform { children Shape {..} }
```

두 번째 Cylinder는 회전중심을 [-1 0 0]로 이동 후 z축으로 90도 회전(0 0 1 1.57)한 결과를 나타낸다. 그림 7-9의 3번의 경우이다.

```
rotation 0 0 1 1.57 center -1 0 0
```

세 번째 Cylinder는 회전중심을 [1 0 0]으로 이동 후 z축으로 90도 회전(0 0 1 1.57)한 결과로서 그림 7-9의 2번의 경우가 된다. 이처럼 같은 rotation 값을 적용하더라도 center 값에 따라 회전의 결과는 미묘한 차이를 나타낸다.

예제 7-3 Transform 노드의 center를 이용한 객체 표현

```
#VRML V2.0 utf8     ##center 회전중심
Transform { #무변화
children Shape {
    geometry Cylinder { radius 1 height 5 }
    appearance Appearance {
        material Material { emissiveColor 1 0 0 }
} } }
## 회전중심을 -1 0 0으로 이동후 z축으로 90도 회전
Transform { rotation 0 0 1 1.57 center -1 0 0
children Shape {
    geometry Cylinder { radius 1 height 5 }
    appearance Appearance {
        material Material { emissiveColor 0 1 0 }
} } }
## 회전중심을 1 0 0으로 이동후 z축으로 90도 회전
Transform { rotation 0 0 1 1.57 center 1 0 0
children          Shape {
    geometry Cylinder { radius 1 height 5 }
    appearance Appearance {
        material Material { emissiveColor 0 0 1 }
} } }
```

객체의 크기조절(scale)

scale의 자료형은 SFVec3f로서 Transform 내의 children에 포함된 자식 노드들의 크기를 3D 방향으로 비례적으로 늘이거나 줄일 수 있다. 1을 기준으로 1보다 크면 해당되는 방향으로 크기는 커지며 1보다 작다면 크기는 작아진다. scale 필드를 잘 적용하면 현실 3D를 2D처럼 보이게 만들 수 있으며 유용하게 객체를 표현할 수 있다.

예제 7-4는 세 개의 구(Sphere)를 scale을 이용하여 나타낸 것으로서 scale의 결과에 따라 결과는 매우 틀려진다.
첫 번째 구는 y축의 크기를 1/100 감소한 결과로서 구는 원반 모양처럼 나타나게 된다.

```
scale 1 .01 1 #y축의 크기 0.01 감소
```

두 번째 구는 x축의 크기를 1/100 감소한 결과로서 관찰자의 시점에서 얇은 선처럼 보이게
된다.

    scale 0.01 1 1 #x축 크기 0.01 감소

세 번째 구는 z축의 크기를 1/100 감소한 결과로서 관찰자의 시점에서 둥근 2차원의 원처럼
보이게 된다.

    scale 1 1 0.01 #z축 크기 0.01 감소

그림 7-10은 위 세 개의 원반을 겹쳐 놓은 모양으로 각 구마다 x, y, z 중 한방향의 크기를
줄임으로서 새로운 기하 도형을 만들 수 있다.

그림 7-10 | scale을 이용한 객체 표현

예제 7-4 Transform 노드의 scale를 이용한 객체 표현

```
#VRML V2.0 utf8       ### 반드시 #VRML은 빈칸 없이 첫줄에서 시작
# scale을 이용한 객체의 크기조절
Transform { scale 1 .01 1 #y축의 크기 0.01 감소
children Shape {
    geometry Sphere { radius 1 }
    appearance Appearance {
        material Material { emissiveColor 1 0 0 }
    }
} }
Transform { scale 0.01 1 1 #x축 크기 0.01 감소
children Shape {
    geometry Sphere { radius 1 }
    appearance Appearance {
        material Material { emissiveColor 0 1 0 }
    }
```

```
}}
Transform { scale 1 1 0.01 #z축 크기 0.01 감소
children Shape {
    geometry Sphere { radius 1 }
    appearance Appearance {
        material Material { emissiveColor 0 0 1 }
    }
}}
```

응용 7-3 scale

Transform 노드의 rotation과 scale을 이용하여 그림 7-11과 같은 도형을 만드시오.

응용 7-4 scale

Transform 노드의 rotation과 scale을 이용하여 그림 7-12와 같은 도형을 만드시오.

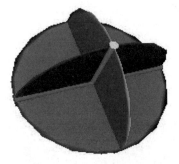

그림 7-11 ｜ scale과 rotation을 이용한 객체 표현   그림 7-12 ｜ scale과 rotation을 이용한 객체 표현

크기조절방향(scaleOrientation)과 적용 순서

scaleOrientation의 필드 자료형은 SFRotation으로서 scale이 적용되기 전에 좌표축의 회전을 결정한다. scaleOrientation은 center가 rotation이 설정되었을 때만 적용되듯이 scale 필드가 설정되어 있을 경우에만 적용된다. 만약, Transform 노드의 각 필드 translation, rotation, center, scale, scaleOrientation이 모두 적용되었을 경우 적용 순서는 다음과 같다.

적용 순서
-center → -scaleOrientation → scale → scaleOrientation → center → rotation → translation

가장 먼저 적용되는 것은 중심회전(center)와 크기조절 방향(scaleOrientation)이다. 그러나 이들은 scale과 rotation에 의해서만 기능을 나타나므로 - 값으로 우선 적용된다. translation은 마지막으로 적용되는 필드이다.

지금까지 Transform 노드를 통한 여러 객체들을 표현하는 방법에 대해 알아보았다. 그러나 아직까지 가상공간을 표현하기 위해서는 좀 더 효율적인 방법이 필요하다. 다음 절에서는 여러 객체를 좀 더 효율적으로 표현하기 위한 DEF/USE에 대해 알아보자.

7.2 　노드의 정의(DEF/USE)와 Group 노드

3D 공간상에 객체를 만들다 보면 같은 외형과 속성을 갖는 객체들이 많이 존재한다. 이러한 객체들을 일일이 프로그램화 하다보면 단순작업으로 인해 프로그램의 효율이 떨어질 뿐만 아니라 많은 시간과 노력을 필요로 한다. VRML 스펙에서는 이러한 단점을 제거하고 객체들을 효율적으로 생성해 주는 DEF/USE를 제공한다. DEF란 정의(Definition)의 줄임말이며 USE는 사용한다는 의미이다. 즉 한번 사용했던 노드를 정의함으로써 이를 재사용한다는 의미이다. DEF와 USE의 구문은 다음과 같다.

• DEF : DEF 〈사용자 정의 이름〉 〈기존 노드〉
• USE : USE 〈사용자 정의 이름〉

사용자는 기존의 노드를 이용하여 객체를 표현하고 이를 DEF를 통하여 사용자가 정한 이름을 부여한다. 그리고 이를 재사용하기 위해서 USE와 함께 사용자가 부여한 이름을 기입하면 기존 노드의 외형과 속성을 그대로 부여받은 같은 객체가 표현된다. 〈사용자 정의 이름〉은 대, 소문자 모두 사용 가능하다. 그러나 geometry와 같이 VRML에서 사용되고 있는 필드명은 사용할 수 없다.

DEF와 USE는 Group 노드와 Event에서 더욱더 효율적으로 사용할 수 있다. 대부분의 복잡한 객체들은 기본 객체들의 그룹으로 표현되어 있다. 이러한 복잡한 객체들을 표현하기 위하여 DEF/USE를 사용해도 효율성은 그리 높지 않다. 그러나 기본 객체들로 이루어진 복잡한 객체를 하나의 그룹노드로 지정하여 재 사용한다면 프로그램의 효율성은 매우 높아질 것이며 우주와 같은 복잡한 객체들도 쉽게 표현할 수 있다. DEF/USE와 Group 노드는 사용법이 아주 간단하면서도 가상공간을 쉽게 만들 수 있는 틀을 제공한다. 여러분은 필히 이 부분의 사용법에 대해 명심해야 한다.

7.2.1 노드의 정의와 사용(DEF/USE)

Transform 노드의 translation 필드를 통하여 다수의 객체들을 표현 하였다. 그러나 다수의 객체들 중에는 서로 외형이나 속성이 같음에도 불구하고 같은 내용을 비효율적으로 반복해서 코딩을 하였다. 그러나 DEF/USE를 사용하면 같은 객체를 쉽게 생성할 수 있다. 예제 7-5)는 DEF/USE를 통해 같은 속성을 갖는 세 개의 Box를 표현하는 프로그램이다. 첫 번째 Transform 노드를 G_Box로 정의하였다. 이 처럼 노드를 정의하게 되면 이 노드가 갖고 있는 모든 자식노드의 속성을 물려받게 된다.

```
DEF G_Box Transform
```

두 번째와 세 번째 Transform 노드는 좌표만 이동하고 앞서 정의한 G_Box 노드를 재사용 하였다. 따라서 G_Box의 geometry 특성과 appearance 특성을 물려받아 같은 형태의 물체가 그림 7-13과 같이 나타나게 된다. 앞 절에서 Transform 노드만을 이용하여 물체를 표현한 것과 비교하면 프로그램의 양이나 내용이 상대적으로 많이 줄었음을 알 수 있다.

```
Transform { translation -2 0 0 children USE G_Box } # G_Box 사용
Transform { translation 2 0 0 children [ USE G_Box ] }# G_Box 재사용
```

예제 7-5 DEF/USE를 이용한 객체 표현

```
#VRML V2.0 utf8      ### DEF/USE 사용법
# Transform을 G_Box로 재정의
DEF G_Box Transform {
children        Shape {
   geometry Box { size 1 1 1 }
   appearance Appearance {
       material Material { diffuseColor  0 1 0 }
   }
} }
Transform { translation -2 0 0 children USE G_Box } # G_Box 사용
Transform { translation 2 0 0 children [ USE G_Box ] }# G_Box 재사용
```

그림 7-13 ㅣ DEF/USE를 통한 객체의 표현

예제 7-6은 DEF/USE를 사용하여 외형(Appearance)만을 재 정의한 또 다른 예제이다.

```
DEF App Appearance
```

두 번째 Transform 노드는 Sphere를 나타내고 외형을 App로서 재사용하였다.

```
geometry Sphere { }
appearance USE App  ## 외형 재사용
```

세 번째 Transform 노드는 Cone을 나타내고 마찬가지로 App를 재사용하였다.

```
geometry Cone{ }
appearance USE App
```

그림 7-14는 외형의 색상만을 정의하고 재사용한 결과로서 같은 초록색을 갖는 구와 박스 그리고 콘을 나타내었다. 이처럼 DEF는 위치에 상관없이 기존의 노드 이름 앞에서 재정의할 수 있다. 재 정의된 노드는 그 속성을 그대로 물려받게 된다.

사용자는 VRML을 이용하여 물체를 나타낼 경우 전체적으로 어떤 노드를 정의하고 어떻게 재사용할 것인지를 주의 깊게 생각하고 적용해야 한다. 사용자에 따라 같은 물체를 나타내는 프로그램이라 하더라도 DEF/USE에 따라 효율성이 달라지기 때문이다.

예제 7-6   외형(Appearance)를 재 정의한 객체 표현

```
#VRML V2.0 utf8    ## 외형 재 정의
Transform {
children Shape {
   geometry Box { }
   appearance DEF App Appearance { ## App 정의
       material Material { diffuseColor 0 1 0 }
} } }
```

```
Transform { translation -2 0 0
children Shape {
    geometry Sphere { }
    appearance USE App } } ## 외형 재사용
Transform { translation 2 0 0
children Shape {
    geometry Cone{ } appearance USE App } }
```

그림 7-14 | 외형의 색상을 정의한 객체 표현

응용 7-6 DEF / USE

DEF/USE를 사용하여 의자를 만드시오.

응용 7-7 DEF / USE

DEF/USE를 이용하여 그림 7-16의 얼굴 모양을 만드시오.

그림 7-15 | DEF/USE를 사용한 의자 객체

그림 7-16 | DEF/USE를 이용한 얼굴 객체

7.2.1 노드의 원형정의(PROTO)

DEF/USE는 노드 단위로 사용자 이름을 지정하여 정의하고 재사용할 수 있지만 다수의 노드나 노드 내부의 필드 데이터를 접근하지 못하는 단점이 있다. 즉, DEF는 노드 단위로 이루어지기 때문에 예제 7-6처럼 형태만 다르고 외형은 같은 DEF를 사용해야 한다.

이러한 단점을 극복하고 DEF를 확장하여 적용할 수 있는 PROTO가 있다. PROTO란 Prototype의 약어로서 객체의 원형을 의미한다. PROTO는 사용자가 새로운 노드와 이에 따른 필드를 재정의함으로써 객체를 더욱더 확장시킬 수가 있다.

PROTO를 사용하기위한 구문은 다음과 같다.

```
PROTO 사용자 정의 이름[
    속성 자료형            필드 이름            기본값
    속성 자료형            필드 이름            기본값
 … ]{
    [기존 VRML 내의 필드 ] IS [사용자 지정 필드]
}
```

예제 7-7은 PROTO를 사용하여 기하노드의 속성과 외형 노드의 속성을 하나로 통합한 새로운 노드 Cone을 재 정의하여 표현한 것으로 그림 7-17에 결과를 나타내었다.

'P_Cone'으로 PROTO를 정의하고 Material의 속성 값 들을 간단히 정의하였다. 또한 Cone 노드의 속성을 재사용하기 위하여 'br'과 'ht'를 선언하였다.

```
PROTO P_Cone [
        exposedField SFColor diffuse  0.8 0.8 0.8
        exposedField SFColor specular 0 0 0
        exposedField SFColor emissive 0 0 0
        field SFFloat br 1 field SFFloat ht 2 ]
```

해당 노드의 속성은 'IS'로서 재정의 한다.

```
    bottomRadius IS br
    height IS ht
```

재 정의한 필드 값들을 이용하여 P_Cone 노드를 사용한다.

```
  P_Cone { br 2 ht 4 diffuse 0 1 0 emissive 0 0 1 specular 1 0 0 }
```

예제 7-7 PROTO를 이용한 객체의 재 정의

```
#VRML V2.0 utf8      ## Cone의 재정의
PROTO P_Cone [
    exposedField SFColor diffuse  0.8 0.8 0.8
    exposedField SFColor specular 0 0 0
    exposedField SFColor emissive 0 0 0
    field SFFloat br      1
    field SFFloat ht      2
] {
Shape {
        geometry Cone {
                bottomRadius IS br
                height IS ht
        }
        appearance Appearance {
                material Material {
                        diffuseColor IS diffuse
                        emissiveColor IS emissive
                        specularColor IS specular } #material
        } #Appearance
    } # Shape
} # PROTO
P_Cone { br 2 ht 4 diffuse 0 1 0 emissive 0 0 1 specular 1 0 0 }
```

그림 7-17 | PROTO를 사용한 노드의 재정의

7.2.3 Group 노드

Group 노드는 Transform 노드와 마찬가지로 자식노드를 포함하는 그룹노드이다. 객체를 표현한 각각의 노드들을 하나의 그룹으로 묶을 수 있다. Group 노드는 단독으로 사용하기 보다는 DEF/USE 구문과 함께 사용하여 Group 노드를 재사용하면 가상공간의 복잡한 객체

들을 손쉽게 표현할 수 있다. 표 7-4에서 Group 노드의 필드를 보면 Transform 노드가 갖는 필드의 일부분을 포함하고 있다. 따라서 매우 간단하면서도 프로그램의 효과를 극대화시킬 수 있는 노드이다.

◎ 표 7-4 ┆ Group 노드

eventIn	MFNode	addChildren		
eventIn	MFNode	removeChildren		
exposedField	MFNode	children	[]	#($-\infty, \infty$)
field	SFVec3f	bboxCenter	0 0 0	#($-\infty, \infty$)
field	SFVec3f	bboxSize	-1 -1 -1	#[$0, \infty$]or -1, $-1,-1$

예제 7-8은 Group 노드를 이용한 공원에서 사용하는 벤치(bench)를 표현하고 있다. 다섯 개의 자식노드를 포함하는 Group 노드를 'BACK'으로 정의하였다.

```
DEF BACK Group { children [ ... ] }
```

갈색의 형태를 갖는 막대를 재사용하기 위하여 'SEAT'로 정의하였다.

```
DEF SEAT Shape { }
```

'SEAT'를 음의 z축 방향으로 네 번 재사용하여 벤치의 앉는 부분을 만든다.

```
Transform { translation 0 0 -1 children USE SEAT } # 막대재사용
```

Group 노드 'BACK'을 재사용하여 벤치의 등받이를 완성한다.

```
Transform { translation 0 0 -4 rotation 1 0 0 1 children USE BACK }
```

그림 7-18은 벤치의 모습을 나타내는 결과이다. 결론적으로 벤치를 만들기 위해 하나의 Box를 SEAT로 정의하였으며 5개의 SEAT가 하나의 그룹 BACK으로 표현되었다. 따라서 BACK을 재사용하여 같은 형태인 등받이는 x축으로만 회전하여 쉽게 만들 수 있다. 벤치의 다리는 현재 만들지 않았다. 사용자 여러분이 DEF/USE를 사용하여 벤치의 다리를 완성해 보시오.

예제 7-8 | Group 노드를 이용한 객체의 재사용

```
#VRML V2.0 utf8        #  Bench
DEF BACK Group{ # 등받이 그룹 정의
children [
    DEF SEAT Shape { ## 받침 막대 하나 SEAT로 정의
        appearance Appearance {
                material Material { diffuseColor 0.6 0.35 0.0 }
    }
        geometry Box { size 15 0.3 0.5 }
    } ##SEAT 완성
    Transform { translation 0 0 -1 children USE SEAT } # 막대재사용
    Transform { translation 0 0 -2 children USE SEAT }
    Transform { translation 0 0 -3 children USE SEAT }
    Transform { translation 0 0 -4 children USE SEAT }
] } ## 앉는 부분 완성
## BACK을 재사용하여 등받이 생성
Transform { translation 0 0 -4  rotation 1 0 0 1 children  USE BACK }
```

그림 7-18 | Group 노드를 이용한 벤치 의자

응용 7-8 | Group 노드

DEF/USE를 사용한 응용 7-5의 의자를 Group 노드로 만들어 그림 7-19와 같은 식탁용 테이블을 만드시오.

그림 7-19 | Group 노드를 이용한 테이블 만들기

7.3 Anchor 노드

Anchor 노드는 3D 공간에서 Anchor 노드의 자식 객체에 연결되어 있는 URL 파일을 검색하는 그룹노드이다. 만약 유효한 URL을 갖는 VRML 파일이라면 현재의 장면은 해당되는 URL의 가상공간으로 대치된다. 따라서 현재의 가상공간에서 새로운 가상공간을 표현하고자 할 때 Anchor 노드를 사용하면 매우 유용하게 사용할 수 있다. 표 7-5는 Anchor 노드의 필드를 나타내고 있다.

◎ 표 7-5 | Anchor 노드

eventIn	MFNode	addChildren		
eventIn	MFNode	removeChildren		
exposedField	MFNode	children	[]	#(−∞, ∞)
exposedField	SFString	description	""	
exposedField	MFString	parameter	[]	
exposedField	MFString	url	[]	
field	SFVec3f	bboxCenter	0 0 0	#(−∞, ∞)
field	SFVec3f	bboxSize	−1 −1 −1	#[0, ∞]or −1, −1,−1

• description : Anchor 노드에 대한 설명문이다. 즉 사용자가 사용되어진 Anchor 노드에 마우스 포인터를 적용하면 설명문이 나타난다.

• paramenter : 브라우저에게 추가적인 세부 정보를 제공하기 위해 사용한다. target으로서 현재 창에 새로운 장면을 나타낼 것인지 혹은 새로운 창에 새로운 장면을 나타낼 것인지를 결정한다.

> 현재 창   ex) parameter =" self"
> 새로운 창 ex) parameter = "target=name_of_frame"

• url : 이동하고자 하는 VRML/X3D 파일의 경로를 나타낸다.

예제 7-9는 Anchor 노드를 이용하여 다른 VRML 파일과의 연결을 나타내고 있다. 그림 7-20에 나타난 세 개의 박스는 각각 다른 VRML 파일과 anchor되어 박스를 클릭하면 해당하는 새로운 VRML 파일이 나타나게 된다.

첫 번째 Transform 노드는 children 필드에 자식노드로서 Anchor 노드를 포함하였다. 현재의 Transform 노드는 translation이 사용되지 않았기 때문에 불필요하기도 하다. 그러나 translation이나 그 밖의 필드가 사용되면 Transform 노드를 사용해야 한다. Anchor 노드 역시 그룹노드이기 때문에 자식 노드를 포함할 수 있다. 예제에서는 'G_Box'로 선언된 Shape노드가 자식노드로서 사용되었다. Anchor 노드의 자식노드는 이동할 대상과 링크된 물체가 된다. Anchor 노드의 description 필드는 사용자가 마우스를 'G_Box'에 위치하였을 경우 표시되는 설명문이다. url 필드는 사용자가 물체를 클릭할 경우 이동하게 될 다른 장면의 경로를 나타낸다. url 필드를 적용할 경우 경로나 파일명이 한글로 되어 있으면 실행이 되지 않는다. 그 이유는 VRML의 코딩방식은 utf8이기 때문에 8비트 단위로 코딩한다. 한글은 16비트를 사용하기 때문에 오류가 발생한다.

```
Anchor {
    description "May U move?"  ## 설명문
    url "ex5-8group.wrl"  ## 이동 경로
    children          DEF G_Box Shape {} ## 링크 설정 노드
}
```

두 번째 Transform 노드는 x축으로 −2에 'G_Box'를 재사용하여 Anchor 노드를 설정하였다. 앞의 Anchor노드에 parameter 필드를 추가하였다. parameter 필드는 링크된 장면을 호출하는 방법이다. 앞의 예에서는 parameter 필드가 적용되지 않았기 때문에 기본 값 "_self"가 사용되어 현재창의 물체는 사라지고 링크된 물체가 나타난다. 그러나 두 번째 Anchor는 "_blank"로서 새로운 뷰어창이 생기며 대상물체가 나타난다.

```
Anchor { parameter "target=_self" }
```

세 번째 노드는 단순히 'G_Box'를 사용한 것으로 아무런 역할도 하지 않는다.
왼쪽의 박스에 마우스를 올려놓으면 마우스의 모양이 Anchor 모양으로 변하며 description
의 내용 "May U move?" 문자가 화면에 나타난다. 마우스로 Anchor가 설정된 박스를 클릭
하면 url로 연결된 "ex7-7proto.wrl" 문서가 현재 창에 나타난다. 유사하게 가운데 박스를
클릭하면 url로 연결된 "ex7-8group.wrl" 문서가 새로운 창에 나타나게 된다.
그림 7-21과 그림 7-22는 Anchor로 설정된 새로운 파일 벤치와 PROTO로 생성한 원뿔로
이동한 결과를 나타내고 있다.

예제 7-9 Anchor 노드를 이용한 가상공간의 이동

```
#VRML V2.0 utf8          #Anchor
Transform {
children [ Anchor {
    description "May U move?"  ## 설명문
    url "ex7-8group.wrl" ## 이동 경로
    children     DEF G_Box Shape { ## 링크 설정 물체
        geometry Box { size 1 1 1 }
        appearance Appearance {
                material Material { diffuseColor 0 1 0 }
        }
    } #Shape
    } #Anchor
] } #Transform
Transform { translation -2 0 0
    children Anchor {
        parameter "target=_blank"'
        description "May U move?"          ## 설명문
        url "ex7-7proto.wrl" ## 이동 경로
        children USE G_Box
    } #Anchor
} #Transform
Transform { translation 2 0 0 children USE G_Box }
```

그림 7-20 ㅣ Anchor 노드의 설정

그림 7-21 ㅣ Anchor노드에 의한 화면 이동

그림 7-22 | Anchor노드에 의한 화면 이동

7.4 Collision 노드

기본적으로 가상공간에 존재하는 모든 객체들은 충돌한다. 즉 아바타가 가상공간을 탐색할 때 객체들을 만나면 충돌하게 되어 객체를 가로질러 이동할 수 없다. Collision 노드는 3D 공간상의 각 객체의 Collision 상태를 설정할 수 있는 그룹 노드이다. 표 7-6은 Collision 노드의 필드를 나타낸 것으로 collide 필드를 FALSE로 하면 3D 객체는 충돌 없이 통과할 수 있게 된다.

◎ 표 7-6 | Collision 노드

eventIn	MFNode	addChildren		
eventIn	MFNode	removeChildren		
exposedField	MFNode	children	[]	#(−∞, ∞)
exposedField	SFBool	collide	TRUE	
field	SFVec3f	bboxCenter	0 0 0	#(−∞, ∞)
field	SFVec3f	bboxSize	−1 −1 −1	#[0, ∞)or −1, −1,−1
field	SFNode	proxy	NULL	
eventOut	SFTime	collideTime		

• collide : 브라우저가 3D 객체와의 충돌을 감지하는 기능으로 FALSE일 경우 3D 객체와의 충돌을 감지하지 못한다.

- proxy : 충돌을 감지한 동안에 대신 사용될 Collision 노드의 자식노드
- collideTime : 충돌을 감지했을 당시의 시간을 발생한다.

예제 7-10은 그림 7-23과 같이 박스 객체와 구 객체를 통해 Collision 노드의 특성을 나타내고 있다.
박스 객체의 collide 필드는 충돌을 감지하는 TRUE 값이고 구 객체는 충돌을 감지하지 못하도록 collide 필드의 값을 FALSE로 하였다.

```
Collision { collide TRUE     children Shape {} }
Collision { collide FALSE    children Shape {} }
```

박스 객체에 다가가면 더 이상 앞으로 전진 하지 못하고 계속해서 충돌을 하게 된다. 그러나 구 객체는 충돌을 감지하지 못하기 때문에 구 객체를 통과하여 앞으로 나아갈 수 있다.

예제 7-10 Collsion 노드를 통한 객체의 충돌

```
#VRML V2.0 utf8      ### 반드시 #VRML은 빈칸 없이 첫줄에서 시작
# Collision
Transform { translation -2 0 0
children Collision { collide TRUE
    children Shape {
        geometry Box { size 1 2 1 }
        appearance Appearance {
                material Material { diffuseColor  0 1 0 }
        }
    } #Shape
    } #Collision
} #Transform
Transform { translation 2 0 0
children Collision { collide FALSE
    children     Shape {
        geometry Sphere {  }
        appearance Appearance {
                material Material { diffuseColor 0 0 1 }
        }
    } #Shape
    } #Collision
} #Transform
```

그림 7-23 | Collision노드를 통한 객체의 충돌

7.5 Billboard 노드

Billboard 노드는 3D 물체의 임의의 축을 사용자 관점의 축과 일치시키는 그룹노드이다. Billboard 노드의 사용은 산악지형과 같이 사용자의 시점이 지형에 따라 변하는 가상공간에서 유용하다. 예를 들어 산악지형을 오를 때 사용자의 시점역시 지형의 경사에 맞추어 질 때 배경이 적절하게 나타나게 된다. 표 7-7은 Billboard 노드의 필드를 나타낸 것으로 axisOfRotation에 의해 시점을 변화시킬 수 있다.

◎ 표 7-7 | Collision 노드

eventIn	MFNode	addChildren		
eventIn	MFNode	removeChildren		
exposedField	SFVec3f	axisOfRotation	0 1 0	
exposedField	MFNode	children	[]	#$(-\infty, \infty)$
field	SFVec3f	bboxCenter	0 0 0	#$(-\infty, \infty)$
field	SFVec3f	bboxSize	−1 −1 −1	#$[0, \infty]$or −1, −1,−1

• axisOfRotation : 물체의 회전 방향과 관찰자의 시점을 정의하기 위해 사용되는 필드

예제 7-11는 Billboard 노드를 통하여 객체의 회전축을 변화시킨 예제이다. 회전축 변화에 대한 개념을 이해하기 위하여 그림 7-24와 같이 박스와 실린더에 각각 z축과 x축으로 회전축을 설정하였다.

```
Billboard { axisOfRotation 0 0 1 children Shape {} }
Billboard { axisOfRotation 1 0 0 children Shape {} }
```

모드를 관찰모드로 변경하고 x축으로 객체를 회전시키면 박스는 변함이 없고 실린더만 x축을 기준으로 회전하게 된다. 박스의 회전축이 x축으로 변하였기 때문에 x축으로 회전시키는 것은 무의미하다. 유사하게 z축으로 회전을 시키면 실린더는 변함이 없으며 박스만 z축으로 회전하는 결과가 나타난다.

예제 7-11 Billboard 노드에 의한 회전축의 변화

```
#VRML V2.0 utf8    # Billboard
Transform { translation 2 0 0
children Billboard { axisOfRotation 0 0 1
    children Shape {
        geometry Cylinder        { }
        appearance Appearance {
                material Material { diffuseColor 0 0 1 } }
    } } #Billboard
} #Transform
Transform{ translation -2 0 0
children Billboard { axisOfRotation 1 0 0
    children Shape {
        geometry Box { }
        appearance Appearance {
                material Material { diffuseColor 1 0 1 } }
    } } #Billboard
} #Transform
```

그림 7-24 | Billboard 노드에 의한 회전축 변화

C h a p t e r

08

빛의 특성과 물체의 색상

8.1 물체의 외형과 빛의 특성

7장까지 객체의 형태에 관한 기하노드(Geometry) 중심으로 살펴보았다. 기하 노드의 외형 (Appearance)은 어떻게 포장하느냐에 따라 같은 모양이라도 많은 시각적 차이를 나타낸다. VRML에서는 객체의 외형을 세 가지 상태인 색상, 이미지, 동영상으로 포장 할 수 있다. 색상의 경우는 R(Red), G(Green), B(Blue)인 색의 3원색 조합으로 표현되며 JPEG 이미지와 MPEG 동영상을 지원한다. 그러나 3D 그래픽에서는 위의 세 가지 방법 이외에도 물체의 외형을 결정하는 또 다른 요인이 있다. 현실 세계에서와 마찬가지로 빛은 객체의 색상을 표현하는 중요한 요인이다. 3D 그래픽에서 객체의 색상은 빛을 어떻게 반사하느냐에 따라 객체의 외형도 달라진다. 예를 들어, 오른쪽에서 비치는 빛은 객체의 오른쪽에서 반사하는 모습을 갖고 왼쪽에서 비치는 빛은 객체의 왼쪽에서 빛을 반사한다. 따라서 빛의 특성에 따라 객체가 보이는 시각적 차이는 매우 다르게 된다.

8.1.1 빛의 특성

그림 8-1은 현실 세계에서 적용되는 빛의 특성을 잘 나타내고 있다. 그림 8-1처럼 광원(햇빛)이 오른쪽 위에 있을 때 빨강색을 가진 객체는 오른쪽 상단에서 빛을 전반사(specular)하게 되며 광원의 반대편은 빛을 전혀 받지 못하게 된다. 오른쪽 파란 객체는 빛의 광원이 왼쪽 상단에 위치하여 전반사하는 부분은 객체의 왼쪽 상단에 나타난다. 전반사 되는 빛이 객체의 일정 부분으로 확산되어 나타나는 부분은 빛의 확산이라 하며 객체의 색상과 빛의 색상에 영향을 받게 된다. 객체의 색상에 영향을 주는 빛으로 주변광이 있다. 주변광은 다른

객체에서 반사된 빛이 해당 객체에 영향을 주는 빛을 의미한다. 이처럼 빛의 특성은 반사(specular), 확산(diffuse), 발산(emissive) 그리고 주변광(ambient)이 있다. 이들 각각에 대한 특성을 요약하면 다음과 같다.

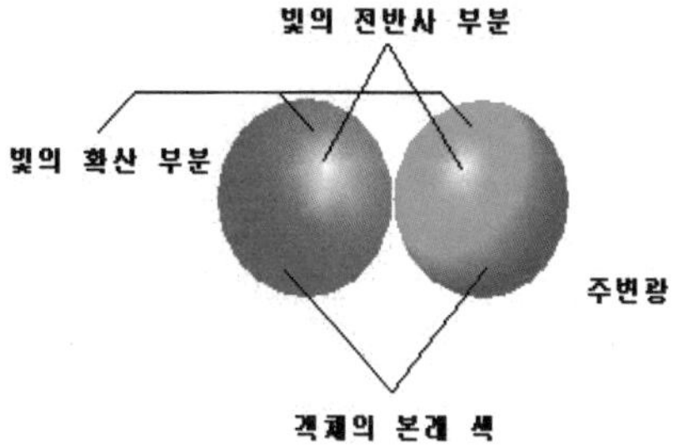

그림 8-1 | 빛의 특성

- **반사광(Specular Light)** : 광원에서 수직으로 객체에 부딪혀 반사되는 빛으로 일반적으로 객체의 일부 표면에 가장 밝은 부분을 생성한다.
- **발산광(Emissive Light)** : 객체 자체가 가진 색상으로서 광원이 없어도 시각적으로 보이는 빛이다. 현실세계에서는 빛이 없으면 객체가 보이지 않지만 발산광은 빛이 없어도 해당 물체가 보이게 된다. 그러나 발산광 만으로는 입체감이 떨어지게 된다. 현실 세계의 야광 물체라 생각하면 무난하다.
- **확산광(Diffuse Light)** : 반사광의 주변으로 확산되는 빛이다. 빛의 입사 각도에 따라 확산광의 색상도 어느 정도 영향을 받는다. 확산광은 시각적으로 객체의 입체감을 느끼게 하는 특성을 갖고 있다.
- **주변광(Ambient Light)** : 여러 객체에서 반사된 빛에 의해 방향성을 상실한 빛으로 객체의 특정 부분에 적용되지 않고 객체 전체에 영향을 주게 된다.

그림 8-2는 각 빛의 성질에 따라 나타낸 객체의 시각적 특성이다. (a)의 경우는 객체 자체의 색상이 없이 반사광만 적용 되어 흰색상의 반사광만 나타나게 된다. (b)는 반사광과 확산광이 적용된 경우로서 확산광이 빨강색상을 갖는다. 따라서 흰색의 반사광과 빨강색의 확산광으로만 물체가 나타난다. (c)는 반사광 없이 빨강색상의 발산광과 확산광이 적용되어 입체감이 결여 되어 있다. (d)는 발산광과 확산광 그리고 반사광이 모두 적용된 경우로서 객체 전체가 잘 나타나게 된다. (e)는 발산광이 제외된 반사광과 확산광 그리고 주변광에 의해 객체의 하단에 그림자가 많이 생긴 것을 볼 수 있다. 이와 같이 3D 객체들은 객체가 갖는 고유의 색상에 어떠한 빛 성분과 색상을 적용했는가에 따라서 매우 다양한 모습들을 갖게 된다. 따라서 빛의 특성을 잘 이해해야만 자신이 원하는 객체의 모양을 정확히 표현 할 수 있다. 빛의 특성과 객체의 표현은 객체의 색상 표현을 이해한 후 다시 자세히 설명한다.

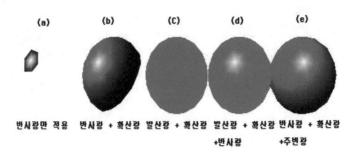

그림 8-2 | 빛의 성질에 따른 객체의 표현

8.1.2 객체의 색상 표현

현실세계에서 느끼는 색상은 빛의 가시광선에 의해서 객체에 반사된 색상을 시각적으로 느끼는 것이다. 이처럼 객체에 반사된 색상이 객체의 고유 색상이라 할 수 있다.

가상현실 세계에서 객체의 색상을 표현하기 위해서는 앞서 언급하였던 빛의 특성과 빛에 의해 반사된 객체의 색상을 모두 표현하여야만 정확한 시각적 효과를 얻을 수 있다. 그러나 현실세계에 존재하는 객체의 색상은 무한대이다. 무한대의 요소를 컴퓨터그래픽으로 나타낸다는 것은 불가능하므로 컴퓨터에선 한정된 색상으로만 객체들의 색상을 표현할 수 있다. 그렇다고 걱정할 필요는 없다. 인간의 시각은 매우 둔감하기 때문에 한정된 색상만으로도 현실세계의 색상을 거의 표현할 수 있다.

컴퓨터 그래픽을 포함한 TV, 영상매체들은 객체의 색상을 표현하기 위해 색의 3원소인 빨강(Red), 초록(Green), 그리고 파랑색(Blue)를 사용한다. 실제로 3원색을 적절히 혼합하면 현실세계의 모든 색상을 표현할 수 있다. 그림 8-3은 일반적으로 사용하는 색상의 혼합 형태를 나타낸 것이다. 3원색을 모두 혼합하면 흰색을 만들 수 있으며 빨강색과 초록색을 혼합하면 노란색이 만들어 진다.

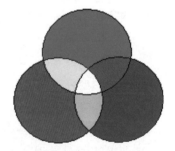

그림 8-3 | 색상의 혼합

그러나 메모리의 한계로 표현할 수 있는 색상은 한정된다.

컴퓨터의 모든 데이터 단위는 비트(bit)이다. 컴퓨터 그래픽에서는 RGB를 표현하기 위해서 각각 8비트씩 할당하고 있다. 8비트가 표현할 수 있는 색상의 수는 256가지이다. 각 RGB가 8비트씩 이므로 $256^3=16777216$ 가지의 색상을 나타낼 수 있다. 다소 한정된 숫자이지만 인간의 시각은 이를 구별하지 못하며 RGB에 각각 8비트씩 부여하여 표현한 색상을 트루칼라(True Color)라고 한다.

VRML에서는 RGB 색상의 표현을 위해 0~1사이의 값을 적용하고 있다. 0은 색상이 없는 것으로 표현되어 검정색이 된다. 1의 값은 순수한 자신의 색상을 나타낸다. 만약 흰색을 표현하고 싶다면 RGB 각각의 값을 모두 1로 만들어 주면 된다. 또한 보라색을 만들고 싶다면 RB는 1의 값을 갖지만 G값은 0이 된다. 그 밖의 다른 색상들은 0~1사이의 값들을 적절히 조절하여 표현할 수 있다. VRML에서는 기본 확산광의 색을 R=0.8, G=0.8, B=0.8로 표현하고 있다. 이것은 1에 가까우므로 흰색에 가까운 색상이 된다. 표 8-1은 일반적으로 사용되는 색상 테이블 값을 나타낸 것이다.

◎ 표 8-1 | RGB 값과 색상 테이블

RGB	색상	RGB	색상	RGB	색상
1 0 0		0 1 0		0 0 1	
0.5 0 0		0 0.5 0		0 0 0.5	
0.2 0 0		0 0.2 0		0 0 0.2	
1 1 0		0 1 1		1 0 1	
0.5 0.5 0		0 0.5 0.5		0.5 0 0.5	
0.2 0.2 0		0 0.2 0.2		0.2 0 0.2	
1 1 0.5		0.5 1 1		1 1 1	
0.5 0.5 0.3		0.3 0.5 0.5		0.5 0.5 0.5	
0.2 0.2 0.8		0.8 0.2 0.2		0.2 0.2 0.2	

가상공간 내에서 표현되는 색상은 점(PointSet)과 객체(Node)에 따라 달리 적용된다. 다음절에서는 점, 선, 면 등에서 적용되는 Color 노드에 대해 알아본다.

8.2 Color 노드

Color 노드는 4장에서 대략적으로 살펴본 봐와 같이 정점(Point)으로 구성된 기하노드인 PointSet, IndexedLineSet, IndexedFaceSet 그리고 ElevationGrid의 색상을 지정하는 노드이다. 표 8-2에서 보는 바와 같이 Color 노드는 color 필드 하나만을 가지며 다수의 RGB 값을 가질 수 있다.

◎ 표 8-2 | Color 노드

exposedField	MFColor	color	[]	#[0,1]

예제 8-1은 Color 노드의 색상이 면(IndexedFaceSet)에 적용되는 방법을 나타낸 예제이다. Color 노드는 항상 Coordinate 노드와 같이 사용됨을 유의하자. Color 노드를 사용할 경우에 Color의 수와 좌표의 수는 같아야 한다. 만약 Color의 수가 적거나 많다면 논리적 에러를 발생하며 초기의 색상으로 표현되어 의도하지 않은 결과를 초래할 수 있다.

```
color Color { color [1 0 0, 0 1 0, 0 0 1, 1 0 1] }
coord Coordinate { point[2 2 2, -2 2 2, -2 -2 2, 2 -2 2] }
```

그림 8-4는 예제 8-1의 실행결과로서 각 정점을 기준으로 색상이 퍼져나가는 그라디언트(Gradient) 효과가 적용됨을 알 수 있다. 이는 점을 기준으로 면을 생성하였고 각 정점의 색상이 틀린데서 이유를 알 수 있다. 따라서 정점에서 멀어질수록 이웃한 정점의 색상과 혼합된 색상이 되어 그라디언트 효과가 적용되며 빛의 효과는 적용되지 않는다.

예제 8-1 Color 노드

```
#VRML V2.0 utf8       ### 반드시 #VRML은 빈칸 없이 첫줄에서 시작
### 색상의 표현
Shape {
    geometry IndexedFaceSet {
        solid FALSE
        color Color { color [1 0 0, 0 1 0, 0 0 1, 1 0 1] }
        coord Coordinate { point[2 2 2, -2 2 2, -2 -2 2, 2 -2 2] }
        coordIndex [ 0 1 2 3 -1 ]
    }
}
```

그림 8-4 | Color 노드의 색상 표현

8.3 Appearance 노드

Appearance 노드는 객체의 외형을 정의하는 노드로서 색상과 함께 객체의 외형을 이미지 등으로 표현할 수 있다. 표 8-3에서 보는 바와 같이 객체의 외형을 정의하기 위해 material texture, textureTransform 필드를 갖고 있다.

◎ 표 8-3 | Appearance 노드

exposedField	SFNode	material	NULL
exposedField	SFNode	texture	NULL
exposedField	SFNode	textureTransform	NULL

- material : 객체의 재질을 정의하는 필드이다. VRML에서는 객체의 재질 속성을 색상으로 정의한다. 앞서 설명한 빛의 특성과 색상을 지정하며 투명도 및 밝기 등을 지정한다.
- texture : 이미지나 동영상 등을 이용하여 객체의 외면을 꾸며주는 매우 유용한 노드로서 가상세계의 객체를 현실세계의 물체로 보일 수 있다.
- textureTransform : texture에서 사용한 이미지나 동영상 등을 객체에 맵핑(Maping)할 때 이미지 데이터의 회전, 이동, 크기조절 등 이미지의 맵핑 좌표를 변경하는 역할을 한다.

각 필드는 해당 노드를 다시 선언하여 객체의 외형을 세부적으로 표현하는데 각각의 경우에 대해 자세히 살펴보자.

8.4 Material 노드

객체의 외형을 표현하기 위하여 빛의 특성이 포함된 색상을 나타낸다. 표 8-4는 material 노드가 갖는 6개의 필드로 구성되어 있다. 모두 중요하게 사용되는 필드이니 특성을 정확히 이해해야 한다.

◎ 표 8-4 | Material 노드

exposedField	SFColor	diffuseColor	0.8 0.8 0.8	#[0,1]
exposedField	SFFloat	ambientIntensity	0.2	#[0,1]
exposedField	SFColor	emissiveColor	0 0 0	#[0,1]
exposedField	SFColor	specularColor	0 0 0	#[0,1]
exposedField	SFFloat	shininess	0.2	#[0,1]
exposedField	SFFloat	transparency	0	#[0,1]

- diffuseColor : 빛의 특성에 의해 확산광의 성질을 갖는 색상으로서 기본값은 0.8 0.8 0.8 을 갖는다. 설정하지 않아도 기본 값으로 표현된다.
- ambientIntensity : 주변광의 강도를 나타낸다. 기본 값은 0.2이며 1에 가까울수록 주변광 의 강도는 커진다.
- emissiveColor : 객체 자체가 갖는 발산광의 색상
- specularColor : 빛의 반사광 색상
- shininess : 빛의 밝기를 나타낸다. 기본 값은 0.2 이다.
- transparency : 객체의 투명도를 나타낸다. transparency가 1을 가지면 빛이 100% 투과 하여 물체는 보이질 않게 된다.

8.4.1 emissiveColor, diffuseColor, specularColor

예제 8-2를 통하여 빛의 특성을 갖는 반사광, 확산광, 발산광의 특징부터 살펴보자.
첫 번째 Sphere 노드는 반사광(specularColor)만을 선언하고 [1 1 1]을 적용하였다. 그러나 그림 8-5의 첫 번째 구와 같이 반사광만 나타나는 것이 아니라 확산광까지 나타난다. 그 이 유는 diffuseColor는 기본 값 [0.8 0.8 0.8]로 선언되어 있다. 따라서 diffuseColor는 초기 화 하지 않는다면 항상 기본 값이 적용된다.

```
specularColor 1 1 1
```

두 번째 구는 앞서 언급한 대로 specularColor 값만을 적용하기 위하여 diffuseColor 값을 초기화한 경우이다. 그림 8-5의 두 번째 그림처럼 반짝이는 반사광만 나타난다.

```
diffuseColor 0 0 0 specularColor 1 1 1 ## diffuseColor는 반드시 초기화
```

세 번째 구는 빨강색의 발산광과 초록색의 확산광을 적용하였다. 그러나 그림 8-5의 세 번째 구와 같이 빨강색의 발산광과 노란색의 확산광 결과로 나타난다. 그 이유는 확산광은 항상 발산광의 영향을 받는다. 따라서 확산광(diffuseColor)은 [1 0 0]＋[0 1 0]＝[1 1 0]의 결과로 노란색으로 나타난다.

```
emissiveColor 1 0 0 diffuseColor  0 1 0
```

네 번째 구는 파란색의 발산광 [0 0 1], 빨강색의 확산광 [1 0 0] 그리고 초록색의 반사광[0 1 0] 모두를 적용한 예이다. 그림 8-5의 네 번째 구처럼 파랑색의 발산광과 보라색[1 0 1]의 확산광 그리고 하얀색 [1 1 1]의 반사광으로 나타난다. 앞서 언급한데로 확산광은 발산광의 영향으로([0 0 1]＋[1 0 0]＝[1 0 1]) 보라색이 된다. 반사광은 확산광과 유사하게 반사광과 확산광 모두에게 영향을 받는다. 따라서 반사광은 [0 0 1]＋[1 0 0]＋[0 1 0]＝[1 1 1]이 되어 하얀색의 반사광이 된다.

```
emissiveColor 0 0 1 diffuseColor  1 0 0 specularColor 0 1 0
```

마지막 다섯 번째 구는 발산광, 확산광 그리고 반사광 모두가 적용되었지만 발산광을 잘못 선택한 경우이다. 발산광 [1 1 1]은 하얀색을 나타내고 발산광은 확산광과 반사광 모두에 영향을 주기 때문에 빨강색의 발산광과 청록색의 반사광은 모두 [1 1 1]이 된다. 따라서 그림 8-5의 다섯 번째 구와 같이 단순히 하얀색의 구가 된다. 이처럼, 각 필드를 잘 못 사용하면 의도하지 결과를 초래하게 된다.

```
emissiveColor 1 1 1 diffuseColor  1 0 0 specularColor 0 1 1
```

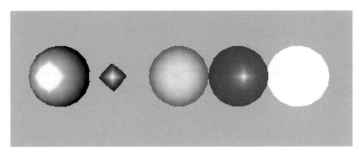

그림 8-5 | 빛의 특성에 따른 객체의 표현

예제 8-2   반사광, 확산광, 발산광의 특징

```
#VRML V2.0 utf8       ### 빛의 성질
Transform { translation -3 0 0    ### 반사광만 적용 ??
children Shape {        geometry Sphere {}
   appearance Appearance { material Material { specularColor 1 1 1 } }
} }
Transform { translation -1 0 0 ## 반사광만 적용
children        Shape { geometry Sphere {}
   appearance Appearance {
       material Material { diffuseColor 0 0 0 specularColor 1 1 1 }
} } }
Transform { translation 1 0 0 ##발산광 확산광
children Shape {        geometry Sphere {}
   appearance Appearance {
       material Material { emissiveColor 1 0 0 diffuseColor  0 1 0 }
} } }
Transform { translation 3 0 0 ## 발산광, 확산광, 반사광
children Shape {        geometry Sphere {}
   appearance Appearance {
   material Material { emissiveColor 0 0 1 diffuseColor  1 0 0
            specularColor 0 1 0 }
} } }
Transform { translation 5 0 0 ## 발산광 1 1 1
children Shape {        geometry Sphere {}
   appearance Appearance {
   material Material { emissiveColor 1 1 1 diffuseColor  1 0 0
            specularColor 0 1 1 }
} } }
```

결론적으로 각 빛의 색상 특성은 다음과 같은 특징을 갖는다.

- diffuseColor는 기본 값이 있기 때문에 이를 사용하지 않기 위해선 반드시 0 0 0으로 초기화를 해야 한다.
- 세 번째 구처럼 emissiveColor와 diffuseColor만을 사용할 경우 emissiveColor는 표현한 색상으로 올바르게 표현되지만 diffuseColor 성분은 emissiveColor의 영향을 받아 혼합된 형태로 나타난다. 세 번째 구의 경우 노란색의 확산광이 표현되었다.
- 네 번째 구와 같이 세 가지 색상 특성이 모두 적용된 경우는 표 8-5와 같이 각 색상은 혼합되어 나타난다.
- emissiveColor는 객체 자체의 색상이기 때문에 emissiveColor를 1 1 1인 흰색으로 표현한다면 다섯 번째 구처럼 다른 빛의 색상 특성은 나타나지 않는다.
- 다섯 개 구의 반사광은 모두 화면의 중심을 향해 표현되었다. 이것은 빛의 방향은 사용자의 시각에서 모니터로 향한다는 것을 나타낸다. 별도로 사용자가 빛을 만들지 않는다면 기본적인 빛의 방향은 항상 −z축을 향하고 있다.

◎ 표 8-5 ┃ emissive, diffuse, specular Color의 관계

빛의 특성	색 상	물체 적용	표현 색상
발산광(E)	1 0 0	전체	1 0 0
확산광(D)	0 1 0	빛을 받는 일부분	1 0 0 + 0 1 0 = 1 1 0
반사광(S)	0 0 1	빛과 수직한 부분	1 0 0 + 0 1 0 + 0 0 1 = 1 1 1

응용 8-1 빛의 속성

그림 8-6과 같이 빛의 속성과 Group 노드를 이용하여 밤하늘에 빛나는 별 모양을 만드시오.

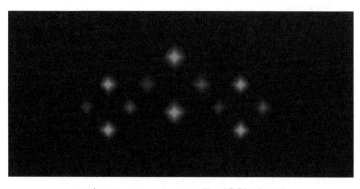

그림 8-6 ┃ SpecularColor를 이용한 별 모양

8.4.2 ambientIntensity(주변광 강도)

ambientIntensity 필드는 객체의 주변광 강도를 나타낸 것으로 빛의 광원으로부터 객체에 영향을 미치는 반사광의 양이다. 따라서 주변광은 한 방향성(omnidirection)만을 가지며 주변광의 위치가 아니라 한 객체에 영향을 주는 주변광의 수에 의해 결정된다. 주변광의 종류는 객체 자체가 갖는 주변광과 빛이 갖는 주변광이 존재한다. 따라서 객체의 모양은 두 주변광의 곱 연산에 의해 표현된다. 그러나 우리는 아직 빛의 광원에 대해 언급하지 않았으므로 광원을 조절할 수는 없고 기본적으로 제공된 빛만을 사용하고 있다. 기본적으로 제공된 광원의 방향은 모니터와 직각인 방향에서 −z축을 향한다고 하였다. 따라서 기본적으로 제공된 빛과 객체의 주변광만으로는 주변광의 효과를 거의 볼 수 없다.

예제 8-3은 객체 자체의 주변광에 따른 객체의 모양을 나타낸 것이다.

예제 8-3 주변광에 따른 객체의 표현

```
#VRML V2.0 utf8     ### 주변광의 강도
Transform { translation -3 0 0
children        Shape {
   geometry Sphere {}
   appearance Appearance {
    material Material { diffuseColor 1 0 0 specularColor 1 1 1
            ambientIntensity 0 } } } }
Transform { translation 0 0 0
children Shape {
   geometry Sphere {}
   appearance Appearance {
    material Material { diffuseColor 1 0 0 specularColor 1 1 1
            ambientIntensity 0.5 } } } }
Transform { translation 3 0 0
children Shape {
   geometry Sphere {}
   appearance Appearance {
    material Material { diffuseColor 1 0 0 specularColor 1 1 1
            ambientIntensity 1 } } } }
```

첫 번째 구는 빨강색의 확산광, 하얀색의 반사광 그리고 주변광은 0이다.

```
diffuseColor 1 0 0 specularColor 1 1 1 ambientIntensity 0
```

두 번째 구의 주변광 0.5 그리고 마지막 구의 주변광은 1의 강도를 가졌다.

```
diffuseColor 1 0 0 specularColor 1 1 1 ambientIntensity 0.5
```

그러나 그림 8-7에서와 같이 객체 자체의 주변광만으로는 기본적 빛이 제공되는 한 주변광의 효과를 거의 미비하다. 그 이유는 기본적으로 제공된 빛이 객체의 정면을 향하고 있기 때문에 객체의 주변광 효과는 매우 적게 나타나기 때문이다. 주변광의 효과는 나중에 배우게 될 인공조명에서 다소 희미하게 영향을 준다. 인공조명은 조명의 위치를 사용자 정의로 할 수 있어 다양한 각도에서 인공조명을 사용하면 주변광의 효과를 볼 수 있다. 만약 기본적으로 제공된 빛을 끄고 싶다면 오른쪽 마우스를 버튼을 누르면 뷰어에 메뉴가 나온다. 이중 'headlight'를 클릭하면 광원은 사라지며 빛이 없으므로 객체들도 사라진다.

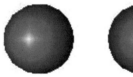

그림 8-7 ᅵ 객체의 주변광에 따른 표현

만약 광원 없이 객체를 사용하려면 emissiveColor를 사용한다. 예제 8-4는 빛과 객체의 관계를 나타낸 것이다. 첫 번째 구는 emissiveColor 0 1 0으로 표현하였으며 두 번째 구는 발산광의 성분이 없다.

```
Material { emissiveColor 0 1 0 diffuseColor 1 0 0 specularColor 1 1 1 }
Material { diffuseColor 1 0 0 specularColor 1 1 1 }
```

그림 8-8에 나타난 것처럼 첫 번째 구의 발산광은 초록색과 확산광은 노란색으로 표현되었다. 반면 두 번째 구는 빨강색의 확산광으로 표현되었다.
그러나 메뉴의 'headlight'를 클릭하여 빛의 광원을 없애면 그림 (b)와 같이 emissiveColor 성분을 가진 초록색 구만 나타나고 오른쪽 구는 사라지게 된다. 그 이유는 빛의 광원이 없기 때문에 확산광과 반사광이 사라지기 때문이다.

예제 8-4 기본 빛과 객체의 표현

```
#VRML V2.0 utf8      ### 반드시 #VRML은 빈칸 없이 첫줄에서 시작
### 기본 빛과 객체
Transform { translation -2 0 0
children Shape {
   geometry Sphere {}
```

```
    appearance Appearance {
     material Material { emissiveColor 0 1 0 diffuseColor 1 0 0
               specularColor 1 1 1 }
} } }
Transform { translation 2 0 0
children Shape {
   geometry Sphere {}
   appearance Appearance {
    material Material { diffuseColor 1 0 0 specularColor 1 1 1 }          }
} }
```

(a) 기본 빛에 의한 객체의 표현   (b) 광원이 없는 객체의 표현

그림 8-8 | 빛과 객체의 표현

8.4.3 shininess(반사광의 밝기)

shininess 필드는 빛의 전반사인 specularColor의 밝기를 설정한다.

예제 8-5는 shininess 값에 따른 객체의 specularColor의 밝기를 나타낸 것이다. 첫 번째 구는 shininess의 밝기는 0으로 청록색의 바탕에 중심은 흰색으로 표현되었다. shininess =0이므로 specularColor의 밝기는 무시되어 중심은 초점 없이 흰 색상으로 표현된다. 청록색의 바탕을 가진 이유는 shininess가 0의 값을 갖기 때문에 빛의 확산 부분이 없어 diffuseColor 값이 무시되어 빨강색은 나타나지 않고 sepcularColor의 0 1 1 값이 오히려 diffuseColor의 역할로 청록색이 나타난다. 중심점은 diffuseColor의 1 0 0과 specularColor 0 1 1의 혼합으로 흰색으로 나타나게 된다.

```
  Material { diffuseColor 1 0 0 specularColor 0 1 1 shininess 0 }
```

두 번째 구는 shininess 의 밝기가 0.2로서 빨강색 바탕의 확산광과 흰색의 반사광이 적용된다. specularColor는 다소 퍼진 모습을 갖는다.

```
  Material { diffuseColor 1 0 0 specularColor 0 1 1 shininess 0.2 }
```

그림 8-9에서 보는 것처럼 shininess의 밝기가 1인 경우는 specularColor가 가장 밝은 모습을 갖는다.

Material { diffuseColor 1 0 0 specularColor 0 1 1 shininess 1 }

그림 8-9 | shininess 에 따른 specularColor

예제 8-5 shininess를 이용한 반사광의 밝기 조절

```
#VRML V2.0 utf8      ### shininess
Transform { translation -2 0 0
children Shape {
   geometry Sphere {}
   appearance Appearance {
    material Material { diffuseColor 1 0 0 specularColor 0 1 1
             shininess 0 } ## 확산광은 무시된다.
   }
} }
Transform { translation 0 0 0
children Shape {
   geometry Sphere {}
   appearance Appearance {
    material Material { diffuseColor 1 0 0 specularColor 1 1 1
             shininess 0.2 }
   }
} }
Transform { translation 2 0 0
children Shape {
   geometry Sphere {}
   appearance Appearance {
    material Material { diffuseColor 1 0 0 specularColor 1 1 1
             shininess 1 }
   }
} }
```

응용 8-2 shininess에 따른 물체의 표현

그림 8-10과 같이 shininess와 Group 노드를 이용하여 밤하늘에 빛나는 별 모양을 만드시오.

그림 8-10 | shininess에 의한 별 모양

8.4.4 transparency(투명도)

현실 세계에서 유리는 투명성을 제공하여 유리 뒤쪽의 물체들을 볼 수 있다. VRML에서는 유리와 같은 성질을 표현하는 것으로 transparency를 제공한다. transparency를 이용하여 물체에 투명성을 나타낼 수 있으며 현실 세계의 유리의 특성을 잘 표현 한다. transparency 필드는 객체의 투명도를 설정하기 위해 0~1 범위의 값을 지정한다. 0의 값은 투명도가 없는 상태이며 1에 가까울수록 객체는 투명하게 나타난다. 객체가 투명하게 표현된다면 빛이 투과하여 뒤에 있는 물체를 볼 수 있다.

예제 8-6은 세 개의 박스를 사용하여 각기 다른 transparency를 적용한 예제이다.
첫 번째 Box는 투명도가 0으로 일반 물체와 같이 투명도가 없이 표현하였다.

```
Material { diffuseColor 1 1 0 specularColor 0 1 1 transparency 0 }
```

두 번째 Box와 세 번째 Box는 투명도가 각각 0.5와 0.8로서 반투명하게 선언되었다.

```
Material { diffuseColor 1 1 0 specularColor 0 1 1 transparency 0.5 }
Material { diffuseColor 1 1 0 specularColor 0 1 1 transparency 0.8 }
```

그림 8-11의 예제의 결과를 보면 투명도가 지정된 Box는 뒤에 있는 다른 Box의 모양을 볼수 있다. 만약 투명도가 1이라면 객체는 완전히 투명하게 되어 전혀 보이질 않게 된다. transparency 필드는 유리와 같은 재질을 만들 때 유용하게 사용될 수 있다.

예제 8-6   transparency

```
#VRML V2.0 utf8        ### 반드시 #VRML은 빈칸 없이 첫줄에서 시작
### transparency
Transform { translation -3 0 0   ## 투명도 0
children Shape {
   geometry Box {}
   appearance Appearance {
     material Material { diffuseColor 1 1 0 specularColor 0 1 1
                 transparency 0 }
   }
} }
Transform { translation 0 0 0 ## 투명도 0.5
children Shape {
   geometry Box {}
   appearance Appearance {
     material Material { diffuseColor 1 0 1 specularColor 0 1 0
                 transparency 0.5 }
   }
} }
Transform { translation 3 0 0 ## 투명도 0.8
children Shape {
   geometry Box {}
   appearance Appearance {
     material Material { diffuseColor 0 1 0 specularColor 1 0 1
                 transparency 0.8 }
   }
} }
```

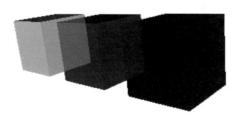

그림 8-11 | 투명도에 따른 객체의 표현

응용 8-3 transparency를 이용한 태양계 표현

그림 8-12와 같이 transparency를 이용하여 태양계를 표현하시오.

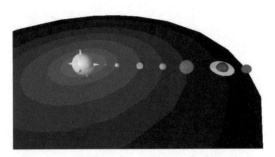

그림 8-12 | solarsystem

8.5 ImageTexture 노드

지금까지 Material 노드를 통한 빛과 객체의 색상에 대해 알아보았다. 이번 절에서는 색상으로 객체를 표현하는 것이 아니라 이미지로서 객체를 표현하는 ImageTexture 방법에 대해 알아본다.

Appearance 노드에서 색상으로 객체를 표현하기 위해선 material 필드를 사용하지만 이미지로 객체를 표현하기 위해서는 texture 필드를 사용한다. texture 필드는 ImageTexture 노드와 MovieTexure 노드를 사용한다. MovieTexure 노드는 다음절에서 설명한다. ImageTexture 노드는 객체에 적용할 이미지를 씌우는 것으로 객체의 형태는 변함없지만 겉모양은 해당되는 이미지로 변환된다. ImageTexture를 이용하면 객체를 세밀히 묘사할 필요 없이 현실의 물체들을 쉽게 표현할 수 있다. 표 8-6은 ImageTexture 노드의 필드로서 항목은 세 가지 밖에 없지만 아주 유용한 노드이다. ImageTexture 노드와 MovieTexture 노드는 일반적으로 TextureTransform 노드와 함께 사용된다.

◎ 표 8-6 ImageTexture 노드

exposedField	MFString	url	[]
field	SFBool	repeatS	TRUE
field	SFBool	repeatT	TRUE

- url : 텍스쳐(texture)로 사용될 이미지의 위치를 알려주는 경로로서 상대 경로와 절대 경로를 지정할 수 있다. 프로그램의 원활한 실행을 위해서는 상대경로를 사용하는 것이 편리하다. 해당되는 이미지의 종류는 JPEG, PNG, CGM, GIF 등이 있다. BMP 파일은 파일 용량이 너무 커서 VRML에서는 사용하지 않는 점에 주의하기 바란다. 따라서 BMP 파일등은 JPEG 이미지로 변경하여 적용하는 것이 바람직하다.
- repeatS, repeatT : 객체의 한 면에 해당 이미지를 적용하기 위해서 몇 번 분할하여 적용할 것인지를 판단하는 필드이다. repeatS는 수평방향으로의 분할을 repeatT는 수직방향으로의 분할을 의미하며 TextureTransform 노드의 scale 필드와 함께 사용된다. repeatS와 repeatT가 TRUE 값을 가지면 이미지가 처음부터 반복되어 적용되고 FALSE일 경우에는 마지막 픽셀의 정보가 나머지 영역에 전부 적용된다.

예제 8-7은 Sphere, Box, Cylinder에 ImageTexture을 이용하여 같은 이미지를 적용한 예제이다.

첫 번째 Sphere는 scale을 통하여 크기조절하고 "tiger.jpg" 이미지를 적용하였다.

```
texture        ImageTexture { url "tiger.jpg" }
```

Box와 Cylinder 역시 같은 이미지를 적용하였다. 그림 8-13은 예제 8-7을 실행한 결과로서 각 객체에 적용된 이미지는 적용된 객체에 따라 다소 차이를 보인다. 적용된 이미지는 2D 이미지이기 때문에 Box와 같이 2D 면을 가진 객체에는 정확히 이미지를 나타낼 수 있으나 Sphere나 Cylinder와 같은 곡면을 가진 객체는 다소 일그러진 모습을 갖는다. 위의 객체를 회전 시켜 보면 각 이미지가 객체의 모든 면에 나타난 것을 알 수 있다. 즉 이미지는 한 면에 하나의 이미지가 적용됨을 잊지 말기 바란다. 곡면에 적용될 이미지들은 다음 절에서 설명할 TextureTransform 노드를 통하여 이미지를 변형해야 한다.

예제 8-7 ImageTexture 노드

```
#VRML V2.0 utf8      ### 반드시 #VRML은 빈칸 없이 첫줄에서 시작
### transparency
Transform { translation -3 0 0 scale 1 1 0.1      ## Sphere에 이미지 적용
children Shape {
   geometry Sphere { radius 1 }
   appearance Appearance { texture      ImageTexture { url "tiger.jpg" } } }
} }
Transform { translation 0 0 0 ## Box에 이미지 적용
children Shape {
   geometry Box { size 3 2 0.1 }
   appearance Appearance { texture      ImageTexture { url "tiger.jpg" } } }
} }## Cylinder에 이미지 적용
Transform { translation 3 0 0 scale 1 1 0.1
children Shape {
   geometry Cylinder { radius 1 height 2 }
   appearance Appearance { texture      ImageTexture { url "tiger.jpg" } } }
} }
```

그림 8-13 | ImageTexture 노드

응용 8-4 ImageTexture를 이용한 태양계 표현

그림 8-14와 같이 ImageTexture를 이용하여 태양계를 이미지로 표현하시오.

그림 8-14 | ImageTexture 노드를 이용한 태양계

8.6　TextureTransform

TextureTransform 노드는 texture 필드에서 적용된 texture의 x, y 좌표축을 변환하는 노드로서 표 8-7에 TextureTransform 노드의 필드를 표현하였다. 각 필드는 2차원을 의미하는 SFVec2f임을 주의 깊게 살펴보아야 한다.

TextureTransform 노드를 이용하여 좌표축의 중심이동(center), 크기조절(scale), 회전(rotation) 그리고 이동(translation)을 적용할 수 있다. 만약 두 가지 이상의 필드가 동시에 적용된다면 순서는 다음과 같다.

cneter(중심이동) → translation(수평이동) → rotation(회전) → 크기변환(scale)

순서는 Transform 노드에서 적용하였던 필드들과 반대로 적용된다. Transform 노드는 객체 자체를 이동하는 것이고 TextureTransform 노드는 좌표축을 이동하는 것이다. 따라서 Transform 노드에서 적용하였던 순서와 역순으로 적용이 된다.

◎ 표 8-7 TexturTransform 노드

exposedField	SFVec2f	center	0 0	#(−∞, ∞)
exposedField	SFFloat	rotation	0	#(−∞, ∞)
exposedField	SFVec2f	scale	1 1	#(−∞, ∞)
exposedField	SFVec2f	translation	0 0	#(−∞, ∞)

- center : rotation, scale 필드가 적용된 Texture 좌표에서 rotation이나 scale이 적용되기 전에 이동할 거리(offset)를 나타내는 필드.
- rotation : Texture 좌표축에서 scale이 적용된 후 center를 중심으로 라디안(radian)으로 회전시키는 필드
- scale : Texture 좌표축을 center를 중심으로 일정한 비율로 분할하는 필드.
- translation : Texture 좌표축을 일정한 거리만큼 이동시키는 필드

scale(크기조절)

객체에 이미지의 크기를 조절하여 반복해서 적용할 경우에는 TextureTransform 노드의 scale 필드를 이용한다. 예제 8-8은 TextureTransform 노드의 scale을 이용하여 객체의 각 면에 이미지를 분할하여 적용한 경우이다.

예제 8-8 TextureTransform 노드의 scale 필드

```
#VRML V2.0 utf8      ### 반드시 #VRML은 빈칸 없이 첫줄에서 시작
### TextureTransform
Transform { translation -3 0 0   ## Scale 2 2
children Shape {
   geometry Box { size 3 2 0.1 }
   appearance Appearance {
       texture ImageTexture { url "tiger2.jpg" }
       textureTransform TextureTransform { scale 2 2 }
   }
} }
Transform { translation 0 0 0   ## Scale 1 2
children Shape {
   geometry Box { size 3 2 0.1 }
   appearance Appearance {
       texture ImageTexture { url "tiger2.jpg"
                   repeatS FALSE repeatT TRUE }
       textureTransform TextureTransform { scale 2 2 }
       }
} }
Transform { translation 3 0 0   ## Scale 2 1
children Shape {
   geometry Box { size 3 2 0.1 }
   appearance Appearance {
       texture ImageTexture { url "tiger2.jpg"
                   repeatS TRUE repeatT FALSE }
       textureTransform TextureTransform { scale 2 2 }
   }
} }
```

scale 필드는 ImageTexture 노드의 repeatS, repeatT 필드와 연관되어 사용된다. 두 필드
의 값이 TRUE일 경우 scale 필드가 유효하지만 FALSE일 경우 scale 값을 적용하여도 이미
지는 분할되어 나타나지 않는다.

첫 번째 ImageTexture 노드에는 "tiger.jpg" 이미지를 scale [2 2]를 적용하였다. repeatS/T
가 기본 값 TRUE이기 때문에 Box에 이미지가 가로 세로 2장씩 분할되어 적용된다.

```
TextureTransform { scale 2 2 }
```

두 번째 ImageTexture는 같은 이미지를 scale [2 2]로 적용하였으나 repeatT 값이 FALSE로 선언되어 가로 이미지가 분할 적용되지 않는다. 이 경우 가로 이미지의 픽셀 값들은 그림 8-15와 같이 퍼진 형태로 나타나게 된다.

```
ImageTexture { url "tiger2.jpg" repeatS FALSE repeatT TRUE }
```

세 번째 ImageTexture는 repeatS가 FALSE로 선언되어 세로 이미지는 분할되어 적용되지 않고 픽셀 값들은 퍼진 형태로 나타난다.

```
ImageTexture { url "tiger2.jpg" repeatS FALSE repeatT TRUE }
```

그림 8-15의 결과로 scale과 연관된 repeatS와 repeatT의 관계를 알 수 있다.

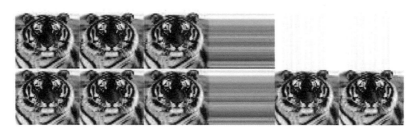

그림 8-15 | TextureTransform 노드-scale

center(중심이동)

center는 rotation, scale 필드가 적용된 Texture 좌표에서 rotation이나 scale이 적용되기 전의 이동할 거리(offset)를 나타내는 필드이다.

예제 8-9는 TextureTransform 노드의 center를 이용하여 객체의 면에 적용된 이미지에 scale을 적용한 경우로서 그 결과를 그림 8-16에 나타내었다.

예제 8-9 TextureTransform 노드의 center 필드

```
#VRML V2.0 utf8     ### 반드시 #VRML은 빈칸 없이 첫줄에서 시작
### TextureTransform
Transform { translation -3 0 0 scale 1 1 0.1 ## center -1.5 -1.5
children Shape {
   geometry Box { size 3 2 0.1 }
   appearance Appearance {
    texture    ImageTexture { url "tiger2.jpg" }
```

```
        textureTransform TextureTransform { center -1.5 -1.5 scale 2 2 }
    }
} }
Transform { translation 0 0 0 ## center -0.5 0
children Shape {
    geometry Box { size 3 2 0.1 }
    appearance Appearance {
      texture     ImageTexture { url "tiger2.jpg"
                        repeatS FALSE repeatT TRUE }
      textureTransform TextureTransform { center -0.5 0  scale 2 2 }
    }
} }
Transform { translation 3 0 0 ## center 0 -1
children Shape {
    geometry Box { size 3 2 0.1 }
    appearance Appearance {
      texture     ImageTexture { url "tiger2.jpg"
                        repeatS TRUE repeatT FALSE }
      textureTransform TextureTransform { center 0 -1  scale 2 2 }
    }
} }
```

center는 rotation이나 scale을 적용되기 전에 이미지의 중심을 이동하여 나타난다. 그림 8-16에서의 좌측 그림은 scale을 적용하기 전에 x, y축의 좌표가 각각 [-1.5, -1.5]로 이동되어 이미지의 중간 부분이 잘려져 나타난다.

```
    textureTransform TextureTransform { center -1.5 -1.5 scale 2 2 }
```

중앙과 우측 그림은 x, y의 좌표축이 각각 -0.5와 1씩 이동되어 scale이 적용되었다. 따라서 각 그림의 중앙을 기준으로 분할되어 나타나고 그림 8-15와는 다른 모습을 보인다.

```
    textureTransform TextureTransform { center -0.5 0 scale 2 2 }
```

그림 8-16 | TextureTransform 노드 -center

rotation(회전)/translation(이동)

rotation은 Texture 좌표축을 회전 시키는 필드로서 좌표축은 반시계(ccw : counter clock wise) 방향으로 회전하므로 객체는 시계방향으로 라디안 값만큼 회전한다.

translation은 좌표축을 원하는 만큼 이동시키는 필드이다.

예제 8-10은 이미지에 translation과 각기 다른 rotation을 적용하여 나타낸 것이다.

첫 번째 이미지는 이미지의 이동 없이 단순히 이미지를 45° 회전하여 적용한 것이다. 그림 8-17의 첫 번째 그림과 같이 다소 의외의 결과로 나타난다.

```
TextureTransform { rotation 0.78 }
```

두 번째 이미지는 이미지를 [1.5 1.5] 이동한 후 90° 회전하여 적용한 것으로 그림 8-17의 두 번째 그림과 같이 이미지를 x와 y축으로 1.5이동하면 이미지의 중앙에서 90°회전한 결과로 나타난다.

```
TextureTransform { translation 1.5 1.5 rotation 1.57 }
```

세 번째 이미지는 [-1.5 -1.5] 이동한 후 180°회전한 결과로 두 번째 이미지와 유사한 결과로 나타난다.

```
TextureTransform { translation -1.5 -1.5 rotation 3.14 }
```

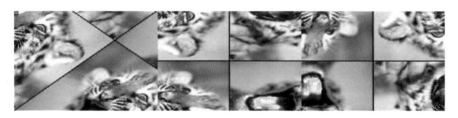

그림 8-17 | TextureTransform 노드의 rotation/translation

예제 8-10 TextureTransform 노드의 rotation 필드

```
#VRML V2.0 utf8      ### 반드시 #VRML은 빈칸 없이 첫줄에서 시작
### TextureTransform
Transform { translation -3 0 0 ## rotation 45도
children Shape {
    geometry Box { size 3 2 0.1 }
    appearance Appearance {
```

```
            texture ImageTexture { url "tiger.jpg" }
            textureTransform TextureTransform { rotation 0.78 }
    }
} }
Transform { translation 0 0 0 ## rotation 90도
children Shape {
    geometry Box { size 3 2 0.1 }
    appearance Appearance {
        texture ImageTexture { url "tiger.jpg" }
        textureTransform TextureTransform {
                translation 1.5 1.5 rotation 1.57 }
    }
} }
Transform { translation 3 0 0 ## rotation 180도
children Shape {
    geometry Box { size 3 2 0.1 }
    appearance Appearance {
        texture ImageTexture { url "tiger.jpg" }
        textureTransform TextureTransform {
                translation -1.5 -1.5 rotation 3.14 }
    }
} }
```

8.7 TextureCoordinate 노드

TextureCoordinate 노드는 texture 필드의 좌표를 이용하여 2D 이미지를 변형할 수 있다. 이 노드는 IndexedFaceSet과 ElevationGrid 노드처럼 면으로 표현되는 노드에 적용된다. 2차원 이미지의 크기는 이미지마다 서로 다른 크기를 갖는다. 이처럼 다른 크기의 이미지를 일정한 크기의 단위 크기로 변환할 필요가 있다. 즉 다양한 이미지의 크기를 단위길이 0에서 1사이의 크기로 치환하여 적용한다. TextureCoordinate 노드는 각기 다른 이미지의 크기를 일정한 단위 크기의 이미지로 변형하고자 할 경우 사용된다. TextureTransform 노드는 Appearance 노드의 필드에 적용되어 이미지를 변형하지만 TextureCoordinate 노드는 IndexedFaceSet과 ElevationGrid 노드에 적용되어 사용된다.

표 8-8은 TextureCoordinate 노드의 필드로서 좌표를 지정하는 point 필드만을 갖고 있다.

◎ 표 8-8 | TexturCoordinate 노드

exposedField	MFVec2f	point	[]	#(−∞, ∞)

예제 8-11은 TextureCoordinate 노드를 이용하여 2D 이미지에 다양한 효과를 적용한 예로 서 그림 8-18에 결과를 나타내었다.

첫 번째 IndexedFaceSet 노드에는 TextureCoordinate 노드를 적용하지 않고 단순히 "tiger.jpg" 이미지를 적용하였다.

두 번째 이미지에는 TextureCoordinate의 단위 크기를 [0 0, 0.5 0, 1 1, 0 0.5]로 정의하 여 이미지의 변형을 초래하였다. 그림 8-18의 중앙 그림은 x축과 y축의 0.5 부분에서 이미 지를 적용하였기 때문에 이미지가 찌그러져 나타나게 된다. texCoordIndex 값은 TextureCoordinate에 적용된 point 값의 색인 번호가 된다.

```
texCoord TextureCoordinate { point [ 0 0, 0.5 0, 1 1, 0 0.5 ] }
texCoordIndex [ 0 1 2 3 -1 ]
```

세 번째 이미지는 단위 크기를 [0 0, 0.5 0, 1 0.5, 0 1]로 TextureCoordinate를 적용하여 이미지의 찌그러짐 효과를 적용한 것이다.

```
texCoord TextureCoordinate { point [ 0 0, 0.5 0, 1 0.5, 0 1 ] }
texCoordIndex [ 0 1 2 3 -1 ]
```

예제 8-11 TextureCoordinate노드

```
#VRML V2.0 utf8      ### 반드시 #VRML은 빈칸 없이 첫줄에서 시작
### TextureCoordinate
Transform { translation -3 0 0 ## No TexureCoordinate
children Shape {
   geometry IndexedFaceSet {
     coord Coordinate { point [ 0 0 0, 2 0 0, 2 2 0, 0 2 0 ] }
     coordIndex [ 0 1 2 3 -1 ]
   }
   appearance Appearance { texture ImageTexture { url "tiger.jpg" } }
} }
Transform { translation 0 0 0 ## TextureCoordinate
children Shape {
   geometry IndexedFaceSet {
     coord Coordinate { point [ 0 0 0, 2 0 0, 2 2 0, 0 2 0 ] }
```

```
     coordIndex [ 0 1 2 3 -1 ]
     texCoord TextureCoordinate { point [ 0 0, 0.5 0, 1 1, 0 0.5 ] }
     texCoordIndex [ 0 1 2 3 -1 ]
   }
   appearance Appearance { texture ImageTexture { url "tiger.jpg" } }
} }
Transform { translation 3 0 0 ## TextureCoordinate
children Shape {
   geometry IndexedFaceSet {
   coord Coordinate { point [ 0 0 0, 2 0 0, 2 2 0, 0 2 0 ] }
   coordIndex [ 0 1 2 3 -1 ]
   texCoord TextureCoordinate { point [ 0 0, 0.5 0, 1 0.5, 0 1 ] }
   texCoordIndex [ 0 1 2 3 -1 ]
   }
   appearance Appearance { texture ImageTexture { url"tiger.jpg" } }
} }
```

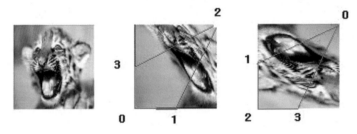

그림 8-18 | TextureCoordinate 노드

8.8 MovieTexture 노드

MovieTexture 노드는 정적인 이미지가 아닌 동영상을 객체에 삽입하기 위한 노드이다. 또한 Sound 노드에 대한 소리 데이터로서 사용되기도 한다. 표 8-9는 MovieTexure 노드의 각 필드를 나타낸 것이다.

◎ 표 8-9 ㅣ MovieTexture 노드

exposedField	SFBool	loop	FALSE	
exposedField	SFFloat	speed	1	#$(-\infty, \infty)$
exposedField	SFTime	startTime	0	#$(-\infty, \infty)$
exposedField	SFTime	stopTime	0	#$(-\infty, \infty)$
exposedField	MFString	url	[]	
field	SFBool	repeatS	TRUE	
field	SFBool	repeatT	TRUE	
eventOut	SFFloat	duration_changed		
eventOut	SFBool	isActive		

- loop : 동영상 파일이 끝나면 다시 반복해서 재생할지를 결정하는 필드
- speed : 동영상의 재생속도를 지정하는 필드로서 1보다 크면 재생속도가 빠르다.
- startTime : 동영상의 재생 시작 시간을 설정하는 필드
- stopTime : 동영상의 멈춤 시간을 설정하는 필드
- url : mpeg 동영상 파일의 경로를 지정하는 필드
- repeatS, repeatT : 객체의 한 면에 해당 동영상을 몇 번 분할하여 적용할 것인지를 판단하는 필드
- duration_changed : 동영상이 로딩(loading)이 완료되었을 때 초(second) 단위 시간에 발생되는 이벤트
- isActive : 동영상의 startTime이나 stopTime에 발생되는 이벤트

동영상의 이벤트에 관련해서는 차후 TimeSensor 노드를 이용한 이벤트 항목에서 자세히 다룬다. 이벤트를 이용하면 동영상에 대해 사용자가 원하는 형태로 제어할 수가 있다.

예제 8-12는 VRML에서 동영상을 재생하는 프로그램으로서 그림 8-19에서 반복되어 재생되는 동영상을 볼 수 있다. 프로그램의 시작과 동시에 동영상이 재생되기 위해서는 loop 값이 반드시 TRUE로 설정되어야 한다. 그렇지 않다면 동영상은 재생되지 않고 정지화면만 나타날 것이다.

```
texture MovieTexture { url "라면.mpg" loop TRUE }
```

예제 8-12 MovieTexture 노드

```
#VRML V2.0 utf8
### MovieTexture
Transform { translation 0 0 0 ## MovieTexture
children Shape {
    geometry Box { size 3 2 0.1 }
    appearance Appearance {
        texture MovieTexture { url "라면.mpg" loop TRUE }
    }
} }
```

그림 8-19 | MovieTexture

응용 8-5 MovieTexture를 이용한 TV 표현

그림 8-20과 같이 Box를 이용하여 TV 외양을 만들고 Sphere를 이용하여 버튼을 만드시오. 그리고 MovieTexture를 이용하여 동영상을 재생하는 프로그램을 작성하시오.

그림 8-20 | MovieTexture를 이용한 TV

8.9 PixelTexture 노드

PixelTexture 노드는 객체의 2D 면을 원하는 수만큼 나누어 표현할 수 있는 노드로서 Material 노드의 diffuseColor와 함께 사용된다. 표 8-10은 PixelTexture 노드의 각 필드를 나타낸 것이다.

◎ 표 8-10 | PixelTexture 노드

exposedField	SFImage	image	0 0 0
field	SFBool	repeatS	TRUE
field	SFBool	repeatT	TRUE

• image : 객체의 면을 원하는 수만큼 나누고 색상을 결정하기 위한 필드로서 앞의 두 부분은 수평, 수직으로 나누는 갯 수를 나타내고 세 번째 숫자는 색상의 구성 요소를 나타낸다. 예를 들어 image 2 2 1 0x00 0x44 0x99 0xff로 지정했다면 각 수평, 수직으로 2개의 면으로 분할한다. 세 번째 요소는 색상의 구성요소 1로서 그레이스케일(grayscale) 이미지로 표현됨을 의미한다. 색상의 구성요소에 따른 Pixel의 표현 방법은 표 8-11을 통하여 알아보자.

◎ 표 8-11 | PixelTexture 노드의 색상 구성요소

색상 요소	표현 방법	비 고
1	greyscale(단색)	image 2 2 1 0x00 0x44 0x99 0xff
2	greyscale+alpha	image 2 2 2 0x0000 0x4444 0x9999 0xffff
3	RGB	image 2 2 3 0xff0000 0x00ff00 0x0000ff 0xffff00
4	RGB+alpha	image 2 2 4 0xff0000ff 0x00ff00ff 0x0000ffff 0xffff00ff

image 2 2 1인 경우는 수평, 수직으로 2 2이기 때문에 4개의 면이 생성되며 각 면의 색상은 단색으로 구성된다. 따라서 0x00, 0x44, 0x99, 0xff로 4개의 구성요소를 이룬다. 0x의 의미는 16진수임을 의미하고 f는 15를 나타낸다. 검정색은 00 흰색은 ff로 검정색에서 흰색까지 256단계를 거치며 색상이 변화하게 된다. 두 번째 색상요소 image 2 2 2는 grayscale+alpha로서 alpha는 투명색을 나타낸다. 따라서 0x0000으로 두 자리의 16진수가 추가된다. 추가된 두 자리는 투명도를 나타내며 00에 가까울수록 투명하다. image 2 2 3은 RGB 색상을 나타내기 때문에 0xff0000으로 두 자리가 다시 추가된다. 각 자리순은 차례로 R,G,B를 나타낸다. image 2 2 4는 RGB+alpha로서 RGB 색상에 투명도가 추가된 것이다.

예제 8-12는 PixelTexture를 이용한 객체의 표현으로 각각 색상의 구성요소 별로 나타낸 것이다. 그림 8-21과 같이 textureTransform과 함께 사용하면 매우 효과적으로 많은 면으로 분할하여 표현할 수 있다.

예제 8-13 PixelTexture 노드의 색상 구성요소

```
#VRML V2.0 utf8      ### 반드시 #VRML은 빈칸 없이 첫줄에서 시작
### PixelTexture
Transform { translation -3 0 0
children Shape {
    geometry Box { size 2 2 2 }
    appearance Appearance {
        material Material { diffuseColor 0 0 1 }
        texture PixelTexture { image 2 2 1 0x00 0x44 0x99 0xff }
} } }
Transform { translation -1 0 0
children Shape {
    geometry Box { size 2 2 2 }
    appearance Appearance {
     material Material{ diffuseColor 1 0 1 }
     texture PixelTexture { image 2 2 2 0x0000 0x4444 0x9999 0xffff }
} } }
Transform { translation  1 0 0
children Shape {
    geometry Box { size 2 2 2 }
    appearance Appearance {
     material Material { diffuseColor 1 1 0 }
     texture PixelTexture { image 2 2 3 0x000000 0x444400 0x999900
                    0xffff00 }
} } }
Transform { translation  3 0 0
children Shape {
    geometry Box { size 2 2 2 }
    appearance Appearance {
     material Material { diffuseColor 1 1 0 }
      texture PixelTexture { image 2 2 4 0xff0000ff 0x00ff00ff 0x0000ffff
                    0xffffff88 }
     textureTransform TextureTransform { scale 3 3 }
} } }
```

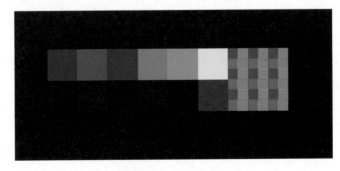

그림 8-21 ｜ PixelTexture

C h a p t e r

09
인공조명

9.1 인공조명과 특성

지금까지 VRML에서 제공하는 기본 빛의 속성과 객체의 색상을 이용하여 객체를 표현하였다. 만약 빛을 인위적으로 조작이 가능하다면 객체를 더욱 효과 있게 표현할 수 있다. VRML에서는 기본적인 빛 이외에 인위적으로 빛 효과를 낼 수 있는 DirectionalLight, PointLight 그리고 SpotLight 노드를 제공하고 있다. 그러나 이들의 특성을 정확히 반영하기 위해서는 기본적으로 제공되는 빛을 제거해야 한다. 기본적인 빛은 가상현실을 탐색하기 위해 적용되는 NavigationInfo 노드를 통하여 제공된다. 따라서 NavigationInfo 노드에서 제공되는 빛을 제거한 후 인공적인 빛들을 적용할 수 있다.

VRML에서는 빛이 존재하여도 그 자체가 형태를 나타내지 않으므로 빛을 받는 객체를 만들지 않으면 시각적으로 빛을 확인할 수 없다. 이번 절에서는 가상공간을 탐색하기 위한 NavigationInfo 노드와 Light 노드에 대해 알아보기 전에 인공조명이 공통적으로 갖는 특성에 대해 알아본다.

인공조명은 기본적으로 제공되는 빛의 속성을 그대로 갖지만 인공조명은 말 그대로 인위적인 빛이기 때문에 사용자가 원하는 대로 조절 가능하다. 사용자가 제어할 수 있는 빛의 속성은 다음과 같다.

• ambientIntensity : 기본 빛의 속성과 마찬가지로 주변광의 강도를 설정한다.
• color : 빛의 색상을 나타낸다. 기본 빛의 속성은 백색광[1 1 1]을 가지며 객체의 색상에 의해 결정되지만, 인공조명의 색상은 사용자가 임의대로 조정할 수 있다. 인공조명의 색상에 따라 객체는 기본 빛이 적용되었을 때와는 전혀 다른 결과를 나타내는 경우가 생긴다.
• intensity : 빛의 세기를 결정한다. 0~1사이의 값을 가지며 기본 값은 1이다.

- on : 빛의 On/Off 기능을 제공한다. 기본 빛을 제거하기 위해서 Off 하듯이 인공조명 역 시 TRUE/FALSE를 통하여 On/Off를 할 수 있다.

객체의 색상끼리는 OR연산을 하지만 표 7-1에서와 같이 객체의 색상은 기본 빛이나 인공조 명의 색상과 AND 연산을 하게 된다. AND 연산은 모두 1의 값이 되어야만 1의 값을 갖지만 OR 연산은 둘 중 하나만 1이면 1의 값이 된다. 기본 빛의 경우는 항상 백색광의 형태로 제공 되기 때문에 사용자는 객체의 색상만 고려하면 되지만 인공조명의 경우는 사용자가 빛의 색 상을 조정 가능하여 때론 예상치 못한 결과가 발생한다. 그림 9-1은 기본 빛과 인공조명에 의한 결과를 나타낸 것이다.

◎ 표 9-1 | 기본 빛과 인공조명의 차이점

빛의 종류와 색상	기본 빛			DirectionalLight		
빛의 색상	1 1 1			1 1 0		
diffuseColor	1 0 0	0 1 0	0 0 1	1 0 0	0 1 0	0 0 1
확산광 결과	1 0 0	0 1 0	0 0 1	1 0 0	0 1 0	0 0 0
emissiveColor	1 0 0	0 1 0	0 0 1	1 0 0	0 1 0	0 0 1
발산광 결과	1 0 0	0 1 0	0 0 1	1 0 0	0 1 0	0 0 0

그림 9-1 | 기본 빛과 인공조명의 차이점

그림 9-1의 결과를 보면 기본 빛은 항상 [1 1 1]의 형태로 제공되기 때문에 객체의 색상과 AND 연산을 하더라도 항상 객체의 색상으로 적용된다. 그러나 인공조명은 사용자가 임의로 조정 가능한 색상이기 때문에 파란색의 구처럼 발산광이나 확산광을 잘못 적용하면 객체가 나타나지 않는 특성이 있다. 또 하나의 다른 점은 기본 빛은 항상 -z축을 향하지만 인공조 명은 사용자가 임의대로 방향을 설정할 수 있어 반사광의 위치가 다르게 표현된다. 따라서 사용자는 인공조명을 이용할 경우에 기본빛과 인공조명의 차이점을 잘 이해하고 적용해야 한다.

9.2 NavigationInfo 노드

인공조명의 효과를 최대한 나타내기 위해서는 기본 빛을 제거해야 한다. 기본 빛은 NavigationInfo 노드에서 headlight로 제공되며 이를 제거하기 위해서는 headlight의 값을 FALSE로 만들어야 한다. NavigationInfo 노드는 단순히 빛만 제공하는 것이 아니라 사용자가 만든 가상공간을 탐색하고 관찰하는 다양한 속성을 제공한다. Navigation이란 본래의 의미는 배를 이용하여 바다를 항해한다는 의미로 인터넷을 이용하기 위해 처음에 사용되었던 브라우저는 익스플로러(Explorer)가 아니라 Netscape Navigator였다. 이와 같이 NavigationInfo는 가상의 공간을 자유롭게 항해하고 탐색하기 위한 값들을 설정하는 노드로서 표 9-2에 해당 필드를 나타내었다.

◎ 표 9-2 | NavigationInfo 노드

exposedField	MFFloat	avatarSize	[0.25,1.6,0.75]	#[0,∞)
exposedField	SFBool	headlight	TRUE	
exposedField	SFFloat	speed	1.0	#[0,∞)
exposedField	MFstring	type	["WALK","ANY"]	
exposedField	SFFloat	visibilityLimit	0.0	#[0,∞)
eventIn	SFBool	set_bind		
eventOut	SFBool	tsBound		

* avatarSize : 아바타(avatar)란 가상공간에서 사용자를 대신하는 분신의 의미이다. 일반적으로 게임이나 채팅 사이트에서는 아바타를 만들어 가상공간에서 시각적인 이미지를 제공하나 VRML에서는 시각적으로는 나타나지 않고 세부적인 환경설정만 한다. 환경설정의 내용으로는 Avatar Distance, Avatar Height, Avatar Step Height가 있다.

Tip

(1) Avatar Distance : 아바타와 다른 객체 간에 충돌을 감지하는 거리로서 기본 값은 0.25이다. 아바타와 다른 객체 간에 Avatar Distance 이하로는 접근이 금지되어 더 이상 그 방향으로는 진행할 수 없게 된다.

(2) Avatar Height : 아바타의 신장 크기로서 가상공간을 탐색하기 위한 아바타의 눈높이라 생각해도 된다. 기본 값은 1.6으로서 현실에서 신장 160cm를 가진 사람이다.

(3) Avatar Step Height : 아바타가 장애물을 건너 올라갈 수 있는 최대 높이이다. 만약 장애물의 높이가 Step Height보다 높으면 더 이상 진행하지 못한다. 기본 값은 0.75로서 만약 계단이나 객체가 이보다 크게 설정되었다면 위로 올라가거나 진행할 수가 없게 된다.

- headlight : −z 축으로 향하는 기본 빛으로 TRUE/FALSE 값을 통하여 빛의On/Off 가 가능하다. 인공조명과 관련된 빛으로 인공조명을 사용하기 위해서는 Off 시켜야 한다.
- speed : 아바타가 가상공간을 이동하는 속도로서 초당 움직이는 거리(m/sec)의 비율을 설정한다.
- type : 가상공간을 Navigation하는 형태를 설정하는 필드이다. 표 9-3에 나타난 형태와 기능을 제공한다.
- visibilityLimit : 아바타의 가시거리(visible distance)를 나타낸다. visibilityLimit의 값은 0.0~∞이며 0이면 ∞와 같다.

◎ 표 9-3 | NavigationInfo type 필드

형 태	기 능
ANY	뷰어가 자동으로 현재 설정에 가장 알맞은 형태를 제공
WALK	중력이 작용하며 걷는 모드
FLY	WALK 형태와 동일하나 중력이 무시되어 날아다닐 수 있다.
EXAMINE	탐색기능으로 객체를 자세히 보거나 회전시킬 수 있다.
NONE	전용 뷰어의 모든 기능이 제거되며 오직 사용자가 장면에 설정한 기능만 가능

예제 9-1은 NavigationInfo 노드의 각 필드들의 의미를 이해하기 위하여 −z축을 따라 5씩 감소시키며 4개의 구를 표현한 것으로 Cortona Player의 뷰어를 사용하는 방법에 따라 Navigation이 결정된다. 그림 9-2는 예제 9-1의 결과로서 관찰자가 −z축으로 움직일 때 처음 설치된 빨강색(1 0 0)의 구만 보이게 된다. 관찰자의 속성을 결정하는avatarSize는 [0.3, 2, 1]로 설정하여 충돌거리는 0.3, 아바타의 키는 3m 그리고 무릎높이는 1로 설정하였다.

```
avatarSize [0.3, 2, 1]  # 아바타(관찰자) 속성설정
```

사용자가 "WALK"모드에서 −z축 방향으로 진행하다보면 z축 −5에 설정된 노란색 구가 나타나게 된다. visibilityLimit는 관찰자가 볼 수 있는 가시거리를 설정한다. 이 때 관찰자가 이동하는 속도는 [3]으로 설정되었다. visibilityLimit가 10으로 설정되어 객체와 아바타의 거리가 10보다 멀면 보이지 않기 때문에 −5에 설정된 구는 관찰자가 이동하여야만 나타나게 된다. 그 이유는 처음 관찰자의 위치는 기본 값 [0 0 10]으로 설정되어 있기 때문에 초기 위치로부터 −15에 떨어진 노란색 구는 보이지 않는다. 관찰자의 초기위치는 나중에 배우게 될 Viewpoint 노드에서 설정한다. Viewpoint 노드를 사용하면 관찰자의 위치나 시각의 방향을 사용자 정의대로 지정할 수 있다.

```
translation 1 0 -5
speed 3              ## 속도
visibilityLimit     10  ## 가시거리
```

관찰자가 가상공간을 항해하는 형태를 결정하는 것은 type으로 "ANY"로 설정하였다. 관찰자가 가상공간을 항해하는 형태는 표 9-3과 같이 5개의 모드가 있다. "ANY" 모드는 뷰어에서 제공 가능한 항해 형태를 모두 지원한다. 따라서 "ANY" 모드에서는 관찰자가 어떤 형태의 항해모드도 가능하다. WALK 모드에서는 중력이 작용하여 아바타가 걷기 동작만 가능하다. WALK 모드 아래의 FLY 모드는 중력이 제거되어 아바타가 공중을 떠다니며 객체들을 관찰할 수 있다. 만약 type 필드에서 ["ANY"]가 아닌 ["WALK"] 기능만을 설정하였다면 제어 보드에서 조정 단추는 사라지고 WALK 기능만 제공된다.

```
type ["ANY"]
```

관찰자가 계속하여 −z축으로 이동하게 되면 −10과 −15에 위치한 파랑색(0 0 1) 구와 회색(0.5 0.5 0.5)의 구를 볼 수 있게 된다.

그림 9-2 | NavigationInfo 노드

예제 9-1 NavigationInfo 노드

```
#VRML V2.0 utf8
### NavigationInfo 노드
NavigationInfo {
    avatarSize [0.3, 2, 1]  # 아바타 속성설정
    speed 3      ## 속도
    visibilityLimit 10  ## 가시거리
    type ["ANY"]          ## 관찰 타입
}
Transform { translation -1 0 0
children Shape {
    geometry Sphere {}
    appearance Appearance { material Material { diffuseColor 1 0 0 } }
```

```
} }
Transform { translation 1 0 -5
children Shape {
   geometry Sphere        {}
   appearance Appearance { material Material { diffuseColor 0 1 0 } }
} }
Transform { translation 3 0 -10
children Shape {
   geometry Sphere {}
   appearance Appearance { material Material { diffuseColor 0 0 1 } }
} }
Transform { translation 5 0 -15
children Shape {
   geometry Sphere{}
   appearance Appearance { material Material { diffuseColor 0.5 0.5 0.5 }
   }
} }
```

9.3 DirectionalLight 노드

DirectionalLight 노드의 특징은 방향 설정이 가능한 인공조명이다. 빛의 시작 위치는 없지만 빛이 도착하는 종착지를 설정하여 방향을 설정할 수가 있다. 표 9-4는 DirectionalLight 노드가 갖는 필드로서 direction의 x, y, z좌표를 설정하여 빛의 도착 지점을 설정할 수 있다.

◎ 표 9-4 | DirectionalLight 노드

exposedField	SFFloat	ambientIntensity	0	#[0,1]
exposedField	SFColor	color	1 1 1	#[0,1]
exposedField	SFVec3f	direction	0 0 −1	#(−∞,∞)
exposedField	SFFloat	intensity	1	#[0,1]
exposedField	SFBool	on	TRUE	

DirectionalLight 노드의 빛의 방향(direction)에 대한 기본 값은 NavigationInfo 노드의 headlight와 유사하다. headlight 역시 −z축 방향을 갖는 방향성 빛이다. 단지 차이점은

DirectionalLight는 사용자가 여러 필드들을 설정 변경할 수 있다.

예제 9-2는 DirectionalLight의 특징을 보여주기 위하여 2개의 인공조명을 설치하였다. 인공조명의 특성을 확실히 하기위해선 반드시 NavigationInfo노드의 headlight 필드 값을 FALSE로 하여야 한다.

```
NavigationInfo { headlight FALSE }
```

DirectionalLight는 한 객체에만 영향을 줄 수도 있고 객체 전체에 영향을 줄 수도 있다. 일반 프로그램에서 적용되는 지역변수와 전역변수의 차이이다. 지역변수는 한 함수 내에서만 적용되고 전역변수는 전체 프로그램에 적용된다. DirectionalLight가 Transform 노드와 같이 그룹 노드 내에 적용되면 DirectionalLight는 해당 그룹에만 적용된다. 그러나 그룹노드에 속하지 않는다면 전체 객체에 영향을 주게 된다.

```
DirectionalLight { } ### 공간 전체에 영향
Transform { children [ Shape {} DirectionalLight {} ] } ## 객체에만 영향
```

첫 번째 DirectionalLight의 방향은 [-3 -3 -3]으로 설정되고 두 번째는 [3 -3 -3]으로 설정하여 x축에 대해 서로 반대 방향을 향하도록 설정하였다. 두 인공조명의 방향 특성만을 제외한다면 색상이나 밝기 등은 동일하다.

```
DirectionalLight { color 1 1 1 direction -3 -3 -3
        ambientIntensity 1 intensity 1 } ### 공간 전체에 영향

DirectionalLight { color 1 1 1 direction 3 -3 -3
        ambientIntensity 1 intensity 1 } ### 객체에만 영향
```

그림 9-3은 예제 9-2의 결과이다. 왼쪽의 Sphere는 지역 변수처럼 그룹 내에서 적용한 방향성 [-3 -3 -3]을 갖는 DirectionalLight이다. 따라서 왼쪽의 빨강색 Sphere는 그룹내의 인공조명과 방향성 [3 -3 -3]을 갖는 외부의 DirectionalLight에도 영향을 받아 두개의 방향성 반사광이 생성된 것을 볼 수 있다. 그러나 오른쪽의 파랑색 구는 전역 변수처럼 오직 공간 전체에 영향을 주는 DirectionalLight의 영향만을 받아 하나의 specularLight만 생겼다. 사용자 여러분은 빛의 위치 색상 강도 등을 변경해 가며 DirectionalLight의 특징을 이해하기 바란다.

그림 9-3 ┊ DirectionalLight 노드

예제 9-2 DirectionalLight 노드

```
#VRML V2.0 utf8  ### DirectionalLight 노드
NavigationInfo { headlight FALSE }
DirectionalLight { ### 객체 전체에 영향
    color 1 1 1
    direction -3 -3 -3
    ambientIntensity 1
    intensity 1 }
Transform { translation -2 0 0
children [ Shape {
    geometry Sphere {}
    appearance Appearance {
        material Material { diffuseColor 1 0 0  specularColor 1 1 1}
    } }  #Shape
    DirectionalLight { ### 그룹내에서만 영향
        color 1 1 1
        direction 3 -3 -3
        ambientIntensity 1
        intensity 1 } ] }
Transform { translation 2 0 0
    children [Shape {
    geometry Sphere {}
    appearance Appearance {
      material Material { diffuseColor 0 0 1 specularColor 1 1 1
                emissiveColor 0 0 0.5 } } } ] }
```

응용 9-1 DirectionalLight 노드

DirectionalLight 노드를 이용하여 그림 9-4와 같이 Sphere에 네 개의 specularColor를 만드시오.

그림 9-4 | 다양한 방향성의 DirectionalLight 노드

9.4   PointLight 노드

PointLight 노드는 DirectionalLight와 반대로 특정 위치에서 사방으로 빛을 발산하는 특징을 갖고 있다. 따라서 PointLight 노드를 이용하면 형광등이나 스탠드와 같은 효과를 나타낼 수 있다.

표 9-5는 PointLight 노드의 필드로서 각 필드를 이용하여 인공조명의 효과를 낼 수 있다.

◎ 표 9-5 | PointLight 노드

exposedField	SFFloat	ambientIntensity	0	#[0,1]
exposedField	SFVec3f	attenuation	1 0 0	#[0,∞)
exposedField	SFColor	color	1 1 1	#[0,1]
exposedField	SFFloat	intensity	1	#[0,1]
exposedField	SFVec3f	location	0 0 0	#(−∞,∞)
exposedField	SFBool	on	TRUE	
exposedField	SFFloat	radius	100	#[0,∞)

- attenuation : 빛이 거리에 따라 감쇠 정도를 나타내는 필드로서 감쇠 계수는 Max 함수를 이용한다.

$$1/\max(\text{attenuation}[0] + \text{attenuation}[1] \times r + \text{attenuation}[2] \times r^2,\ 1)$$

$\max(x,y)$ 함수는 x와 y 중 큰 값을 적용하는 함수이다. attenuation[0][1][2]는 attenuation 필드의 색인 데이터 값을 의미하며 r은 광원으로부터의 거리이다.

- location : 광원의 위치를 나타내는 필드이다.
- radius : PointLight가 적용되는 거리를 나타낸다. radius의 값이 객체의 거리보다 작다면 객체는 보이지 않게 된다.

예제 9-3은 PointLight를 이용하여 손전등 효과를 구현한 프로그램이며 그림 9-5와 같이 중앙의 강한 빛으로부터 멀어질수록 빛의 강도가 감쇄하는 결과를 나타내었다. PointLight의 효과를 이해하기 위하여 반지름 5인 구에 노란색의 확산광과 하얀색의 반사광을 적용하였다.

```
Material { diffuseColor 1 1 0 specularColor 1 1 1 }
```

PointLight의 인공조명의 위치는 원점(0 0 0)에 위치하고 빛의 유효거리는 1000으로 설정하였다. 빛의 감쇄효과는 [1 0.5 0]으로 설정하여 max(x,y) 함수를 적용한다. max 함수의 결과는 다음과 같다.

$$1/max(x,y) = 1/max(1 + 0.5 \times 1000 + 0 \times 10002, 1) = 1/max(501, 1) = 1/501$$

따라서 감쇄효과는 거리에 따라 0.002 정도가 된다.

예제 9-3 PointLight 노드

```
#VRML V2.0 utf8 ### PointLight 노드
NavigationInfo { headlight FALSE }
PointLight { location 0 0 0  # 빛의 발생점
    color 1 1 1   # 빛의 색상
    radius 1000   # 빛의 유효거리
    attenuation 1 0.5 0  # 빛의 감쇄
}
Transform { scale 1 1 0.01 translation 0 0 -5
children  Shape {
    geometry Sphere { radius 5 }
    appearance Appearance {
      material Material { diffuseColor 1 1 0 specularColor 1 1 1 } }
    }
}
```

그림 9-5 | PointLight 노드의 특성

PointLight 노드

PointLight 노드를 이용하여 그림 9-6과 같이 백열등 전구 효과를 구현 하시오.

그림 9-6 | PointLight를 이용한 백열등 전구

9.5 SpotLight 노드

SpotLight 노드는 DirectionalLight와 PointLight의 각 특성을 모두 가지고 있으므로 특정 위치에서 특정 방향으로 빛을 발산하기 위하여 사용되는 노드이다. 현실세계에서 스탠드나

가로등과 같은 효과를 적용하기 위해서는 SpotLight 노드를 이용한다. 그림 9-7은 SpotLight 노드의 특성을 그림으로 도식한 것이며 표 9-6에 SpotLight 노드의 필드를 나타내었다.

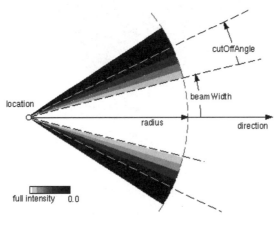

그림 9-7 | SpotLight의 특성

◎ 표 9-6 | SpotLight 노드

exposedField	SFFloat	ambientIntensity	0	#[0,1]
exposedField	SFVec3f	attenuation	1 0 0	#[0,∞)
exposedField	SFFloat	beamWidth	1.570796	#[0,π/2]
exposedField	SFColor	color	1 1 1	#[0,1]
exposedField	SFFloat	cufOffAngle	0.786598	#[0,π/2]
exposedField	SFVec3f	direction	0 0 −1	#(−∞,∞)
exposedField	SFFloat	intensity	1	#[0,1]
exposedField	SFVec3f	location	0 0 0	#(−∞,∞)
exposedField	SFBool	on	TRUE	
exposedField	SFFloat	radius	100	#[0,∞)

- beamWidth : 광원을 기준으로 빛이 감쇠 없이 퍼져 나가는 폭을 정의하는 필드이다.
- cutOffAngle : beamWidth부터 빛이 감쇠하는 폭을 정의하는 필드로서 그림 9-9와 같이 cutOffAngle 밖의 영역은 검정색으로 표현되어 물체가 보이지 않는다. beamWidth부터 cufOffAngle 까지는 SpotLight의 색상에서 검정색까지 선형적으로 적용된다.

• radius : SpotLight가 적용되는 거리를 나타낸다. radius의 값이 물체의 거리보다 작다면 물체는 보이지 않게 된다.

예제 9-4는 SpotLight의 특징을 이해하기 위하여 보라색(1 0 1)의 벽에 조명효과를 나타낸 것으로 그림 9-8에서 결과를 볼 수 있다. 중앙의 벽은 SpotLight의 특성이 반영되어 조명이 밝으나 이웃한 벽들은 cutOffAngle의 효과로 점차 어두워지는 모습을 볼 수 있다.

```
SpotLight { location  0 0 -10    # 광원
        color 1 1 1   # 색상
        direction 0 0 -100 # 빛의 방향
        beamWidth 0.1  # 광폭
        cutOffAngle 1
        ambientIntensity 1    #감쇄 각도
    }
```

SpotLight의 특성을 이해하기 위하여 빛의 색상은 흰색(1 1 1)으로 설정하고 방향을 −z 방향으로 설정하였다. 인공조명의 주변광 강도(ambientIntensity)는 '1'로 설정하였다. 주의할 점은 이 값이 0이 되면 주변광 강도가 미약하여 SpotLight의 특성이 잘 나타나지 않는다.

SpotLight의 가장 큰 특징은 조명의 폭과 빛의 감쇄 정도인 beamWidth '.1'과 cutOffAngle '.5'이다. 조명의 효과를 극대화하기 위해선 beamWidth는 가능하다면 작은 각도로 설정하고 cutOffAngle은 크게 설정해야 한다. 왜냐하면 cutOffAngle에 의해 빛의 감쇄현상을 육안으로 확실히 알 수 있기 때문이다.

예제 9-4 SpotLight 노드

```
#VRML V2.0 utf8    ### SpotLight 노드
NavigationInfo { headlight FALSE }
SpotLight { location  0 0 -10  # 광원
     color 1 1 1   # 색상
     direction 0 0 -100 # 빛의 방향
     beamWidth 0.1  # 광폭
     cutOffAngle 1  ambientIntensity 1   #감쇄 각도 }
Transform { translation -60 0 -100
children Shape {
   geometry Box { size 100 10 0.01 }
   appearance Appearance {
       material Material { diffuseColor 1 0 0 specularColor 0 0 1 }
} } }
Transform { translation 0 0 -100
```

```
children Shape {
    geometry Box { size 10  10 0.01 }
    appearance Appearance {
        material Material { diffuseColor 1 0 1 specularColor 1 0 1 }
} } }
Transform { translation 60 0 -100
children Shape {
    geometry Box { size 100 10 0.01 }
    appearance Appearance {
        material Material { diffuseColor 0 0 1 specularColor 1 0 0 }
} } }
```

그림 9-8 ㅣ SpotLight의 특성

C h a p t e r

10

바운딩 노드와 사운드

10.1 Background 노드

지금까지는 가상공간의 배경이 항상 검은색으로 아무런 형태 없이 설정하였다. 그러나 VRML/X3D에서는 Background 노드를 이용하여 자연풍경과 같은 배경을 설정할 수 있다. 만약 자신이 구현한 가상공간이 건물 안이나 실내인 경우에는 따로 Background를 설정할 필요가 없다.

앞서 언급하였던 NavigationInfo, Viewpoint 노드와 마찬가지로 Background 노드와 Fog 노드는 바인딩(Binding) 노드 유형에 속한다. 바인딩 노드란 앞서 설명하였듯이 특정 시점에 각 유형 중 오직 한 유형만이 사용자에게 영향을 주어 사용되는 것을 의미한다. 바인딩 노드들은 각각 독립적인 스택(stack)으로 관리하여 해당 노드가 호출될 때 마다 스택의 Top으로 이동한다. 스택이란 메모리의 일종으로 먼저 입력된 데이터가 나중에 호출되는 FILO(First In Last Out) 구조이다. NavigationInfo 노드는 9장에서 살펴보았으므로 이번 절에서는 나머지 바인딩 노드에 대해 알아본다.

Background 노드는 가상공간의 배경을 설정하는 노드로서 두 가지 방법이 있다. 첫째, 하늘(sky)과 땅(ground)을 묘사하는 배경색으로 지정하거나 둘째, 배경 자체를 이미지로서 표현하는 방법이다. 그림 10-1에서는 배경색과 이미지로서 배경을 나타내었을 때 보이는 장면이다. 왼쪽 그림은 관찰자 기준으로 측면에서 보이는 장면을 묘사한 것이며 오른쪽 그림은 하늘을 바라보는 장면을 나타낸 것이다. 색상으로서 배경을 나타내면 무한대의 구 형태로 배경이 표현된다. 이미지를 이용하여 배경을 지정하게 되면 원안의 사각형과 같이 무한대의 Box 형태로 표현된다.

Background 노드의 특징으로는 ground 보다 sky의 반지름이 크다는 것이며 Fog 노드의 안개나 광원의 영향을 받지 않는다.

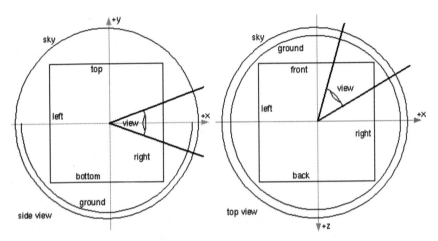

그림 10-1 | Background 노드의 배경 표현

표 10-1은 Background 노드의 필드를 나타낸 것이다.

◎ 표 10-1 | Background 노드

eventIn	SFBool	set_bind		
exposedField	MFFloat	groundAngle	[]	#[0,π/2]
exposedField	MFColor	groundColor	[]	#[0,1]
exposedField	MFString	backUrl	[]	
exposedField	MFString	bottomUrl	[]	#[0,∞)
exposedField	MFString	frontUrl	[]	
exposedField	MFString	leftUrl	[]	
exposedField	MFString	rightUrl	[]	
exposedField	MFString	topUrl	[]	
exposedField	MFString	skyAnle	[]	#[0,π]
exposedField	MFColor	skyColor	0 0 0	#[0,1]
eventOut	SFBool	isBound		

- set_bind : 바운딩 노드의 스택관련 필드로서 요구된 노드를 스택의 최상위 변경하거나 제거하기 위해 사용된다. 한 시점에서는 오직 하나의 Background 만이 적용된다. 현 시점의 배경은 'true' 값을 가지며 만약 'false' 값이 되면 스택에서 제거되고 다음으로 선언된 Background가 표시된다.

- groundAngle : 그림 10-1(a)에서 표시된 것과 같이 −y축의 최저점을 기준으로 하여 땅의 영역을 표시하기 위한 필드이다. groundAngle의 최저점은 0.0으로 표시되며 y=0인 지점이 π/2가 된다.

- groundColor : groundAngle로 표시된 영역에 ground의 색상을 지정하기 위한 필드이다. 주의해야 할 점은 groundAngle에서 정의된 수와 같은 수의 groundColor 값을 가져야 한다.

- backUrl, bottomUrl, frontUrl, leftUrl, rightUrl, topUrl : 배경을 이미지로 표현 할 때 사용되는 필드로서 그림의 경로를 지정한다. 각 그림은 그림 10-1(b)의 Box와 같이 무한히 큰 정육면체의 각 면에 대응한다. 정면에서 보았을 때 backUrl은 뒷면, frontUrl은 전면, leftUrl은 좌측면, rightUrl은 우측면에 해당하는 그림이다. topUrl은 +y축 방향의 그림이며 bottomUrl은 −y축 방향을 기준으로 제시된 그림이다. 그림의 해상도는 일반적으로 1024×768 크기로 한다.

- skyAngle : skyAngle 필드는 그림 10-1(b)에서와 같이 천정(+y축)에서 시작하여 저점(−y)까지의 라디안 값이다. 구에 있어서 천정의 값은 0.0으로 간주하므로 자연적인 수평선은 π/2 라디안에 나타나게 되며, 최저점은 π라디안이 된다. 따라서 0∼π의 범위를 가지며 skyAngle 값은 groundAngle 값을 포함할 수 있는데 이때 중첩되는 값은 skyAngle 값이 우선하게 된다.

- skyColor : skyColor 필드는 여러 각도에서 보이는 하늘의 색을 지정한다. skyColor 필드의 첫 번째 값은 천정을 의미하는 0.0 라디안의 색을 지정한다.

- isBound : 현재의 배경이 set_bind 되었는지를 나타내는 불(Bool) 값이다.

예제 10-1은 Background 노드의 배경색을 이용하여 가상공간의 배경을 표현하고 중앙에 열기구 모양의 물체를 넣어 가상공간을 표현한 것이다.

색상으로 배경을 설정하기 위해서는 skyAngle[0.5, 1, 2]과 backgroundAngle[0.2, 0.5, 1.5] 값을 설정하였다. 예제에서는 3개의 부분으로 분할하였지만 Angle의 값은 항상 0(+y, −y)에서 시작하므로 실제적으로 4개 부분으로 분할된 것이다.

```
skyAngle [ 0.5 , 1, 2 ]
groundAngle [ 0.2, 0.5, 1.5 ]
```

Angle의 인덱스 값이 설정되면 1:1 맵핑(Maping) 되도록 다음과 같이 skyColor와 backgroundColor 값을 설정해야 한다. 4개의 색상 값이 설정된 이유는 Angle의 인덱스 수와 같아야 하기 때문이다. 만약 인덱스의 수가 틀리다면 화면엔 아무것도 나타나지 않는다. 따라서 주의 깊게 설정해야 한다.

```
skyColor [ 0.8 0.8 0.8, 0.6 0.6 0.6, 0.4 0.4 0.4, 0.2 0.2 0.2 ]
groundColor [ 0.3 0.3 0.3, 0.5 0.5 0.5 , 0.6 0.6 0.6, 0.8 0.8 0.8 ]
```

만약 skyAngle과 groundAngle 값을 설정할 때 두 Angle 값 중 서로 중복된 라디안 값이 존재한다면 groundAngle의 색상으로 표현된다. 그림 10-2를 회전모드에서 회전시켜 보면 설정된 색상으로 가상공간이 표현됨을 알 수 있다. 배경은 무한대의 거리에 있기 때문에 관찰자가 아무리 다가가도 절대 가까워지거나 멀어지지 않는다.

예제 10-1 Background 노드의 색상 배경

```
#VRML V2.0 utf8
##배경색에 의한 표현
Background {
    skyAngle [ 0.5 , 1, 2 ]
    skyColor [ 0.8 0.8 0.8, 0.6 0.6 0.6, 0.4 0.4 0.4, 0.2 0.2 0.2 ]
    groundAngle [ 0.2, 0.5, 1.5 ]
    groundColor [ 0.3 0.3 0.3, 0.5 0.5 0.5 , 0.6 0.6 0.6, 0.8 0.8 0.8 ]
}
Transform{ scale 1 1 1
children Shape {
    geometry Sphere { radius 2 }
    appearance Appearance { texture ImageTexture { url "balloon.jpg" }
    }
} }
Transform{ translation 0 -3 0
children Shape {
    geometry Box { size 1 1 1 }
    appearance Appearance { texture ImageTexture { url "basket.jpg" }
    }
} }
```

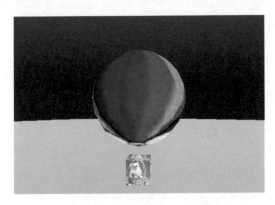

그림 10-2 | Background 노드

예제 10-2는 배경 이미지 6장을 이용하여 Background를 나타내었으며 그림 10-3에서 무한대의 정육면체의 배경 이미지를 확인할 수 있다.

예제 10-2   Background 노드의 이미지 배경

```
#VRML V2.0 utf8    ##배경 이미지에 의한 표현
Background {
    backUrl "back.jpg"   frontUrl "front.jpg"
    leftUrl "left.jpg"   rightUrl "right.jpg"
    topUrl "top.jpg"              bottomUrl "bottom.jpg"
}
Transform{ scale 1 1 1
children Shape {
    geometry Sphere { radius 2 }
    appearance Appearance { texture ImageTexture { url "balloon.jpg" } }
} }
Transform{ translation 0 -3 0
children Shape {
    geometry Box { size 1 1 1 }
    appearance Appearance { texture ImageTexture { url "basket.jpg" } }
} }
```

그림 10-3 | 이미지를 이용한 Background

10.2 Viewpoint 노드

Viewpoint 노드는 NavigationInfo 노드와 마찬가지로 특정시점에 오직 하나만 유용한 바인딩 노드이다. 이 노드는 초기에는 카메라 시점이라고도 불리었는데 가상공간에서 관찰자가 3D 장면을 바라보는 특정한 위치를 나타내는 필드이다. 즉, 관찰자의 눈의 위치와 방향이 된다. 만약 사용자가 Viewpoint를 설정하지 않았다면 기본적인 시각의 방향과 위치는 +z축 10인 위치에서 −z축을 향하여 가상공간을 바라보게 된다. 사용자의 기본 시각 위치는 x=0, y=0, z=10인 지점에서 +z 축에서 −z 축의 방향으로 시점이 정해진다. 따라서 관찰자가 장면을 바라보는 시각의 설정을 변경하고 싶다면 Viewpoint를 이용하여 특정 위치(position)와 방향을 설정해야 한다. 주의해야 할 점은 Viewpoint에 의해 시각의 위치가 변경되었다면 이에 따라 적절하게 시각의 방향도 orientation을 통하여 변경해야 한다. 시각의 방향을 설정하지 않는다면 항상 +z축에서 −z축의 방향으로 바라보기 때문에 경우에 따라서 설정된 물체가 보이지 않게 될 수도 있다. 표 10-2는 Viewpoint 노드가 가진 필드와 속성이다. position의 x, y, z좌표를 설정하여 시각위치를 변경할 수 있으며 orientation을 통하여 시각의 방향을 변경할 수 있다.

◎ 표 10-2 | Viewpoint 노드

eventIn	SFBool	set_bind		
exposedField	SFFloat	fieldOfView	0.785398	#[0,π]
exposedField	SFBool	jump	TRUE	
exposedField	SFRotation	orientation	0 0 1 0	#[−1,1], (−∞,∞)
exposedField	SFVec3f	position	0 0 10	#[0,∞)
field	SFString	description	" "	
eventOut	SFTime	bindTime	0 0 0	#(−∞,∞)
eventOut	SFBool	isBound		

- centerOfRotation : NavigationInfo 노드가 "EXAMINE" 모드일 때 사용자의 관찰중심을 나타낸다. 기본 값은 0 0 0으로서 원점을 중심으로 회전하게 된다.
- description : Viewpoint의 위치를 문자로서 표현하기 위한 설명문이다. BSContact 뷰어의 Viewpoint 리스트(list)에 해당 관찰 시점에 대한 설명문이 나타난다.
- fieldOfView : Viewpoint의 위치에서 보이는 최소한의 시각의 범위를 라디안으로 표현하는 필드이다. fieldOfView의 값이 클수록 넓은 범위의 시야를 가진다.

- jump : 사용자의 시각이 Viewpoint 위치로 jump가 되었는지를 나타내는 필드로서 Viewpoint 노드가 바인딩 되는 시점에서 TRUE와 FALSE 값을 가진다. set_bind의 이벤트에 따라 jump가 결정되기도 한다.
- orientation : Viewpoint 위치에서 보는 시각의 방향을 설정한다. 기본 값은 [0 0 1 0]로서 −z축 방향으로 시각이 결정된다. 좌표의 position에 따라 orientation을 적절하게 표현해야 한다.
- position : 가상공간의 좌표에서 Viewpoint의 특정한 위치를 설정한다.
- bindTime : Viewpoint가 바인딩 되는 순간 발생되는 시간을 나타내는 필드이다.

예제 10-3은 2개의 Viewpoint를 이용하여 가상공간의 시점 설정을 나타낸 것이다. 두 번째 시점(Point 2)에서 바라본 결과를 그림 10-4에 나타내었다.

사용자가 Viewpoint를 설정하지 않으면 관찰자의 기본 위치(position)는 (0 0 10)이 된다. 그러나 Viewpoint가 설정되면 기본 위치와 시각은 사라지고 Viewpoint 노드의 시점에서 시작한다. Viewpoint는 보는 시각에 따라 다수의 Viewpoint를 설치할 수 있다. 다수의 Viewpoint는 description에 의해 제어판의 Viewpoint 리스트에 나타난다. Viewpoint의 리스트를 선택함으로써 관찰자가 원하는 위치로 쉽게 이동이 가능하므로 편리하다. 그러나 한 가지 주의할 점은 Viewpoint의 position에 따라 보는 시각의 방향 orientation을 적절하게 설정해야 한다. 그렇지 않다면 보는 시각 방향이 틀려져 객체는 보이지 않게 된다.

첫 번째 Viewpoint의 위치는 (0 3 10)이며 "Point 1" 목록을 설정하였다.

```
Viewpoint { position 0 3 10  ## 관찰자 위치
        description   "Point 1"  ## 첫 번째 위치 설명
        fieldOfView   1.57  }  ## 관찰자의 시야
```

두 번째 position은 (−7 0 0)으로 설정되었다. 그러나 만약 (−7 0 0)의 위치에서 시각의 방향을 설정하지 않는다면 객체는 보이지 않게 된다. 따라서 (−7 0 0)의 위치에서는 중앙의 물체를 보기 위해서는 관찰자의 시각을 y축으로 −90° 회전시켜야만 한다.

```
Viewpoint { position -7 0 0 orientation 0 1 0 -1.57  # 시점 회전변화
        description "Point 2" fieldOfView 1.57 }
```

예제 10-3 Viewpoint 노드

```
#VRML V2.0 utf8
### Viewpoint 노드
Viewpoint { position 0 3 10  ## 관찰자 위치
      description        "Point 1"  ## 첫 번째 위치 설명
      fieldOfView        1.57   ## 관찰자의 시야
}
```

```
Viewpoint { position -7 0 0
      orientation 0 1 0 -1.57   # 관찰자 시점 회전변화
      description       "Point 2"
      fieldOfView       1.57
}
Shape {
   geometry Cone {}
   appearance Appearance { material Material { diffuseColor 1 0 0 } }
}
Transform{ translation 2 0 0
children Shape {
   geometry Box { size 0.1 2 2}
   appearance Appearance { material Material { diffuseColor 0 1 0 } }
} }
```

그림 10-4 | Viewpoint의 시점 설정

응용 10-1　Viewpoint 노드

그림 10-5와 같이 Box 노드를 이용하여 6개의 정육면체를 x, y, z 축의 +, −축에 각각 2개씩
배치하고 Viewpoint를 이용하여 각 시점에 각 정육면체의 정면에서 바라보도록 만드시오.

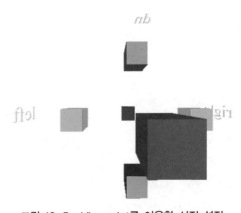

그림 10-5 | Viewpoint를 이용한 시점 설정

10.3 Fog 노드

Fog 노드는 가상공간 내에서 관찰자와 물체의 거리에 따라 물체의 색상을 안개효과로 적용하여 나타난다. 안개의 형태와 색상에 따라 멀리 있는 물체는 가까이 있는 물체에 비해 더욱 안개 효과가 있는 형태로 표현된다. 또한 안개가 적용된 상태의 가시거리에 따라 일정이상의 거리가 있는 물체는 보이지 않는 특징이 있다.

표 10-3은 Fog 노드의 필드로서 각 필드의 속성을 이용하여 다양한 안개 효과를 낼 수 있다.

◎ 표 10-3 ㅣ Fog 노드

eventIn	SFBool	set_bind		
exposedField	SFColor	color	1 1 1	#[0,1]
exposedField	SFStringl	fogtype	"LINEAR"	
exposedField	SFFloat	visibilityRange	0	#[0,∞)
eventOut	SFBool	isBound		

- color : Fog 노드에서 적용될 안개의 색상을 표현한다.
- fogtype : 안개의 유형을 거리에 따라서 설정하는 필드이다. fogType은 다음의 두 가지 유형이 있다.

> **Tip**
> (1) LINEAR : 안개의 짙은 정도가 거리에 따라 선형적으로 변한다.
> (2) EXPONENTIAL : 안개의 짙은 정도가 거리에 따라 지수 함수적으로 변한다. 따라서 거리에 따라 급격히 안개가 짙어진다.

- visibilityRange : 거리에 따라 안개에 의해 보이는 가시거리를 나타낸다. 가시거리를 벗어나면 물체의 색상은 안개 색상으로 적용된다.

예제 10-4는 Fog 노드를 이용한 안개 효과를 나타낸 것으로 그림 10-6에 결과를 나타내었다. 안개의 색상은 파랑색(0 0 1)이며 가시거리는 5m이며 거리에 따라 선형적(linear)으로 적용된다.

```
Fog { color 0 0 1     # 안개색
     visibilityRange 5   ## 가시거리
     fogType "LINEAR"  }  ## 안개적용 방법
```

예제 10-4 Fog 노드

```
#VRML V2.0 utf8
### Fog 노드
Viewpoint { position -7 0 0
    orientation 0 1 0 -1.57
    description "Point 1"
    fieldOfView 1.57 }
Fog {    color 0 0 1     # 안개색
    visibilityRange     5   ## 가시거리
    fogType "LINEAR"   ## 안개적용 방법
}
Shape {
    geometry Cone {}
    appearance Appearance { material Material { diffuseColor 1 0 0 } }
}
Transform { translation 2 0 0
children Shape {
    geometry Box { size 0.1 2 2 }
    appearance Appearance { material Material { diffuseColor 0 1 0 } }
} }
```

그림 10-6 | Fog 노드의 특성

응용 10-2 Fog 노드

Fog 노드의 type을 EXPONENTIAL로 하여 그림 10-7과 같이 안개효과를 나타내시오.

그림 10-7 | Fog 노드를 이용한 안개효과

10.4 Sound 노드

Sound 노드는 가상공간에서 3D 사운드를 표현하기 위한 음원의 위치를 표현하는 노드이지만 사운드의 속성만을 설정한다. 실질적인 사운드 재생을 위해서는 Sound 노드에 AudioClip 노드를 자식노드로서 반드시 추가해야 한다.

Sound 노드의 음원 위치를 3D 좌표로서 나타내면 Sound는 음원으로부터 타원형의 형태로 재생된다. Sound 노드가 재생되기 위해서는 3D의 공간 좌표와 함께 반드시 관찰자의 Viewpoint 위치가 표현되어야 한다. 그렇지 않다면 Sound는 재생되지 않는다. 그림 10-8 은 Sound가 가지고 있는 특성을 나타내고 있으며 표 10-4에 Sound의 필드를 나타내었다.

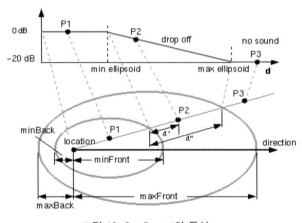

그림 10-8 ㅣ Sound의 특성

◎ 표 10-4 ㅣ Sound 노드

exposedField	SFVec3f	direction	0 0 1	#$(-\infty, \infty)$
exposedField	SFFloat	intensity	1	#$[0,1]$
exposedField	SFVec3f	location	0 0 0	#$(-\infty, \infty)$
exposedField	SFFloat	maxBack	10	#$[0, \infty)$
exposedField	SFFloat	maxFront	10	#$[0, \infty)$
exposedField	SFFloat	minBack	1	#$[0, \infty)$
exposedField	SFFloat	minFront	1	#$[0, \infty)$
exposedField	SFFloat	priority	0	#$[0,1]$
exposedField	SFNode	source	NULL	
field	SFBool	spatialize	TRUE	

- direction : 음원을 기준으로 소리가 퍼져 나가는 방향을 나타내는 필드이다. 관찰자의 방향으로 설정해야 한다.
- intensity : AudioClip 노드에서 적용된 소리의 크기를 조절하는 필드이다.
- location : 소리가 재생되는 위치를 나타내는 필드이다.
- minFront, minBack : 그림 10-8에서와 같이 음원의 위치에서 앞뒤로 들을 수 있는 최소 거리를 나타낸다.
- maxFront, maxBack : 음원의 위치에서 최대 intensity로 했을 때 앞뒤로 들을 수 있는 최대 거리를 나타낸다.
- priority : 여러 사운드 채널이 활성화 되어 있을 때 재생되는 우선순위를 결정하는 필드이다.
- source : 사운드를 지정하는 필드이다. 자식노드로서 다음절의 AudioClip 노드나 MovieTexture 노드를 적용한다.
- spatialize : 사운드가 공간상에 퍼져 나가는 형태를 지정한다. 만약 'true' 값을 가지면 그림 10-8과 같이 타원형 형태로 소리가 퍼져 나가고 그렇지 않으면 타원형은 무시된다.

10.5 AudioClip 노드

AudioClip 노드는 Sound 노드에게 사운드 데이터를 제공하는 노드이다. 따라서 AudioClip은 Sound 노드에 자식노드로서 포함되어 재생된다. AudioClip 노드에서 사용되는 사운드 파일 형식은 기본적으로 wav 파일이다. 또한 확장하여 MIDI 파일 형식과 Mpeg-II 시스템의 표준에 속한 파일로서 MP3 형식도 재생할 수 있다.

표 10-5에 AudioClip의 필드를 나타내었다.

◎ 표 10-5 | AudioClip 노드

exposedField	SFString	description	" "	
exposedField	SFBool	loop	FALSE	
exposedField	SFFloat	pitch	1.0	#$[0, \infty)$
exposedField	SFTime	startTime	0	#$(-\infty, \infty)$
exposedField	SFTime	stopTime	0	#$(-\infty, \infty)$
exposedField	MFString	url	[]	
eventOut	SFTime	duration_changed		
eventOut	SFBool	isActive		

- description : AudioClip에 대한 설명을 나타내는 필드지만 뷰어에서는 보이지 않는다.
- pitch : 재생 속도를 설정하는 필드로서 0 이상의 값만 유효하다. pitch가 2.0의 값을 가지면 재생속도는 1.0에 비해 두 배의 속도로 재생된다.
- startTime, stopTime : 사운드의 시작 시간과 멈춤 시간을 지정하는 필드이다.
- url : 오디오 데이터의 경로를 지정하는 필드이다.
- duration_changed : 이벤트에서 사용하는 필드로서 재생되는 동안 새로운 값이 입력되었는지를 판단한다.
- isActive : AudioClip이 현재 재생되고 있다면 TRUE 값을 가진다.

예제 10-5는 Sound 노드에 AudioClip 노드를 삽입하여 관찰자의 위치 (0 0 6)에서 사운드가 재생되는 프로그램을 나타낸 것이다.

사운드의 효과를 가시적으로 얻기 위하여 그림 10-9와 같이 3개의 박스를 사용하여 스피커(?) 모양을 흉내 내었다.

사운드의 효과는 관찰자의 위치가 중요하다. 현실세계와 마찬가지로 실제적으로 사운드가 흘러나오고 있어도 음원의 위치가 관찰자로부터 너무 멀리 떨어져 있으면 소리가 들리지 않는다. 마찬가지로 가상공간을 설계할 때 관찰자의 위치와 사운드의 위치를 서로 인접한 위치로 설정해야 한다. 예제의 경우 Viewpoint의 위치(position)를 (0 0 5)로 설정하였으므로 Sound 노드의 위치(location)를 설정할 때 이를 고려해야 한다.

```
Viewpoint { position 0 0 5 description "Point 1" fiieldOfView 1.57 }
```

소리를 재생하기 위하여 음원의 위치를 (0 0 6)으로 설정하였다. 관찰자의 위치가 (0 0 5)이므로 사운드는 관찰자의 뒤에서 재생된다. 이 경우 사운드는 재생되지만 관찰자는 소리를 듣지 못할 수 있다. 따라서 소리를 감지하기 위해서는 사운드가 재생되는 방향(direction)을 −z 방향으로 설정해야 한다. 재생방향 (0 0 1)은 관찰자의 입장에서 −z축이 되므로 AudioClip 부분에 설정된 사운드를 들을 수 있다.

```
Sound { location 0 0 6 ## 음원 위치
    direction 0 0 1   ### 음원 방향
    source AudioClip { url "center.wav" loop TRUE }
}
```

AudioClip 노드 역시 MovieTexture노드와 마찬가지로 시간 속성을 갖는다. 따라서 자동적으로 사운드가 재생되도록 하기 위해선 loop를 TRUE로 설정해야 하며 음원의 경로를 url 필드로 설정해야 한다.

그림 10-9 | AudioClip을 이용한 Sound 재생

예제 10-5 AudioClip 노드

```
#VRML V2.0 utf8 ## AudioClip 노드
## Sound and Audio
Viewpoint {
    position 0 0 5
    description "Point 1"
    fieldOfView 1.57 }
Sound { location 0 0 6   ## 음원 위치
    direction 0 0 1      ### 음원 방향
    source AudioClip { url "center.wav" loop TRUE }      ## 음원
}
Shape {
    geometry Box { size 1 2 0.5 }
    appearance Appearance { material Material { diffuseColor 1 0 0 } } }
Transform{ translation 1 0 0
children Shape {
    geometry Box { size 1 1.5 0.5 }
    appearance Appearance { material Material {diffuseColor 0 1 0 } } } }
Transform{ translation -1 0 0
children Shape {
    geometry Box { size 1 1.5 0.5 }
    appearance Appearance { material Material { diffuseColor 0 1 0 } } } }
```

10.6 Inline 노드

Inline 노드는 자식노드를 가지는 그룹노드이다. 특히 그룹노드 중에서도 앞으로 살펴볼 LOD, Switch 노드와 함께 특별노드로 분류되는 노드로서 현재 .wrl 파일에 외부의 .wrl 파일이나 .x3d 파일을 불러와 사용할 수 있는 노드이다. 즉 현재의 파일에서 Inline노드의 필드 url을 통하여 외부의 VRML/X3D 파일을 연결할 수 있다. Inline 노드로 연결된 외부파일은 마치 현재 .wrl 파일에서 기술한 내용처럼 하나의 장면에 나타난다. 따라서 Inline 노드를 적절하게 사용하면 파일의 크기를 효과적으로 줄일 수 있으며 프로그램의 유지 보수에 매우 편리하다. 표 10-6은 Inline 노드의 필드를 나타낸 것이다.

◎ 표 10-6 | Inline 노드

exposedField	MFString	url	[]	
field	SFVec3f	bboxCenter	0 0 0	#$(-\infty, \infty)$
field	SFVec3f	bboxSize	−1 −1 −1	#$[-0, \infty)$ or −1 −1 −1

• url : 외부의 wrl 파일 경로를 지정하는 필드

예제 10-6은 예제 10-2)에 Inline 노드를 이용하여 외부의 "ex10-5)audio.wrl" 파일을 호출하는 프로그램으로서 매우 간단히 두 개의 파일을 결합할 수 있다.

```
Inline { url "ex10-5audio.wrl" }
```

그림 10-10에 결과를 나타내었다.

예제 10-6 Inline 노드

```
#VRML V2.0 utf8
### Inline 노드
Background {
    backUrl "back.jpg"    frontUrl "front.jpg"
    leftUrl "left.jpg"    rightUrl "right.jpg"
    topUrl "top.jpg"      bottomUrl "bottom.jpg"
}
Inline { url "ex10-5audio.wrl" }
```

그림 10-10 | Inline 노드를 이용한 파일 호출

응용 10-3 Inline 노드

Inline 노드를 이용하여 3개의 wrl 파일을 결합하시오.

10.7 LOD 노드

LOD(Level Of Detail) 노드는 객체와 관찰자 시점(Viewpoint)의 거리에 따른 변화를 조절하는 노드이다. LOD 노드를 적절하게 사용하면 관찰자의 시점에 따라 객체에 다양한 외양이나 색상 등을 제공할 수 있다. LOD 노드는 구글어스(Google Earth)와 같이 인공위성에서 바라본 지구의 지도 서비스와 같은 형태에 유용하다. 거리에 따라 다른 물체를 보여주기 때문에 사용자가 마우스를 클릭할 때마다 더욱 세부적인 지도를 나타낼 수 있다. 표 10-7은 LOD 노드의 필드를 나타낸 것이다.

◎ 표 10-7 | LOD 노드

exposedField	MFString	level	[]	
field	SFVec3f	center	0 0 0	#$(-\infty, \infty)$
field	MFFloat	range	[]	#$[-0, \infty)$

- level : 한 객체를 표현할 수 있는 다양한 관점의 노드 리스트로서 level에 따라 관찰자의 시점이 달라진다.
- center : LOD 물체의 중심 좌표를 나타내는 필드로서 이 값으로 부터 거리(range)가 계산 된다.
- range : 다양한 level 간의 변화를 위한 적절한 거리를 나타내는 값이다. children에 속한 자식 노드의 수는 range에 있는 값의 수보다 하나 더 많아야 한다. 또한 range의 값은 0 보다 크며 순차적으로 증가하는 실수를 가져야 한다.

예제 10-7은 LOD 노드의 range 필드를 이해하기 위하여 원점에 세 개의 물체 박스, 구 그리고 원뿔을 표현하였다. 사용자 여러분이 명심해야 할 것은 세 개의 물체가 모두 원점에 위치하여 서로 중첩되어 있다는 것이다. 그러나 LOD 노드의 특징은 range 필드안의 물체들을 직접 나타내지 않고 range 필드에 설정된 관찰자와의 가시거리 [5, 10, 15]에 따라 물체를 나타낸다. 즉 관찰자와의 거리가 0~5이면 level 필드안의 첫 번째 물체 박스가 나타나고 5~10은 구 그리고 10~15는 원뿔이 나타나게 된다. 만약 15를 넘으면 예제의 경우에는 아무런 물체도 나타나지 않는다. 만약 15이상의 경우 물체가 나타나도록 하려면 네 번째 물체를 level 필드 안에 정의해야 한다.

```
range [ 5, 10, 15 ] ## 가시거리
```

만약 관찰자가 움직임 없이 LOD 효과를 확인하려면 Viewpoint list를 변경한다. 거리에 따라 Viewpoint를 설정했기 때문에 객체의 모양과 색상이 변화는 결과를 확인할 수 있다. 각 물체의 Transform 문장 내에 translation이 없다는 것을 주의 깊게 살펴보아야 한다. 그림 10-11은 거리 0~5사이에서 나타난 박스 모양이다.

예제 10-7 LOD 노드

```
#VRML V2.0 utf8 ### LOD 노드
Viewpoint {position 0 0 13 description "first"}
Viewpoint {position 0 0 8 description "middle"}
Viewpoint {position 0 0 3 description "last"}
LOD { range [ 5, 10, 15 ] ## 가시 거리
   level [ ## 가시거리에 따른 물체 위치
   Transform { ## 원점에 위치
   children Shape {
     geometry Box { }
     appearance Appearance { material Material { diffuseColor 0 0 1 } }
   } }
   Transform { ## 원점에 위치
```

```
    children Shape {
      geometry Sphere{  }
      appearance Appearance { material Material { diffuseColor 0 1 0 } }
    } }
    Transform { ## 원점에 위치
    children Shape {
      geometry Cone{ }
      appearance Appearance { material Material { diffuseColor 1 0 0 } }
    } }
] }## end LOD
```

그림 10-11 | LOD 노드를 객체의 시점 변화

Part **03**

애니메이션 실습

C h a p t e r

11

이벤트와 센서

11.1.1 이벤트 정의

지금까지 가상공간의 기하학적인 형상 및 환경 설정에 관해 설명하였다. 3D 객체의 생성과 가상공간의 환경을 설정하였지만 다소 아쉬움이 존재한다. 단순히 3D 객체를 표현하기 위해서라면 VRML보다 더욱더 효율적인 그래픽 프로그램은 얼마든지 있다. 가상공간을 더욱더 현실감 있게 표현하기 위해서는 인간과의 상호작용은 필수적이며 애니메이션 또한 추가되어야한다. VRML에서는 이벤트를 통하여 인간과의 상호작용을 하며 이를 통해 애니메이션을 구현할 수 있다. 이벤트를 이해하기 위해서는 약간의 프로그램 기술이 필요하므로 지금까지와는 다르게 어렵게 느껴지는 대목이 존재한다. 그러나 가상공간을 현실감 있게 표현하기 위해서는 이벤트는 필수적이다. 만약 어렵다고 해서 이 부분을 간과해서는 껍데기만 존재하는 가상공간이 될 것이다. 이벤트의 활용여부에 따라 VRML 초급자와 고급 사용자의 분류가 가능하기 때문에 다소 어렵다고 하더라도 포기하지 말고 끈기 있게 이해하길 바란다.

이벤트란 "사건, 행사, 중대 사건" 등의 의미를 갖고 있다. VRML에서의 이벤트는 사용자의 특별한 입력 혹은 시간의 변화를 의미하고 있다. 컴퓨터는 복잡한 일을 매우 신속히 처리하는 만능(?)의 기계인 듯하다. 그러나 컴퓨터는 사용자의 입력에 대해 특정한 임의의 시점에는 오직 한가지 일 밖에 하지 못하는 무능력(?)한 기계이다. 또한 사용자가 명령을 내리지 않는 한 아무 일도 하지 않는 게으른 뱅이(?)일 뿐이다. 단지, 사용자가 한번 명령을 내리면 인간이 감지하지 못하는 나노(10^{-9})초 단위로 일을 처리하기 때문에 인간에게 매우 필수적인 기계가 되었다.

이처럼 컴퓨터든 프로그램이든 사용자가 명령을 내리지 않는 한 아무런 변화가 일어나지 않는다. 그러나 사용자가 마우스를 클릭하는 행위나 키보드로 명령을 입력하는 행위가 일어나면 비로소 변화가 일어나게 된다. 또한 시간의 변화나 특정한 조건이 되었을 때도 컴퓨터나 프로그램은 변화를 하게 된다. 따라서 이벤트란 "사용자가 설정한 특별한 조건"이라 정의할 수 있으며 이러한 조건이 되었을 때 특정 환경으로 변화시킬 수 있다.

특정한 조건에서 특정한 환경으로 변화할 수 있다면 인간과 상호작용이 가능해 진다. 예를 들어 사용자가 "형광등을 마우스로 클릭하면 불을 켜라"하는 명령을 내렸다면 형광등을 마우스로 클릭하는 행위로 사용자는 프로그램과 상호작용을 한다. 또한 형광등을 마우스로 클릭하는 조건이 이벤트에 해당되며 불을 켜는 동작은 액션(Action)에 의한 이벤트 결과라 할 수 있다.

현실세계에서는 자동문이 이벤트의 좋은 예라 할 수 있다. 센서가 설치된 자동문 앞에 서면 문이 자동으로 열린다. 여기서 "자동문 앞에 서면"은 특정한 조건이 되며 "문이 자동으로 열린다."는 이벤트의 결과라 할 수 있다. 현실세계처럼 VRML의 프로그램 내에도 자동문의 센서처럼 특정 조건을 감지하는 센서가 필요하다. 즉, 사용자가 마우스를 클릭을 했는지, 키보드로 입력을 했는지를 감지하는 센서 역할의 기능이 요구된다. VRML에서는 특정한 조건을 감지하는 센서의 역할로서 VisibilitySensor 노드, TouchSensor, TimeSensor, ProximitySensor, CylinderSensor, PlaneSensor, SphereSensor 노드인 7개의 센서 노드가 제공된다. 센서 노드의 자세한 설명은 다음절에서 확인한다.

이벤트와 센서는 서로 매우 유기적인 역할을 하고 있으며 표 11-1에서와 같이 센서는 특정 조건에 대한 이벤트를 감시한다. 센서는 항상 특정한 조건에 대해 감시를 하다가 조건에 충족되면 이를 특정한 환경으로 변환시키는 중개자가 필요한데 VRML에서는 ROUTE가 중개자 역할을 한다. 다음절에서 ROUTE의 구문에 대해 알아보자.

◎ 표 11-1 | 이벤트와 센서

이벤트		센서 기능	중개자	액 션
마우스	클릭	클릭 감지	→	Light On(빛 생성)
	이동	이동 감지	→	Move (이동)
시 간	변화	변화 감지	→	Color Change(색상변화)
	특정시간	특정 시간 감지	→	Position Change(위치이동)
조 건	특정영역	위치 변화 감지	→	Door Open(문 열기)
	물체변화	물체 변화 감지	→	Shape Change(모양변화)

11.1.2 ROUTE

ROUTE는 이벤트를 감지하는 센서와 실제 액션을 연결하는 중개자 역할을 한다. 다음은 ROUTE를 이용하기 위한 구문이다.

```
ROUTE "센서 노드 이름"."필드_1" TO "노드 이름"."필드_2"
```

- **센서 노드 이름** : DEF로 정의된 센서 노드의 이름으로서 이벤트를 감지한다.
- **필드_1** : 노드의 필드로서 eventOut 그리고 exposedField 만이 올 수 있다. field는 이벤트에서 사용되지 않는 상수란 것을 명심하자.
- **노드 이름** : DEF로 정의된 노드의 이름으로서 액션을 결과를 일으킨다.
- **필드_2** : 노드 이름을 가진 노드의 필드로서 eventIn과 exposedField가 올 수 있다.

필드_1의 eventOut은 이벤트를 발생시키기만 하며 필드_2의 eventIn은 이벤트를 받기만 한다. exposedField는 eventIn과 eventOut이 모두 가능한 필드이다. 따라서 필드_1에 올 수 있는 유형은 eventOut과 exposedField이며 필드_2에 올 수 있는 유형은 eventIn과 exposedField이다. 한 가지 주의할 점은 필드_1의 자료형과 필드_2의 자료형은 반드시 일치되어야 한다. 예를 들어 필드_1의 자료형이 SFVec3f라면 필드_2의 자료형 역시 SFVec3f여야 한다. 만약 필드 타입이 일치하지 않는다면 중개자 ROUTE는 이벤트에 의해 데이터를 전달할 수가 없게 된다.

위의 ROUTE 구문을 굳이 해석하자면 센서 노드에 의해 이벤트가 감지되면 이벤트의 감지 결과는 eventOut을 통해 발생된다. 발생된 값은 ROUTE를 통하여 evnetIn에게 전달되고 전달된 결과는 가상공간에 나타나게 된다. 지금까지는 필드의 자료형에 대해 크게 신경 쓰지 않았지만 이벤트 항목을 정확히 적용하기 위해서는 각 노드의 필드 자료형을 항상 확인하고 적용하여야 한다. 다시 한번 언급하지만 필드의 자료형이 일치하지 않는다면 오류 메시지가 나타나며 실행되지 않는다.

11.2 TouchSensor

TouchSensor 노드는 Pointing_Device 노드로서 마우스의 동작과 관련된 노드이다. 마우스와 관련된 이벤트 발생의 예는 마우스를 클릭한 행위나 클릭할 때의 시간 등이다. 표 11-2는 TouchSensor 노드의 필드로서 각 필드의 기능들은 마우스의 동작과 연관된 내용이므로 잘 이해해야 한다.

◎ 표 11-2 | TouchSensor 노드

exposedField	SFBool	enabled	TRUE
eventOut	SFVec3f	hitNormal_changed	
eventOut	SFVec3f	hitPoint_changed	
eventOut	SFVec2f	hitTexCoord_changed	
eventOut	SFBool	isActive	
eventOut	SFBool	isOver	
eventOut	SFTime	touchTime	

- enabled : 센서의 작동 여부를 설정하는 필드로서 FALSE이면 작동하지 않는다.
- hit_Normal_changed : 마우스로 물체를 클릭하였을 때, 클릭한 위치에서의 Normal Vector를 발생시키며 Normal Vector가 변화 되었는지를 감지한다.
- hitPoint_changed : 마우스 포인터의 위치를 감지하여 마우스의 좌표 값을 발생시키며 마우스 좌표가 변화되었는지를 감지한다.
- hitTexCoord_changed : 물체를 클릭한 위치에서의 2D 좌표의 변경을 감지한다.
- isActive : 마우스의 왼쪽 버튼의 상태를 감지하는 필드로서 왼쪽 버튼을 클릭하였을 경우 TRUE 값을 발생하며 버튼이 놓아지는 순간 FALSE 값을 발생한다..
- isOver : 마우스의 위치를 감지하는 필드로서 마우스 포인터가 TouchSensor 노드가 포함 된 물체 위에 놓였을 때 TRUE 값을 발생시킨다.
- touchTime : 마우스의 버튼을 클릭하였을 경우 발생되는 시간을 나타내는 필드이다. 즉 isActive의 값이 TRUE에서 FALSE로 바뀌는 순간 발생된다.

TouchSensor는 가장 이해하기 쉬운 센서이면서도 유용하게 사용되는 센서이다. TouchSensor 를 이용하기 위해서는 Transform 노드와 같은 그룹노드에 대상 3D 물체와 TouchSensor 노드를 자식노드로서 포함시켜야 한다. 또한 ROUTE 구문으로 이벤트를 발생시키기 위해서 는 DEF로서 TouchSensor의 이름을 반드시 정의해야 한다.

예제 11-1은 TouchSensor를 TCS_CP로 정의한 후 isOver 동작과 isActive 동작을 이용하 여 이벤트를 발생시켜 인공조명을 조절하는 예로서 그림 11-1에 결과들을 나타내었다. 마우 스를 이용한 이벤트의 내용을 이해하여 보자.

TouchSensor 노드는 enabled 필드를 제외하고 모두 eventOut 필드를 가진다. 우선 isOver와 isActive 필드의 이벤트를 적용해 보자. 하나의 기본 Sphere에 TouchSensor 노 드를 'TCS_SP'로 정의하였다.

```
DEF  TCS_SP TouchSensor {}    # 마우스 센서
```

TouchSensor와 마찬가지로 두 개의 DirectionalLight 노드를 'Light01'과 'Light02'로 정의하여 자식노드로 포함시켰다. ROUTE 구문에서 사용하기 위해서는 반드시 DEF로 노드를 정의해야 한다. 두 인공조명의 초기 값 on은 FALSE로서 인공조명은 켜지지 않으며 조명의 방향은 x축에 대해 서로 반대 방향이다.

```
DEF  Light01 DirectionalLight { ## 인공조명 01
    direction -1 -1 -1
    color 1 0 0      on FALSE  ## 초기값 FALSE            }
DEF  Light02 DirectionalLight { ## 인공조명 02
    direction 1 -1 -1
    color 0 0 1      on FALSE  ## 초기값 FALSE            }
```

마우스가 구위에 위치(isOver)하게 되면 isOver의 값은 TRUE 값을 발생하여 빨강색 Light01이 켜지는 이벤트와 유사하게 구를 마우스로 클릭(isActive)하여 Light02의 on값을 TRUE로 변경하여 파란색 불이 들어오는 이벤트는 전달자 ROUTE 구문으로 실현된다.

```
ROUTE TCS_SP.isOver TO Light01.on
ROUTE TCS_SP.isActive TO Light02.on
```

예제 11-1 TouchSensor

```
#VRML V2.0 utf8     ###  TouchSensor isOver, isActive
Transform {
children [ Shape {
   geometry Sphere {}
   appearance Appearance { material Material { } } }
   DEF  TCS_SP TouchSensor {}   # 마우스 센서
   DEF  Light01 DirectionalLight { ## 인공조명 01
       direction -1 -1 -1
       color 1 0 0     on FALSE  ## 초기값 FALSE
   }
   DEF  Light02 DirectionalLight { ## 인공조명 02
       direction 1 -1 -1
       color 0 0 1     on FALSE   ## 초기값 FALSE
   }
] }
ROUTE TCS_SP.isOver TO Light01.on
ROUTE TCS_SP.isActive TO Light02.on
```

isOver TRUE
isActive FALSE

isOver TRUE
isActive TRUE

그림 11-1 ㅣ TouchSensor의 isOver, isActive

예제 11-2는 TouchSensor의 hitPoint_changed 필드를 이용하여 마우스를 따라다니는 박
스를 나타낸 것이다. hitPoint_changed 필드는 마우스 포인터의 위치를 감지하여 마우스의
좌표 값을 발생시키며 마우스 좌표가 변화되었는지를 감지한다. 따라서 hitPoint_changed
는 x, y, z의 3차원 좌표 값을 이벤트로 발생하게 된다.
TouchSensor를 'TCS_SP'로 정의하였고 빨강색 박스와 같이 자식노드로서 사용되었다. 빨
강색 박스위에서 마우스를 따라 이동할 구를 'Tr_s'로 정의하였다. 그림 11-2에서와 같이 마
우스를 빨강색 상자 위에 올려놓고 마우스를 드래그하면 마우스의 좌표는 계속해서 변화되
며 변화된 좌표 값을 이벤트로서 구(Tr_s)에게 전달하며 흰색 구는 마우스를 따라 움직이게
된다.

```
ROUTE TCS_SP.hitPoint_changed TO Tr_s.translation
```

예제 11-2　TouchSensor

```
#VRML V2.0 utf8     ###  TouchSensor hitPoint_changed
Transform { translation 0 0 0
children [ Shape {
    geometry Box { size 5 5 0.01}
    appearance Appearance { material Material { diffuseColor 1 0 0 } } }
    DEF TCS_SP TouchSensor {}  ## 마우스 센서
] }
DEF Tr_s Transform { children Shape { geometry Sphere {} } }
ROUTE TCS_SP.hitPoint_changed TO Tr_s.translation
```

그림 11-2 | TouchSensor의 hitPoint_changed

응용 11-1 TouchSensor

그림 11-3과 같이 PDP TV 모양을 만드시오. 그리고 TouchSensor를 이용하여 빨강색 단추를 누르면 동영상이 시작되고 초록색 단추를 누르면 동영상이 멈추는 프로그램을 작성하시오.

그림 11-3 | TouchSensor를 이용한 TV

응용 11-2 TouchSensor

그림 11-4와 같이 Touch를 이용하여 각 Sphere를 클릭하면 빨간색 불과 파란색 불이 들어오게 하시오.

그림 11-4 | TouchSensor를 이용한 light on

11.3 TimeSensor

TimeSensor 노드는 환경 센서(Environmental Sensor) 노드로서 시간과 관련된 환경 변수들을 감지하여 이벤트를 발생하는 노드이다. TimeSensor는 VRML을 정적인 프로그램에서 동적인 내용으로 변화시킨 대표적인 노드이다. 이를 이용하면 객체의 애니메이션이나 연속적으로 변화하는 모의실험 등을 할 때 매우 유용하다.

표 11-3는 TimeSensor 노드의 필드로서 각 필드의 기능들은 시간의 동작과 연관된 내용이므로 잘 이해하고 사용하면 응용 분야는 매우 많다.

◎ 표 11-3 | TimeSensor 노드

field	SFTime	cycleInterval	1	#[0, ∞)
exposedField	SFBool	enabled	TRUE	
exposedField	SFBool	loop	FALSE	
exposedField	SFTime	startTime	0	#(−∞, ∞)
exposedField	SFTime	stopTime	0	#(−∞, ∞)
eventOut	SFTime	cycleTime		
eventOut	SFFloat	fraction_changed		#[0,1]
eventOut	SFBool	isActive		
eventOut	SFTime	time		

- cycleInterval : TimeSensor에 의하여 Timer가 구동되기 시작한 시간과 Timer가 끝나는 시간의 간격을 의미한다. 시간의 단위는 초로서 자세한 내용은 그림 11-5를 통해 확인하기 바란다.
- loop : 주기(cycleInterval)의 반복 여부를 나타내는 필드로서 TRUE일 경우만 주기는 반복된다. FALSE이면 한번만 작동하고 동작을 멈춘다.
- startTime : TimeSensor가 작동하는 시간을 설정하는 필드이다.
- stopTime : TimeSensor가 작동을 멈추는 시간을 설정하는 필드로서 startTime과 stopTime의 관계를 그림 11-5를 통해 확인하기 바란다.
- cycleTime : cycleInterval에 발생되는 주기적인 시간으로 사용자가 값을 지정하는 것이 아니라 TimeSensor에 의해 자동으로 설정된다. startTime과 cycleInterval 필드의 값을 조절하여 발생되는 시간을 조절하여 사운드와 동작의 동기화(synchronize)를 위해 사용된다.

- fraction_changed : 애니메이션과 동적 움직임에 사용되는 중요한 필드이다. 한 주기 (cycleInterval)를 0에서 1로 간주하여 현재 시간이 전체 주기를 기준으로 얼마인지를 계산한다. 계산된 값은 12장에서 배우는 동적 애니메이션 노드인 Interpolator노드의 evnetIn 필드로 전달되어 애니메이션 동작으로 사용된다.
- isActive : TimeSensor가 구동 될 때 isActive 필드의 값은 TRUE를 생성하고 구동을 멈출 때 isActive 값은 FALSE를 생성한다. 따라서 isActive의 데이터 값은 각 시간 단위마다 생성되는 것이 아니라 시작과 멈출 때만 발생된다.
- time : 현재 시간을 표시하는 필드이다.

TimeSensor를 포함한 AudioClip이나 MovieTexture 노드들은 시간과 관련된 노드들로서 각 필드들은 그림 11-5와 같은 특성을 가진다.

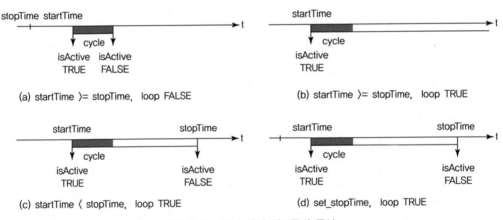

그림 11-5 | 시간 관련 필드들의 특성

그림 11-5에서 빨간색의 부분은 cycleInterval로서 각 센서의 한 주기를 나타낸다. cycleInterval이 크게 설정된 센서의 주기는 완만하게 변화하며 작게 설정된 센서는 빠르게 주기가 변화한다.

(a)는 stopTime 보다 startTime이 크므로 stopTime은 무시된다. loop는 FALSE로서 한 주기(cycle)만을 실행하고 작동을 멈춘다. isActive 값은 센서가 작동할 때 TRUE 값을 발생하고 센서가 작동을 멈추면 FALSE 값을 발생한다.

(b)의 경우는 stopTime이 지정되지 않고 loop가 TRUE인 경우이다. isActive는 TRUE 값만 발생한다.

(c)는 startTime보다 stopTime이 크게 설정되고 loop가 FALSE인 경우이다. 몇 번의 주기를 거치고 stopTime에서 센서는 작동을 멈춘다.

(d)의 초기 값은 startTime이 stopTime보다 큰 경우로 초기에는 stopTime이 무시되고 센

서가 작동을 시작하다가 환경변수(set_stopTime)에 의해 새로이 stopTime을 설정한 경우이다. loop가 TRUE이지만 set_stopTime에 의해 센서는 작동을 멈추게 된다.

예제 11-3을 통하여 TimeSensor 노드의 cycleInterval 필드에 대해 알아보자. 그림 11-6과 같이 두 개의 구를 왼쪽과 오른쪽에 배치하고 인공조명 DirectionalLight 노드 'SP1'과 'SP2'를 정의하였다.

```
DEF SP1 DirectionalLight{ direction -2 0 0  color 0 1 0  }
DEF SP2 DirectionalLight{ direction 2 0 0   color 0 0 1 }
```

cycleInterval에 따른 서로 다른 빛의 점등 주기를 표현하기 위하여 cycleInterval 값이 1인 TimeSensor 노드 'TS1'을 정의하고 cycleInterval이 3인 'TS2'를 정의하였다. TimeSensor가 프로그램 동작과 함께 실행되기 위해서는 반드시 loop 값이 TRUE여야 한다. loop가 FALSE이면 외부 이벤트로서 TimeSensor의 startTime 필드를 적용시켜 주어야 한다.

```
DEF TS1 TimeSensor{ cycleInterval 3 loop TRUE } ## 시간센서
DEF TS2 TimeSensor{ cycleInterval 1 loop TRUE } ## 시간센서
```

TimeSensor가 동작을 하게 되면 시간이 변하게 되는데 이를 fraction_changed라고 한다. fraction_changed 값은 0~1 사이의 구간으로 주기가 변하면서 이벤트를 발생시킨다. 이 값을 DirectionalLight의 빛의 강도 intensity에 넘겨주면 intensity의 값은 시간에 따라 0에서 1까지 변하게 된다. 따라서 'SP1'과 'SP2'의 빛의 밝기는 계속해서 변하게 된다.

```
ROUTE TS1.fraction_changed TO SP1.intensity
ROUTE TS2.fraction_changed TO SP2.intensity
```

'TS1'의 cycleInterval은 3이며 이를 'SP1'에게 이벤트를 발생시키고 'TS2'의 주기는 1로서 'SP2'에게 전달한다. 따라서 'SP1'의 조명밝기가 3배 빠르게 점멸하게 된다.

예제 11-3 TimeSensor

```
#VRML V2.0 utf8      ###  TimeSensor
Transform { translation -2 0 0
children [ Shape {
  geometry Sphere { }
  appearance Appearance { material Material { } }
  }
  DEF SP1 DirectionalLight { direction -2 0 0  color 0 1 0  }
```

```
] }
Transform { translation 2 0 0
children [ Shape {
    geometry Sphere { }
    appearance Appearance { material Material { } }
    }
    DEF SP2 DirectionalLight { direction 2 0 0   color 0 0 1 }
] }
## loop 값이 TRUE이면 시작과 동시에 타임센서가 구동된다.
DEF TS1 TimeSensor { cycleInterval 3 loop TRUE } ## 시간센서
DEF TS2 TimeSensor { cycleInterval 1 loop TRUE } ## 시간센서
ROUTE TS1.fraction_changed TO SP1.intensity
ROUTE TS2.fraction_changed TO SP2.intensity
```

그림 11-6 | TimeSensor의 cycleInterval

응용 11-3 TimeSensor

그림 11-7과 같이 TimeSensor를 이용하여 빛이 점멸하는 등대를 만드시오.

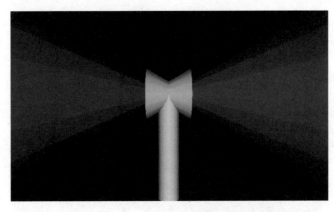

그림 11-7 | TimeSensor를 이용한 빛의 점멸효과

11.4 ProximitySensor

ProximitySensor 노드는 환경 센서 노드로서 특정 영역의 움직임을 감지한다. 즉 관찰자의 위치와 관찰자의 방향을 감지하여 이벤트를 발생한다. ProximitySensor 노드의 응용은 자동문과 같이 관찰자가 문 앞에 있는 것을 감지하여 문을 열고 닫는 동작 등에 유효하게 적용할 수 있다. 그러나 문의 움직임과 같은 애니메이션은 12장의 애니메이션 노드에 대해 이해를 한 후 적용할 수 있다.

표 11-4은 ProximitySensor 노드의 각 필드들을 나타낸 것이다.

◎ 표 11-4 ㅣ ProximitySensor 노드

exposedField	SFVec3f	center	0 0 0	#(−∞, ∞)
exposedField	SFBool	enabled	TRUE	
exposedField	SFVec3f	size	0 0 0	#[0, ∞)
eventOut	SFBool	isActive	0	
eventOut	SFVec3f	position_changed		
eventOut	SFRotation	orientation_changed		
eventOut	SFTime	enterTime		
eventOut	SFTime	exitTime		

- center : 센서 영역의 중심점을 나타내는 필드로서 3D 공간의 위치를 정의한다.
- size : 센서 영역의 크기를 설정한다.
- position_changed : 센서 영역에서 관찰자의 위치 변화를 감지한다.
- orientation_changed : 센서 영역에서 관찰자의 방향이 변화되었는지를 감지한다.
- enterTime : 관찰자가 센서 영역 안으로 들어온 시간을 발생한다.
- exitTime : 관찰자가 센서 영역 밖으로 나간 시간을 발생한다.

예제 11-4는 ProximitySensor의 중심점(center)과 크기(size)를 설정하고 관찰자의 위치가 해당 영역에 있는지를 감지하여 조건에 따라 빛을 생성하는 예제이다. 센서 영역 안으로 들어오면 빛이 생성되고 센서 밖으로 나가면 빛은 사라진다. 관찰자는 마우스를 드래그하며 가상공간을 이동할 수 있다. 이때 ProximitySensor가 설정된 영역 안으로 들어오거나 나가게 되면 이벤트를 발생한다.

관찰자의 위치에 따라 인공조명 이벤트를 발생하기 위하여 기본 구에 인공조명 'Light'를 정의하였다. on 필드의 초기 값은 FALSE로서 불이 들어오지 않는다.

```
DEF Light  DirectionalLight { direction 0 0 -1 color 0 0 1 on FALSE }
```

예제에서 박스를 크기 [2 2 2]로 나타낸 이유는 ProximitySensor가 육안으로는 보이지 않기 때문에 센서 영역을 가시적으로 나타내기 위하여 투명박스를 설치한 것이다.

```
Transform { translation 0 0 5
children  Shape {
    geometry Box {size 2 2 2 }
    appearance Appearance { material Material { transparency 0.7 } }
} } ## ProximitySensor 영역의 가시적 표현
```

ProximitySensor 노드의 크기는 [2 2 2], 설정된 위치는 (0 0 7)이며 'PRXS'로 정의하였다.

```
DEF PRXS ProximitySensor { center 0 0 7 size 2 2 2 }
```

만약 관찰자가 마우스를 드래그 하여 투명한 상자 안으로 들어가게 되면 isActive는 TRUE 값을 발생하여 Light의 on 필드가 TRUE로 변경되고 기본 구에 빛이 생성된다.

```
ROUTE PRXS.isActive TO Light.on
```

ProximitySensor의 isActive 필드는 관찰자가 영역 안에 위치하면 TRUE 값을 발생하고 영역 밖에 위치하면 FALSE 값을 발생한다. 이 외에도 enterTime과 extiTime 필드가 존재하는데 두 필드는 관찰자의 움직임에 따라 시간을 이벤트로 발생한다. 관찰자가 영역 안으로 들어오면 enterTime이 발생되고 영역 밖으로 나가면 exitTime이 발생한다. 이 처럼 시간을 발생시키는 이벤트는 TimeSensor 노드와 연관되어 사용된다.

예제 11-4 ProximitySensor

```
#VRML V2.0 utf8      ### 반드시 #VRML은 빈칸 없이 첫줄에서 시작
### ProximitySensor
Transform {
children [ Shape {
   geometry Sphere {}
   appearance Appearance { material Material {} }
   }
   DEF Light  DirectionalLight {
       direction 0 0 -1 color 0 0 1 on FALSE }
```

```
] }
Transform { translation 0 0 5
children  Shape {
    geometry Box {size 2 2 2 }
    appearance Appearance { material Material { transparency 0.7 } }
    }
 }## ProximitySensor 영역의 가시적 표현
DEF PRXS ProximitySensor { center 0 0 7 size 2 2 2 }
ROUTE PRXS.isActive TO Light.on
```

그림 11-8 | ProximitySensor

응용 11-4 ProximitySensor

그림 11-9와 같이 ProximitySensor를 이용하여 특정영역에서 전등에 불이 켜지도록 하시오.

그림 11-9 | ProximitySensor를 이용한 전등

11.5 VisibilitySensor

VisibilitySensor 노드는 환경 센서 노드로서 특정 영역의 가시성과 관련된다. 관찰자의 시야를 감지하여 센서의 영역이 사용자의 관찰 시점에 포함되는가를 감지하여 이벤트를 발생시킨다. 표 11-5는 VisibilitySensor 노드의 각 필드와 속성들을 나타낸 것이다.

◎ 표 11-5 | VisibilitySensor 노드

exposedField	SFVec3f	center	0 0 0	#(−∞, ∞)
exposedField	SFBool	enabled	TRUE	
exposedField	SFVec3f	size	0 0 0	#[0, ∞)
eventOut	SFTime	enterTime		
eventOut	SFTime	exitTime		
eventOut	SFBool	isActive		

• center : 센서 영역의 중심점을 나타내는 필드로서 3D 공간의 위치를 정의한다.
• size : 센서 영역의 크기를 설정한다.
• enterTime : 관찰자가 센서 영역 안으로 들어온 시간을 발생시킨다.
• exitTime : 관찰자가 센서 영역 밖으로 나간 시간을 발생시킨다.
• isActive : 가시 영역에 들어올 때 TRUE 값을 나갈 때는 FALSE 값을 발생한다.

※ 주의 : VisibilitySensor의 isActive 값은 센서의 영역이 아닌 관찰자의 가시 영역에 의해 발생된다.

VisibilitySensor 노드의 이벤트를 이해하기 위하여 예제 9-5를 살펴보자. 이 노드는 센서가 설치된 영역이 관찰자에 의해 보이는가에 따라 이벤트를 발생한다. 따라서 이 노드의 효과를 알아보기 위하여 두 개의 SpotLight 노드를 이용한다. 즉 SpotLight를 가시영역에 설치하여 조명의 On/Off 이벤트를 발생하도록 할 것이다. VisibiltitySensor 노드나 SpotLight가 육안으로 보이진 않지만 극적인 효과를 위해 바닷가에서 볼 수 있는 등대를 네 개의 콘을 이용하여 그림 11-10과 같이 구현하자.

```
Transform { rotation 0 0 1 1.57       translation 0 0 0
children     Shape {
    geometry Cone {}
    appearance Appearance { material Material {} }
} } ## 4개 설치
```

가시성에 따라 이벤트가 발생하는 인공조명 SpotLight 노드를 'Sp1'과 'Sp2'로 정의하고 'Sp1'은 +x축을 향하여 조명하고 'Sp2'는 −x축을 향하도록 설정한다.

```
DEF Sp1 SpotLight{ ## +x축 방향
   location -0.5 0 0 direction 5 0  0  color 0 1 0 on FALSE }
DEF Sp2 SpotLight{ ## -x축 방향
   location 0.5 0 0 direction -5 0  0  color 0 0 1 on FALSE }
```

두 개의 VisibilitySensor 노드는 각각 'Vs1'과 'Vs2'로 정의한다. 두 센서 모두 크기는 3이며 설치된 위치는 각각 (12 0 0)과 (15 0 0)이다.

```
DEF Vs1 VisibilitySensor { center 12 0 0 size 3 3 3 }
DEF Vs2 VisibilitySensor { center 15 0 0 size 3 3 3 }
```

프로그램의 초기화면에서는 인공조명의 효과를 볼 수 없다. 그 이유는 초기 관찰자의 위치가 (0 0 10)이기 때문에 VisibilitySensor가 설정된 'Vs1'과 'Vs2'를 볼 수 없다. 관찰자의 초기위치는 Viewpoint 노드의 position 필드에 기본 값이 지정되어 있다. VisibilitySensor 노드의 이벤트를 확인하기 위해서는 관찰자가 마우스를 뒤쪽으로 드래그하여 +z방향인 뒤로 움직여야 한다. +z축으로 움직이다 보면 'Vs1'이 나타나게 되어 isActive 값은 TRUE 이벤트를 발생시킨다. 따라서 'Sp1'의 on 값은 TRUE로 변경되어 첫 번째 인공조명을 볼 수 있게 된다. 관찰자가 계속 움직이면 두 번째 'Vs2'를 볼 수 있게 되고 'Sp2'의 on 값 역시 TRUE로 되어 'Sp2' 역시 볼 수 있다. 만약 다시 앞쪽으로 움직인다면 'Vs1'과 'Vs2'의 isActive 값은 FALSE로 되어 인공조명은 꺼지게 된다.

```
ROUTE Vs1.isActive TO Sp1.on
ROUTE Vs2.isActive TO Sp2.on
```

예제 11-5 VisibilitySensor

```
#VRML V2.0 utf8       ## VB_Sensor
Transform { rotation 0 0 1 1.57 translation 0 0 0
children Shape {
   geometry Cone {}
   appearance Appearance { material Material {} }
} }
Transform { rotation 0 0 1 1.57 translation 5 0 0
children Shape {
```

```
    geometry Cone { height 10 bottomRadius 5 }
    appearance Appearance { material Material { transparency 0.6 } } }
} }
Transform { rotation 0 0 1 -1.57 translation 0 0 0
children Shape {
    geometry Cone {}
    appearance Appearance { material Material {} }
} }
Transform { rotation 0 0 1 -1.57 translation -5 0 0
children Shape {
    geometry Cone { height 10 bottomRadius 5 }
    appearance Appearance { material Material { transparency 0.6 } } }
} }
DEF Sp1 SpotLight { ## +x축 방향
    location -0.5 0 0 direction 5 0  0  color 0 1 0 on FALSE }
DEF Sp2 SpotLight { ## -x축 방향
    location 0.5 0 0 direction -5 0  0  color 0 0 1 on FALSE }
DEF Vs1 VisibilitySensor { center 12 0 0 size 3 3 3 }
DEF Vs2 VisibilitySensor { center 15 0 0 size 3 3 3 }
ROUTE Vs1.isActive TO Sp1.on
ROUTE Vs2.isActive TO Sp2.on
```

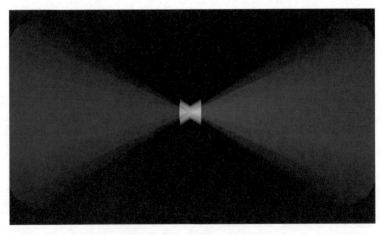

그림 11-10 | VisibilitySensor

11.6 CylinderSensor

CylinderSensor 노드는 TouchSensor와 마찬가지로 Pointing_Device 노드이며 Drag 센서이기도 한다. 즉 CylinderSensor와 이후에 배우게 될 PlaneSensor, SphereSensor 노드는 마우스의 끌기(Drag) 동작을 감지하는 센서이다. Drag 센서는 마우스의 좌표 값 변화량을 감지하여 좌표 변환의 결과를 출력(eventOut)한다. CylinderSensor 노드는 마우스의 움직임을 좌표계의 y축 상에 놓인 원통형(Cylinder)의 회전에 대응시킨다. 따라서 원기둥의 옆면을 잡고 돌리는 효과를 나타낸다. 표 11-6은 CylinderSensor 노드의 각 필드들을 나타낸 것이다.

◎ 표 11-6 | CylinderSensor 노드

exposedField	SFBool	autoOffset	TRUE	
exposedField	SFFloat	diskAngle	0.262	#$[0, \pi/2]$
exposedField	SFBool	enabled	TRUE	
exposedField	SFFloat	maxAngle	-1	#$[-2\pi, 2\pi]$
exposedField	SFFloat	minAngle	0	#$[-2\pi, 2\pi]$
exposedField	SFFloat	offset	0	#$(-\infty, \infty)$
eventOut	SFBool	isActive		
eventOut	SFRotation	rotation_changed		
eventOut	SFVec3f	trackPoint_changed		

- autoOffset : 객체의 회전각을 적용하는 방법을 나타낸다. autoOffset 값이 TRUE이면 센서가 설치된 객체는 사용자가 회전시킨 결과에서 각도가 변화된다. 만약 FALSE 값을 가지면 객체를 클릭해도 항상 초기의 위치와 각도에서 변화된다. 예제 9-6)에 autoOffset의 역할에 대해 나타내었다.
- diskAngle : diskAngle은 객체가 y축 상에서 회전하는 방식을 나타내는 필드이다. CylinderSensor는 y축을 기준으로 회전하는 방법을 나타내는데 diskAngle의 크기가 관찰자와 이루는 각보다 작다면 원통의 윗면이나 아랫면을 잡고 회전하는 모양으로 나타난다. diskAngle의 각도가 이보다 크다면 원통의 옆면을 잡고 회전하는 모양이 된다. 즉, 원통의 윗면이나 아랫면을 잡고 돌리면 회전하는 각도는 손목의 각도에 의해 결정되는데 이는 항상 $\pi/2$보다 클 수 없게 된다. 반대로 옆면을 잡고 회전하면 객체는 자연스럽게 회전을 하게 된다.

- maxAngle : 객체가 회전하는 최대 각을 설정한다.
- minAngle : 객체가 회전하는 최소 각을 설정한다. maxAngle과 minAngle은 rotation_changed 필드의 데이터 범위를 제한한다.
- offset : offset이란 변화의 변위를 나타낸다. 즉, offset은 관찰자가 변화시킨 회전량에 offset 필드의 값을 더하여 발생시킨다.
- isActive : 마우스를 클릭한 순간부터 TRUE 값을 생성하고 Drag한 후 버튼을 놓는 순간 FALSE 값이 발생한다.
- rotation_changed : 센서가 사용자의 마우스 움직임을 감지하여 isActive가 TRUE가 된 시점부터 변환된 회전 값에 offset 필드의 데이터를 더한 값을 발생한다.
- trackPoint_changed : 마우스의 위치 좌표 값을 감지하여 센서와 객체와의 교차점 좌표 값의 변화를 발생한다.

예제 11-6은 CylinderSensor의 autoOffset과 offset의 관계를 나타낸 것이다. 그림 11-11 에서 왼쪽 상자는 autoOffset이 설정되지 않았고 오른쪽의 상자는 autoOffset 값이 FALSE 로 설정되었다.
두개의 상자는 'Box1'과 'Box2'로 정의하고 각각의 상자는 CylinderSensor 노드로서 'C_Box1', 'C_Box2'를 설정하였다. 'C_Box2'는 autoOffset 필드가 FALSE로 설정되었다.

```
DEF C_Box1 CylinderSensor { diskAngle .01 }
DEF C_Box2 CylinderSensor { autoOffset FALSE diskAngle 1 }
```

관찰자가 마우스로 왼쪽 상자를 클릭하여 옆으로 회전을 시키면 회전한 결과 그대로 화면에 나타난다. 그러나 오른쪽 상자는 autoOffset 값이 FALSE로 설정되었기 때문에 사용자가 마우스로 회전시킬 때마다 상자는 항상 초기 상태에서 회전하는 결과가 된다.

```
ROUTE C_Box1.rotation_changed TO Box1.rotation
ROUTE C_Box2.rotation_changed TO Box2.rotation
```

예제 11-6 CylinderSensor

```
#VRML V2.0 utf8      ### 반드시 #VRML은 빈칸 없이 첫줄에서 시작
#CylinderSensor
DEF Box1 Transform { translation -3 0 0
children [ Shape {
    appearance Appearance { material Material { diffuseColor 0 1 0 } }
    geometry Box {}
```

```
    }
    DEF C_Box1 CylinderSensor { diskAngle .01 }
] }
DEF Box2 Transform { translation 3 0 0
children [ Shape {
      appearance Appearance { material Material { diffuseColor 1 0 0 } }
      geometry Box {}
    }
    DEF C_Box2 CylinderSensor { autoOffset FALSE diskAngle 1 }
] }
ROUTE C_Box1.rotation_changed TO Box1.rotation
ROUTE C_Box2.rotation_changed TO Box2.rotation
```

그림 11-11 ｜ CylinderSensor를 이용한 회전

11.7 PlaneSensor

PlanerSensor 노드는 마우스의 움직임을 좌표계의 z＝0인 평면(Plane)상의 2차원 이동에 대응시킨다. 즉, x, y 평면상에서의 마우스 움직임을 감지하여 마우스 좌표를 이벤트로 발생한다. 표 11-7은 PlaneSensor 노드의 각 필드들을 나타낸 것이다.

◎ 표 11-7 ｜ PlaneSensor 노드

exposedField	SFBool	autoOffset	TRUE	
exposedField	SFBool	enabled	TRUE	
exposedField	SFVec2f	maxPosition	−1 −1	#$(-\infty, \infty)$
exposedField	SFVec2f	minPosition	0 0	#$(-\infty, \infty)$

exposedField	SFVec3f	offset	0 0 0	#(−∞, ∞)
eventOut	SFBool	isActive		
eventOut	SFVec3f	trackPoint_changed		
eventOut	SFVec3f	translation_changed		

- maxPosition, minPosition : z =0인 평면의 원점에서 적용된 translation_changed 필드 의 영역을 설정한다. 만약 minPosition 필드의 x, y값이 maxPosition의 대응 값보다 크 다면 translation_changed 필드의 값은 제한 받지 않는다.
- translation_changed : isActive가 TRUE인 시점부터 마우스의 상대적인 움직임을 감지하 여 얻어지는 이동 값에 offset 값을 더하여 발생한다.

PlaneSensor 노드의 trackPoint_changed와 translation_changed의 차이점을 살펴보자. 예제 11-7은 PlaneSensor의 translation_changed 이벤트를 이해하기 위한 예제이다. PlaneSensor 노드를 'PS'로 정의하고 움직일 수 있는 영역을 x와 y축에 대해 각각 4에서 −4로 한정하였다. 노란색 박스는 'PS'의 영역을 가시화하기 위해 나타내었다.

```
DEF PS PlaneSensor { maxPosition 4 4 minPosition -4 -4 }
```

이 영역에서 움직일 구의 크기는 반지름 0.2이며 'SP'로 정의하였다.

```
DEF SP Transform {
children Shape {
      geometry Sphere { radius 0.2 }
      appearance Appearance { material Material { } }
} }
```

그림 11-12에서와 같이 사용자가 노란색 박스위에서 마우스를 움직이면 중앙에 있던 'SP'는 마우스를 따라 움직이게 된다. 'SP'는 노란색 상자의 범위를 벗어나지 않는 상태에서 사용자 가 마우스를 Drag하여 움직이는 상태에 따라 'SP'도 일정한 거리를 두고 같은 형태로 움직 이는 모습을 볼 수 있다.

```
ROUTE PS.translation_changed TO SP.translation
```

예제 11-7 PlanerSensor−translation_changed

```
#VRML V2.0 utf8        ### PlanerSensor-translation_changed
DEF PLANE Transform {
children [ Shape {
    geometry Box { size 8 8 0.1 }
    appearance Appearance { material Material { diffuseColor 1 1 0 } }
  }
  DEF PS PlaneSensor { maxPosition 4 4 minPosition -4 -4 }
  ]
}
DEF SP Transform {
children Shape {
    geometry Sphere { radius 0.2 }
    appearance Appearance { material Material { } }
} }
ROUTE PS.translation_changed TO SP.translation
```

그림 11-12 ｜ PlaneSensor−translation_changed

예제 11-8은 trackPoint_changed를 이용한 방법을 나타낸 것으로 예제 11-7의 translation_changed와는 다소 다른 형태를 갖는다. 그림 11-13에서 'SP'는 마우스와 동일하게 움직이는 현상을 볼 수 있다. 즉 trackPoint는 마우스의 좌표 값을 발생시키며 translation은 움직임의 변위를 나타낸다.

예제 11-8　PlanerSensor−trackPoint_changed

```
#VRML V2.0 utf8        ### PlanerSensor-trackPoint_changed
DEF PLANE Transform {
children [ Shape {
    geometry Box { size 8 8 0.1 }
    appearance Appearance { material Material { diffuseColor 1 1 0 } }
  }
   DEF  PS PlaneSensor { maxPosition 4  4 minPosition -4 -4 }
] }
DEF SP Transform {
children Shape {
    geometry Sphere { radius 0.2 }
    appearance Appearance { material Material { } }
} }
ROUTE PS.trackPoint_changed TO SP.translation
```

그림 11-13 | PlaneSensor−tracPoint_changed

11.8 SphereSensor

SphereSensor 노드는 마우스의 움직임을 좌표계의 원점을 기준으로 한 구면에서의 회전을 나타낸다. 앞서 살펴본 CylinderSensor는 y축 기준의 회전을 나타내지만 SphereSensor는 x, y, z의 세 가지 축 모두에서 회전 이벤트를 발생한다. 표 11-8은 SphereSensor 노드의 각 필드들을 나타낸 것이다.

◎ 표 11-8 | SphereSensor 노드

exposedField	SFBool	autoOffset	TRUE	
exposedField	SFBool	enabled	TRUE	
exposedField	SFVec3f	offset	0 1 0 0	#[−1,1](−∞,∞)
eventOut	SFBool	isActive		
eventOut	SFVec3f	trackPoint_changed		
eventOut	SFVec3f	translation_changed		

예제 11-9는 SphereSensor의 offset 필드를 이용한 객체의 회전을 나타낸 것으로 그림 11-14에 회전한 모습을 나타내었다. 사용자가 마우스를 임의의 방향으로 드래그하면 박스는 마우스를 따라 회전하게 된다. 'Box1'로 정의된 왼쪽 상자는 사용자가 드래그한 결과에서 다음 회전이 연속적으로 이루어지지만 'Box2'로 정의된 오른쪽 상자는 autoOffset이 FALSE로 되어 사용자가 Drag하여 회전을 시키더라도 마우스를 클릭하면 항상 offset 만이 적용된 초기 상태로 돌아간다.

```
DEF S_Box1 SphereSensor { offset 0 1 0 1.78 }
DEF S_Box2 SphereSensor { autoOffset FALSE offset 0 1 0 1.78 }
```

'Box1'과 'Box2'는 CylinderSensor의 영향으로 x, y, z의 세 방향으로 회전 이벤트가 발생한다.

```
ROUTE S_Box1.rotation_changed TO Box1.rotation
ROUTE S_Box2.rotation_changed TO Box2.rotation
```

예제 11-9 SphereSensor

```
#VRML V2.0 utf8      ### PlanerSensor-translation_changed
DEF Box1 Transform { translation -2 0 0
children [ Shape {
    appearance Appearance { material Material { diffuseColor 1 0 0 } }
    geometry Box {}
  }
  DEF S_Box1 SphereSensor { offset 0 1 0 1.78 }
] }
DEF Box2 Transform { translation 2 0 0
```

```
children [ Shape {
       appearance Appearance { material Material { diffuseColor 1 1 0 }   }
       geometry Box {}
     }
    DEF S_Box2 SphereSensor { autoOffset FALSE offset 0 1 0 1.78 }
] }
ROUTE S_Box1.rotation_changed TO Box1.set_rotation
ROUTE S_Box2.rotation_changed TO Box2.rotation
```

그림 11-14 | SphereSensor

C h a p t e r

12
애니메이션

12.1 Interpolator

지금까지 다양한 센서 노드들을 이용하여 사용자의 입력을 감지하여 단순히 반응하는 방법에 대해 알아보았다. 그러나 이러한 센서들은 Interpolator 노드를 이용한다면 가상공간의 3D 물체에 애니메이션을 부여하여 더욱 동적인 장면들을 만들 수 있다. Interpolator의 의미를 수학적으로 풀이하면 그림 12-1과 같이 특정 매개 변수 x에 대하여 대응하는 함수 f(x)를 출력하는 기능을 한다. 디지털에서 애니메이션이란 시간(T)축 상에서 정적인 장면들을 연속적으로 보여주어 마치 움직이는 영상을 만들어 내는 것이다.

즉 정지된 내용들을 중간에 삽입하여 시간 축 상에서 나열시키면 시각적으로 움직이는 형태를 만들어 낼 수 있다. 현실세계는 3D 공간으로 구성되었으며 시간의 흐름에 따라 모든 물체들은 움직이게 된다. 따라서 가상의 3D 공간에서도 물체의 애니메이션을 구현하기 위해서 반드시 요구되는 센서는 TimeSensor이다. 즉 TimeSensor에 의해 시간이 변화해야만 물체들은 움직일 수 있다. 이처럼 시간이 변화함에 따라 어떤 상태가 변화되는 것

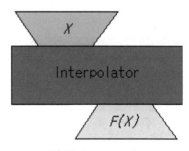

그림 12-1 | Interpolator

을 애니메이션이라 정의할 수 있다. 그림 12-1A는 시간(T)축에서 키 프레임(Key Frame)을 정의한 후 중간에 정적인 장면들을 연속적으로 삽입하여 애니메이션을 표현한 것이다. 이처럼 키 프레임 사이에 정적인 장면들을 삽입하는 것을 Interpolator라 하며 "어떤 값(시간, 동작, 색상 등)들의 중간 사이에 끼워 넣다"란 의미이다. 일반적으로 컴퓨터에서 다루어지는 모든 동적인 내용들은 정지된 내용들을 중간에 삽입하여 시간 축에 나열시키면 시각적으로 움직이는 형태를 만들어 낼 수 있다.

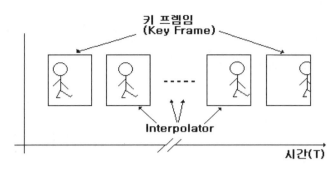

그림 12-1A ┃ 키 프레임을 이용한 애니메이션

VRML에서는 Interpolator 노드를 이용하여 표 12-1과 같이 6가지의 애니메이션 유형을 만들 수 있다. Interpolator 노드들은 공통적으로 set_fraction, key, keyValue, value_changed 필드를 포함하고 있으며 의미는 모두 같다. 그러나 keyValue 필드는 표 12-1의 DATA형에 서와 같이 해당 Interpolator의 데이터 형식을 따르게 된다. 예를 들어 ColorInterpolator에 서는 keyValue 값이 물체의 색상을 나타내므로 SFColor 형을 갖지만 PositionInterpolator 에서 keyValue 값은 SFVec3f 형의 좌표를 나타낸다.

각 유형들은 적용하는 종류에 따라 다소 차이가 있지만 동적인 화면을 만들기 위해서는 항 상 시간의 변화가 따라야 한다. 예를 들어 색상 Interpolator는 시간이 변화함에 따라 동적 으로 변화하는 색상들을 적용할 수 있다. 좌표 Interpolator는 시간에 따라 좌표 값을 변화 하여 물체의 모양을 변경하는 모핑(Morphing) 기법을 적용할 수 있다. 따라서 TimeSensor 노드는 Interpolator 노드에서는 반드시 적용되는 센서이다. 따라서 사용자는 반드시 TimeSensor 노드의 기능에 대해 다시 한번 숙지하기 바란다.

◎ 표 12-1 ┃ 이벤트와 센서

유 형	DATA 형	Interpolator 노드
색 상	SFColor	ColorInterpolator
좌 표	MFVec3f	CoordinateInterpolator
법선벡터	MFVec3f	NormalInterpolator
회 전	SFRotation	OrientationInterpolator
위 치	SFVec3f	PositionInterpolator
크 기	SFFloat	ScalarInterpolator

12.2 ColorInterpolator

ColorInterpolator 노드는 색상 값들을 중간에 삽입함으로서 시간의 변화에 따라 색상을 변화시키는 노드이다. 표 12-2는 ColorInterpolator 노드의 필드를 나타낸 것이다.

◎ 표 12-2 ┃ ColorInterpolator 노드의 각 필드

eventIn	SFFloat	set_fraction		
exposedField	MFFloat	key	[]	#[0,1]
exposedField	MFColor	keyValue	[]	#[0,1]
eventOut	SFColor	value_changed		

- set_fraction : eventIn의 필드 타입을 가지며 이벤트를 받기만 한다. TimeSensor 노드는 구동과 동시에 시간의 변화를 fraction_changed 필드를 통해 이벤트를 발생한다. 이때 발생된 fraction_changed 필드 값을 이벤트로 받아들이는 필드가 set_fraction이다.
- key : TimeSensor 노드에서 발생된 fraction_changed 단위 시간은 모든 대상에 대해 일정한 시간의 주기로 제공되어야 한다. 따라서 cycleInterval이 틀린 TimeSensor들에 대해 Interpolator 노드들은 eventIn으로서 fraction_changed 값을 set_fraction하게 되는데 이 set_fraction 값을 0에서 1사이의 단위로 변환하는 필드이다. 음이나 1보다 큰 값은 무시된다.
- keyValue : 매개 변수 0에서 1사이의 key 값에 1:1 대응하는 함수 값을 나타낸다. 예를 들어 keyValue 값은 1 0 0, 0 1 0, 0 0 1등의 색상 값이 된다. 한 가지 주의할 점은 key 값의 개수와 keyValue의 개수는 반드시 같아야 한다.
- value_changed : set_fraction을 통해 입력 받은 0에서 1사이의 key 값은 keyValue 값의 출력 형태로 나타난다. 시간의 변화에 따라 keyValue 값은 연속적으로 변화하게 되는데 value_changed는 keyValue의 색인 값으로 설정하여 색상의 변화를 출력(eventOut)하게 된다.

예제 12-1은 ColorInterpolator 노드를 이용한 객체의 색상 변화를 나타낸 것이다. 그림 12-2는 시간에 따른 색상의 변화를 표현하도록 시간 축으로 나열한 것이다. 이벤트의 과정을 이해하기 위해서 흰색의 구를 생성하였으며 Material 노드를 'SP_COLOR'로 정의하였다. 지금까지와 다르게 Material 노드를 정의한 이유는 이벤트의 출력과 입력은 같은 필드 타입이어야 한다. 따라서 색상의 변화 애니메이션 keyValue 값이 SFColor형이기 때문에 이 타입을 갖는 diffuseColor를 이용하기 위해서이다.

```
DEF SP_COLOR Material { diffuseColor 1 1 1 }
```

애니메이션을 적용하기 위해선 TimeSensor 노드가 필수임으로 TimeSensor 노드를 'TM_S'
로 정의하였고 주기(cycleInterval)를 4로 선언하였다.

```
DEF TM_S  TimeSensor { loop TRUE cycleInterval 4 }
```

ColorInterpolator는 'COLOR'로 정의하고 색상의 변화를 5단계로 적용하기 위하여 key 값
을 0.25단위로 분할하였다. 각 key 값에 해당하는 keyValue 값 역시 1:1 대응되도록 다섯
가지 색상으로 선언하였다.

```
DEF  COLOR ColorInterpolator {
    key    [ 0 0.25 0.5 0.75 1 ]
    keyValue [ 1 1 1, 1 0 0, 0 1 0, 0 0 1, 1 1 1 ]
}
```

TimeSensor 'TM_S'는 loop가 TRUE이기 때문에 프로그램의 시작과 동시에 구동을 한다.
'TM_S'가 구동이 되면 시간은 fraction_changed 되고 COLOR로 set_fraction하게 된다.

```
ROUTE TM_S.fraction_changed TO      COLOR.set_fraction
```

시간의 흐름을 감지한 COLOR는 0.25단위로 일정하게 분할된 key 값으로 set_fraction을
하게 된다. 일정한 간격으로 분할된 key 값에 의해 keyValue 값은 변화하게 되어 다섯 가지
의 색상으로 value_changed를 이벤트로 출력하게 된다. 이 출력된 값은 ROUTE를 통하여
SP_Color.diffuseColor 값으로 전달되어 시간에 따라 색상이 변화하게 된다.

```
ROUTE  COLOR.value_changed TO SP_COLOR.diffuseColor
```

예제 12-1 ColorInterpolator

```
#VRML V2.0 utf8      ##### ColorInterpolator
Transform {
children Shape {
   geometry Sphere {}
   appearance Appearance {
       material DEF SP_COLOR Material { diffuseColor 1 1 1 }
} } }
DEF   COLOR ColorInterpolator {
   key [ 0 0.25 0.5 0.75 1 ]
```

```
    keyValue [ 1 1 1, 1 0 0, 0 1 0, 0 0 1, 1 1 1 ] }
DEF    TM_S  TimeSensor { loop TRUE cycleInterval 4 }
ROUTE TM_S.fraction_changed TO COLOR.set_fraction
ROUTE COLOR.value_changed TO SP_COLOR.diffuseColor
```

시간 T

그림 12-2 | ColorInterpolator 노드

응용 12-1 ColorInterpolator

예제 12-1은 TimeSensor의 startTime이 0.1초로서 실행과 동시에 ColorInterpolator가 적용되었다. 이를 사용자가 객체를 클릭한 순간 ColorInterpolator가 적용되도록 만드시오.

12.3 CoordinateInterpolator

CoordinateInterpolator 노드는 변화하는 좌표 값들을 중간에 삽입함으로서 시간이 지남에 따라 객체의 모양을 변화시키는 노드로서 영화나 애니메이션에서 사용되는 모핑(Morphing) 기법을 적용할 수 있다. 표 12-3은 CoordinatieInterpolator 노드의 필드를 나타낸 것이다. CoordinateInterpolator 노드의 필드 중 keyValue의 자료형이 MFVec3f인 점을 제외하면 역할은 모두 같다.

◎ 표 12-3 | CoordinateInterpolator 노드의 각 필드

eventIn	SFFloat	set_fraction		
exposedField	MFFloat	key	[]	#[0, 1]
exposedField	MFVec3f	keyValue	[]	#$(-\infty, \infty)$
eventOut	SFColor	value_changed		

• keyValue : keyValue 값은 [1 0 0], [0 1 0], [0 0 1] 등의 좌표 값이 된다.

예제 12-2는 CoordinateInterpolator 노드를 이용한 객체의 모양 변화를 나타낸 것이다.
그림 12-3은 시간 축을 기준으로 좌표 값의 변화로 면의 형태가 변화하는 것을 나타내었다.
이벤트의 과정을 이해하기 위해서 먼저 CoordinateInterpolator 노드의 keyValue 필드의
데이터 타입을 알아야 한다. key_Value의 데이터 형은 MFVec3f로서 다수의 3차원 좌표 값
을 갖는다. MFVec3f 형을 갖는 필드는 Coordinate 노드의 point 필드가 있다. Coordinate
노드는 IndexedFace 노드의 자식노드로서 coord 필드에 적용된다. 따라서 좌표변환 애니
메이션을 적용하기 위해서 Coordinate 노드를 'CD'로 정의하였으며 4개의 좌표([-1 -1 0,
1 -1 0,1 1 0, -1 1 0])를 선언하였다.

```
DEF CD Coordinate{ point [ -1 -1 0, 1 -1 0,1 1 0, -1 1 0 ] }
```

CoordinateInterpolator 노드는 CDI로 정의하였으며 시간에 따른 변화구간은 여섯 단계로
불규칙하게 분할하였다. keyValue 값은 다수의 좌표 값을 가지므로 CD에서 정의한 point
수와 같도록 key 값의 여섯 단계로 변화하게 선언하였다.

```
DEF  CDI CoordinateInterpolator {
    key     [ 0 0.2 0.45 0.7 0.85 1 ]
    keyValue [ -1 -1 0, 1 -1 0, 1 1 0, -1 1 0
              -2 -1 0, 2 -1 0, 1 1 0, -1 1 0
              -1 -1 0, 1 -1 0, 2 1 0, -2 1 0
              -3 -1 0, 1 -2 0, 2 1 0, -1 2 0
              -3 -3 0, 3 -3 0, 3 3 0, -3 3 0
              -1 -1 0, 1 -1 0, 1 1 0, -1 1 0 ]
}
```

마지막으로 TimeSensor는 'T_S'로 정의하였으며 cycleInterval은 5로 선언하였다.
cycleInterval은 1보다 큰 값일수록 애니메이션은 느리게 동작한다.

```
DEF  T_S TimeSensor  { loop TRUE cycleInterval 5 }
```

이벤트의 전달과정은 'T_S'가 시작과 동시에 구동되면 fraction_changed가 이벤트로 출력
된다. 출력된 값은 'CDI'의 set_fraction으로 입력되어 key 값으로 할당된다.

```
ROUTE T_S.fraction_changed TO CDI.set_fraction
```

0에서 1사이의 구간으로 설정된 key 값에 대응하는 keyValue 값으로 value_changed가 되면 면의 CD.point 값은 keyValue 값으로 변경되어 시간에 따라 좌표가 변경되고 모양이 변화하게 된다.

```
ROUTE CDI.value_changed TO CD.point
```

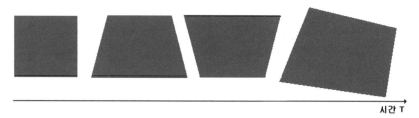

그림 12-3 ː CoordinateInterpolator

예제 12-2 CoordinateInterpolator

```
#VRML V2.0 utf8      ### 반드시 #VRML은 빈칸 없이 첫줄에서 시작
##Coordinter
Transform {
children Shape {
    geometry IndexedFaceSet {
    coord DEF CD Coordinate{ point [ -1 -1 0, 1 -1 0,1 1 0, -1 1 0 ] }
    coordIndex [ 0 1 2 3 -1 ] }
    appearance Appearance { material Material { diffuseColor  0 0 1 } }
} }
DEF CDI CoordinateInterpolator {
   key  [ 0 0.2 0.45 0.7 0.85 1 ]
   keyValue [ -1 -1 0, 1 -1 0, 1 1 0, -1 1 0
        -2 -1 0, 2 -1 0, 1 1 0, -1 1 0
        -1 -1 0, 1 -1 0, 2 1 0, -2 1 0
        -3 -1 0, 1 -2 0, 2 1 0, -1 2 0
        -3 -3 0, 3 -3 0, 3 3 0, -3 3 0
        -1 -1 0, 1 -1 0, 1 1 0, -1 1 0 ]
}
DEF T_S TimeSensor { loop TRUE cycleInterval 5 }
ROUTE T_S.fraction_changed TO CDI.set_fraction
ROUTE CDI.value_changed TO CD.point
```

응용 12-2 CoordinateInterpolator

예제 12-2는 TimeSensor의 실행과 동시에 CoordinateInterpolator가 적용되었다. 이를 사용자가 객체를 클릭한 순간 CoordinateInterpolator가 적용되도록 만드시오.

12.4 NormalInterpolator

NormalInterpolator 노드는 변화하는 법선 벡터 값들을 중간에 삽입함으로서 시간이 지남에 따라 IndexedFaceSet 노드나 ElevationGrid 노드에 다양한 효과를 적용할 수 있는 노드이다. 벡터(Vector)의 의미는 크기와 방향을 표현하는 수학적 용어이다. 3D 그래픽에서 다양한 크기의 벡터를 크기 1인 단위벡터로 만들어 사용한다. 이처럼 단위 벡터로 만드는 것을 정규화(Nomalization)라고 한다. 단위벡터는 크기가 1이므로 스칼라와 같이 방향만 고려하면 된다. 법선벡터란 평면과 수직인 방향의 단위벡터를 의미하며 3D에서 빛이 물체에 반사되는 방향을 의미하게 된다. 면의 경우 빛이 반사되는 방향은 면과 수직을 이루게 되고 평면과 수직인 방향의 단위벡터는 3D 물체에 영향을 주게 된다. 따라서 어떤 물체가 있을 때 빛이 어느 방향에서 비추는가에 따라 물체의 색상과 느낌은 다르게 된다. IndexedFaceSet노드나 ElevationGrid 노드는 면을 만드는 노드로서 빛의 방향에 따라 색상이 틀려지며 심지어 면이 보이지 않을 수도 있다. 예를 들어 VRML의 기본 빛은 +z축에서 −z축을 향하여 생성된다. 만약 빛의 방향을 −z에서 +z축으로 변경한다면 면은 보이지 않게 된다.

표 12-4는 NormalInterpolator 노드의 필드를 나타낸 것이다.

◎ 표 12-4 | NormalInterpolator 노드의 각 필드

eventIn	SFFloat	set_fraction		
exposedField	MFFloat	key	[]	#[0, 1]
exposedField	MFVec3f	keyValue	[]	#[−1, 1]
eventOut	SFColor	value_changed		

• keyValue : keyValue 값은 [1 0 0], [0 1 0], [0 0 1] 등의 법선(normal) 벡터 값이 된다. 즉 빛의 반사방향을 x, y, z로 설정하는 값이 된다.

예제 12-3은 NormalInterpolator 노드를 이용한 시각효과를 나타낸 것으로 그림 12-4에 시간에 따른 변화를 나타내었다. 다소 이해하기 어려운 내용일 수 있으나 다음의 설명을 잘 이해하기 바란다.

NormalInterpolator의 시각효과를 이해하기 위하여 IndexedFaceSet 노드를 통하여 4개의 삼각면을 정의하였다.

```
coord Coordinate{ point [ -1 1 0,1 1 0, -1 -1 0, 1 -1 0, 0 0 0 ] }
coordIndex [ 0 4 1 -1,1 4 3 -1,3 4 2 -1,2 4 0 -1 ]
```

Normal 노드는 이벤트에 적용되기 때문에 'Norm'으로 정의하였다. vertor 필드 값은 +z축의 방향으로 빛이 반사되도록 4개의 면에 대해 모두 [0 0 1]로 적용하여 각 면은 색상에 관계없이 모두 빛이 반사되어 흰색으로 보이게 된다.

```
normal DEF Norm Normal { vector [ 0 0 1, 0 0 1, 0 0 1, 0 0 1 ] }
```

빛의 반사를 결정하는 NormalInterpolator는 'NI'로 정의하였다. 'NI'의 key 값은 vector 값이 0.1초 단위로 변화도록 분할하고 keyValue 값은 key 값에 1:1 대응되도록 11개의 vector 값을 설정하였다. keyValue의 vector 값은 4개 중 하나의 값이 +에서 -로 변경되던지 z축에서 y축으로 변경되도록 설정한다. 물론 x축에 대한 빛의 반사도 설정할 수 있다. vector 값이 -1로 설정되는 것은 빛의 반사방향이 -축으로 반사됨을 의미한다.

```
DEFNI NormalInterpolator {
    key  [0 0.1 0.2  0.3 0.4 0.5 0.6 0.7 0.8 0.9 1]
    keyValue [ 0 0 1, 0 0 1, 0 0 1, 0 0 1,
        0 0 1, 0 0 1, 0 0 1, 0 0 -1,
        0 0 1, 0 0 1, 0 0 -1, 0 0 1,
        0 0 1, 0 0 -1, 0 0 1, 0 0 1,
        0 0 -1, 0 0 1, 0 0 1, 0 0 1,
        0 0 1, 0 0 1, 0 0 1, 0 0 1,
        0 0 1, 0 1 0, 0 0 1, 0 1 0,
        0 1 0, 0 0 1, 0 1 0, 0 0 1,
        0 0 1, 0 0 1 , 0 0 1, 0 0 1,
        0 1 0, 0 1 0, 0 1 0, 0 1 0,
        0 0 1, 0 0 1, 0 0 1, 0 0 1]  }
```

시간이 지남에 따라 NormalInterpolator가 적용되도록 TimeSensor 노드를 'TS'로 정의하고 주기와 loop를 선언한다. TimeSensor가 구동을 하면 fraction_changed 이벤트를 발생하고 'NI'의 set_fraction은 이벤트를 입력 받는다.

```
ROUTE TS.fraction_changed TO NI.set_fraction
```

'NI'의 keyValue 값들은 시간에 따라 vector 값들을 'Norm' 노드의 vector 값으로 이벤트를 발생하면서 Normal 노드의 vector 값을 변경시키게 된다.

```
ROUTE NI.value_changed TO Norm.vector
```

다시 한번 위의 결과를 요약하면 다음과 같다. 프로그램의 시작 전에는 normal vector는 [0 0 1]로서 빛의 반사방향이 +z 방향으로 설정된다. +z는 headlight의 반사 방향으로 네 개의 삼각형은 headlight를 수직으로 받아 specularColor 값이 삼각형의 면 전체에 적용되어 모두 흰색으로 나타나게 되고 하나의 사각형 모양을 한다. 0.1초 후에는 keyValue의 4번째 normal vector가 [0 0 -1] 값으로 되어 -z 방향으로 빛의 반사방향이 설정된다. normal vector [0 0 -1]은 headlight의 방향이 -z축을 향하게 되므로 관찰자와 반대 방향이 된다. 따라서 관찰자는 삼각형의 면을 볼 수 없게 되고 시간이 지남에 따라 삼각형은 한 개씩 관찰자가 볼 수 없게 된다. 이후 normal vector의 값이 [0 1 0]로 되었을 경우는 +y 축으로 빛의 반사 방향이 설정되므로 삼각형의 면은 headlight가 평행하게 적용되어 specularColor 값은 0이 되고 diffuseColor 값만 적용된다. 따라서 삼각형의 4개의 면 전체의 normal vector가 0 1 0으로 되었을 경우 흰색의 삼각형은 모두 파란색의 삼각형으로 나타나게 된다. NormalInterpolator는 실제로 색상이나 모양을 변화 시키는 것이 아니라 빛의 반사영향으로 관찰자에게 시각효과를 일으켜 착시 현상을 일으킨다. NormalInterpolator는 normal vector를 적용하는 노드이다. 따라서 적용할 수 있는 노드는 normal 필드를 가진 IndexedFaceSet 노드와 ElevationGrid 노드에 적용할 수 있다.

예제 12-3 NormalInterpolator

```
#VRML V2.0 utf8         ####NormalInterpolator
Transform{
children Shape {
   geometry IndexedFaceSet {
    coord Coordinate{ point [ -1 1 0,1 1 0, -1 -1 0, 1 -1 0, 0 0 0 ] }
    coordIndex [ 0 4 1 -1,1 4 3 -1,3 4 2 -1,2 4 0 -1 ]
    normal DEF Norm Normal { vector [ 0 0 1, 0 0 1, 0 0 1, 0 0 1 ] }
    normalPerVertex FALSE } ##IndexedFaceSet
   appearance Appearance {
    material Material { diffuseColor 0 0 1 specularColor 1 1 0 }
    } ## Appearance
} }
DEF NI NormalInterpolator {
```

```
key [0 0.1 0.2  0.3 0.4 0.5 0.6 0.7 0.8 0.9 1]
keyValue [ 0 0 1, 0 0 1, 0 0 1, 0 0 1,
    0 0 1, 0 0 1, 0 0 1, 0 0 -1,
    0 0 1, 0 0 1, 0 0 -1, 0 0 1,
    0 0 1, 0 0 -1, 0 0 1, 0 0 1,
    0 0 -1, 0 0 1, 0 0 1, 0 0 1,
    0 0 1, 0 0 1, 0 0 1, 0 0 1,
    0 0 1, 0 1 0, 0 0 1, 0 1 0,
    0 1 0, 0 0 1, 0 1 0, 0 0 1,
    0 0 1, 0 0 1 , 0 0 1, 0 0 1,
    0 1 0, 0 1 0, 0 1 0, 0 1 0,
    0 0 1, 0 0 1, 0 0 1, 0 0 1 ] }
DEF TS TimeSensor { loop TRUE cycleInterval 5 }
ROUTE TS.fraction_changed TO NI.set_fraction
ROUTE NI.value_changed TO Norm.vector
```

시간 T

그림 12-4 | NormalInterpolator

응용 12-3 NormalInterpolator

예제 12-3은 TimeSensor의 실행과 동시에 NormalInterpolator가 적용되었다. 이를 사용자가 물체를 클릭한 순간 NormalInterpolator가 적용되도록 만드시오.

12.5 OrientationInterpolator

OrientationInterpolator 노드는 변화하는 회전 값들을 중간에 삽입함으로서 시간이 지남에 따라 객체가 회전하는 효과를 적용할 수 있는 노드이다. 이 노드의 응용은 상자의 뚜껑을 열거나 문을 회전시키는 애니메이션 등에 사용할 수 있다. 표 12-5는 OrientationInterpolator 노드의 필드를 나타낸 것이다.

◎ 표 12-5 | OrientationInterpolator 노드의 각 필드

eventIn	SFFloat	set_fraction		
exposedField	MFFloat	key	[]	#[0, 1]
exposedField	MFRotation	keyValue	[]	#[0,1],[,2Ⅱ]
eventOut	SFColor	value_changed		

• keyValue : keyValue 값은 [1 0 0 0.78], [0 1 0 1.57], [0 0 1 0.5] 등의 회전축과 라디안 값을 적용하는 필드이다.

예제 12-4는 OrientationInterpolator 노드를 이용하여 상자의 문을 여는 프로그램이다. 이벤트로서 상자의 윗부분을 클릭하면 상자의 문이 열리는 결과를 그림 12-5에 결과를 나타내었다. 이 처럼 특정한 축을 기준으로 물체를 회전시키기 위해서는 center 필드를 적용해야 한다. 일반적으로 물체의 회전은 물체의 중심점을 기준으로 회전하기 때문에 center를 적용하지 않고 회전시키면 한쪽으로 회전하는 동작이 아니라 좌우로 회전하게 된다는 것을 명심하기 바란다.

상자를 만들기 위하여 6개의 면을 만들어야 한다. 먼저 애니메이션의 대상인 상자 뚜껑을 'Box'로 정의하고 뚜껑의 회전축을 위하여 center 값을 (0 0 -1)로 정의하였다. 상자의 뚜껑은 z축 -1을 기준으로 회전하게 될 것이다.

```
DEF Box Transform { center 0 0 -1 translation 0 1 0
children Shape {
  geometry Box { size 2 0.01 2 }
  appearance Appearance { material Material {diffuseColor 0.8 0.6 0.6} }
} } ## 상자 뚜껑
```

뚜껑을 기준으로 4개의 옆면과 1개의 바닥면을 만든다. 각 면은 같은 형태를 가지므로 'Box1'을 정의한 후 USE를 통해 재사용하고 위치만 적절하게 배치하면 상자를 만들 수 있다.

```
DEF Box1 Transform { translation 1 0 0
children Shape {
  geometry Box { size 0.01 2 2 }
  appearance Appearance { material Material {diffuseColor 0.6 0.8 0.8} }
} } ## 옆면
Transform { translation -2 0 0 children [USE Box1] }
Transform { rotation 0 1 0 1.57 translation 0 0 0 children [USE Box1] }
Transform { rotation 0 1 0 1.57 translation 0 0 2  children [USE Box1] }
Transform { rotation 0 0 1 1.57 translation 0 -2 0 children [USE Box1] }
```

상자의 뚜껑을 클릭한 순간 상자의 뚜껑이 열리도록 하기 위해 TouchSensor를 'T_S'로 TimeSensor를 'TM_S'로 정의한다.

```
DEF  T_S TouchSensor { }
DEF  TM_S TimeSensor { }
```

회전 애니메이션이 되도록 OrientationInterpolator 노드를 'ORNT'로 정의한다. key 값은 [0 .5 1]로서 3단계로 분할하고 keyValue 값은 회전이 90° 되도록 −1.574 라디안 값을 적용한다.

```
DEF  ORNT OrientationInterpolator {
    key [0 0.5 1 ]
    keyValue [ 0 0 0 0, 1 0 0 -0.78, 1 0 0 -1.574 ]
}
```

사용자가 상자의 뚜껑을 클릭한 순간 toucTime이 발생하고 'TM_S'는 구동되기 시작한다. 시간이 지남에 따라 x축을 중심으로 상자의 뚜껑은 열리게 된다.

```
ROUTE T_S.touchTime TO TM_S.startTime
ROUTE TM_S.fraction_changed TO    ORNT.set_fraction
ROUTE ORNT.value_changed TO       Box.rotation
```

예제 12-4 OrientationInterpolator

```
#VRML V2.0 utf8       #OrientatationInterpolator
DEF Box Transform { center 0 0 -1 translation    0 1 0
children         Shape {
   geometry Box { size 2  0.01 2 }
   appearance Appearance { material Material {diffuseColor 0.8 0.6 0.6} }
} } ## 상자 뚜껑
DEF Box1 Transform { translation 1 0 0
children Shape {
   geometry Box { size 0.01 2 2 }
   appearance Appearance { material Material {diffuseColor 0.6 0.8 0.8} }
} } ## 상자 옆면 정의
Transform { translation -2 0 0 children [ USE Box1 ] }
Transform { rotation 0 1 0 1.57 translation    0 0 0 children [ USE Box1 ] }
Transform { rotation 0 1 0 1.57 translation    0 0 2  children [ USE Box1 ] }
Transform { rotation 0 0 1 1.57 translation    0 -2 0 children [ USE Box1 ] }
```

```
DEF T_S TouchSensor { }
DEF TM_S TimeSensor { }
DEF ORNT OrientationInterpolator {
    key [0 0.5 1 ]
    keyValue [ 0 0 0 0, 1 0 0 -0.78, 1 0 0 -1.574 ] }
ROUTE T_S.touchTime TO TM_S.startTime
ROUTE TM_S.fraction_changed TO  ORNT.set_fraction
ROUTE ORNT.value_changed TO     Box.rotation
```

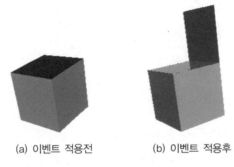

(a) 이벤트 적용전   (b) 이벤트 적용후

그림 12-5 | OrientationInterpolator

예제 12-5는 360° 회전하는 막대를 표현한 예제이다. OrientationInterpolator의 keyValue 값에 따라 막대(Bar)는 자동으로 회전하게 된다.

예제 12-5 OrientationInterpolator2

```
#VRML V2.0 utf8        ### 반드시 #VRML은 빈칸 없이 첫줄에서 시작
#OrientatationInter
DEF Bar Transform {
children Shape {
    appearance Appearance { material Material { diffuseColor 0.5 0 1 } }
    geometry Box { size 0.5 3.0 0.5 }
} }
DEF TS TimeSensor { cycleInterval 6 loop TRUE }
DEF FullCircle OrientationInterpolator {
    key [ 0.0, 0.5, 1.0 ]
    keyValue [ 0.0 0.0 1.0 0.0, 0.0 0.0 1.0 3.14, 0.0 0.0 1.0 6.28 ]
}
ROUTE TS.fraction_changed TO FullCircle.set_fraction
ROUTE FullCircle.value_changed TO Bar.set_rotation
```

응용 12-4 OrientationInterpolator

그림 12-6과 같이 OrientationInterpolator 노드를 이용하여 회전하는 자동문을 만드시오.

그림 12-6 | OrientationInterpolator를 이용한 회전문

12.6 PositionInterpolator

PositionInterpolator 노드는 변화하는 위치 값들을 중간에 삽입함으로서 시간이 지남에 따라 객체가 이동하는 효과를 적용할 수 있는 노드이다. VRML에서 애니메이션 효과를 위해 가장 일반적으로 사용되는 노드이다. 표 12-6은 PositionInterpolator 노드의 필드를 나타낸 것이다.

◎ 표 12-6 | PositionInterpolator 노드의 각 필드

eventIn	SFFloat	set_fraction		
exposedField	MFFloat	key	[]	#[0, 1]
exposedField	MFVec3f	keyValue	[]	#$(-\infty, \infty)$
eventOut	SFVec3f	value_changed		

• keyValue : keyValue 값은 [1 0 0] , [0 1 0] , [0 0 1] 등의 좌표 값을 설정한다.

예제 12-6은 PositionInterpolator 노드를 이용하여 두 개의 Sphere가 시간이 지남에 따라 가상공간을 이동하는 효과를 나타낸 것이다. 보라색 구는 −x축에서 +x축으로 움직이며 노란색 구는 +x축에서−x축의 방향으로 움직인다. 그림 12-7은 애니메이션 도중 두 구가 겹치는 장면을 나타내었다.

두 구의 움직이는 애니메이션 효과를 위하여 보라색 구와 노란색 구를 'SP1'과 'SP2'로 각각 선언하였다.

```
DEF SP1 Transform { translation -2 0 0
children Shape {
 geometry Sphere { }
 appearance Appearance { material Material { diffuseColor 1 0 1 } }
} }
DEF SP2 Transform { translation 2 0 0
children Shape {
 geometry Sphere { }
 appearance Appearance { material Material { diffuseColor 1 1 0 } }
 } }
```

두 구를 각각 다른 속도로 제어하기 위하여 TimeSensor 'TS1'과 'TS2'를 주기 5와 1로 정의하였다.

```
DEF TS1 TimeSensor { loop TRUE cycleInterval 5 } #1번 타임센서
DEF TS2 TimeSensor { loop TRUE cycleInterval 3 } #2번 타임센서
```

두 구의 PositionInterpolator는 각각 'POS1'과 'POS2'로 정의하고 시간의 구간은 0.25씩 분할하여 5단계의 애니메이션을 적용한다. 첫 번째 구 'SP1'은 초기위치 (2 0 0)에서 원점으로 이동하도록 keyValue 값을 설정하고 두 번째 구 'SP2'는 초기위치(−2 0 0)에서 원점으로 이동하도록 설정한다.

```
DEF POS1 PositionInterpolator {
    key [ 0, 0.25, 0.5, 0.75, 1 ]
    keyValue [ -2 0 0, -1 0 0, 0 0 0, -1 0 0, -2 0 0 ]
}
DEF POS2 PositionInterpolator {
    key [ 0 ,0.25, 0.5, 0.75, 1 ]
    keyValue [ 2 0 0, 1 0 0, 0 0 0, 1 0 0, 2 0 0 ]
}
```

시간센서 'TS1'과 'TS2'가 구동되면 'PS1'과 'PS2'에게 이벤트를 발생하고 'PS1'과 'PS2'의
좌표 값은 'SP1'과 'SP2'의 위치를 이동시키게 된다.

```
ROUTE TS1.fraction_changed TO POS1.set_fraction
ROUTE POS1.value_changed TO SP1.translation
## 2번 애니메이션
ROUTE TS2.fraction_changed TO POS2.set_fraction
ROUTE POS2.value_changed TO SP2.translation
```

예제 12-6 PositionInterpolator

```
#VRML V2.0 utf8      #PositionInterpolator
DEF SP1 Transform { translation -2 0 0
children Shape {
   geometry Sphere { }
   appearance Appearance { material Material { diffuseColor 1 0 1 } }
} }
DEF TS1 TimeSensor { loop TRUE cycleInterval 5 } #1번 타임센서
DEF POS1 PositionInterpolator {
   key [ 0, 0.25, 0.5, 0.75, 1 ]
   keyValue [ -2 0 0, -1 0 0, 0 0 0, -1 0 0, -2 0 0 ] }
DEF SP2 Transform { translation 2 0 0
children           Shape {
   geometry Sphere { }
   appearance Appearance { material Material { diffuseColor 1 1 0 } }
} }
DEF TS2 TimeSensor { loop TRUE cycleInterval 3 } #2번 타임센서
DEF POS2 PositionInterpolator {
   key [ 0 ,0.25, 0.5, 0.75, 1 ]
   keyValue [ 2 0 0, 1 0 0, 0 0 0, 1 0 0, 2 0 0 ] }
## 1번 애니메이션
ROUTE TS1.fraction_changed TO POS1.set_fraction
ROUTE POS1.value_changed TO SP1.translation
## 2번 애니메이션
ROUTE TS2.fraction_changed TO POS2.set_fraction
ROUTE POS2.value_changed TO SP2.translation
```

그림 12-7 | PositionInterpolator

PositionInterpolator 노드는 물체의 위치만 이동시킬 수 있는 것이 아니라 필드 타입이 SFVec3f로 선언된 다양한 필드에 대해서도 애니메이션이 가능하다. 예를 들면 예제 12-7은 Transform 노드의 scale 필드에 PositionInterpolator를 적용하여 물체를 이동시키는 것이 아니라 물체의 크기를 변화시킨 예제이다. 그림 12-8에 결과를 보면 두 개의 상자는 이동 애니메이션이 아닌 상자의 크기가 변하는 애니메이션이 적용되었다. 사용자 여러분이 이벤트의 각 필드 타입을 이해하면 다양한 애니메이션 효과를 나타낼 수 있음을 명심하기 바란다. PositionInterpolator 노드 'POS1'과 'POS2'의 value 값은 두 개의 상자 'BOX1'과 'BOX2'의 scale 값으로 이벤트를 발생하여 상자의 크기를 시간에 따라 변화시킨다.

```
ROUTE POS1.value_changed TO BOX1.scale
ROUTE POS2.value_changed TO BOX2.scale
```

그림 12-8 | PositionInterpolator

예제 12-7 PositionInterpolator 노드와 scale

```
#VRML V2.0 utf8      #scale을 이용한 PositionInterpolator
DEF BOX1 Transform { translation -2 0 0
children Shape {
    geometry Box { size 2 2 2 }
    appearance Appearance { material Material { diffuseColor 0 0 1 } }
} }
DEF TS1 TimeSensor{ loop TRUE cycleInterval 5 }
DEF POS1 PositionInterpolator{
    key [ 0, 0.25, 0.5, 0.75, 1 ]
    keyValue [ 1 1 1 , 0.5 0.5 0.5, 1 1 1, 1.5 1.5 1.5, 2 2 2 ] }
```

```
DEF BOX2 Transform { translation 3 0 0
children Shape {
    geometry Box { size 2 2 2 }
    appearance Appearance { material Material { diffuseColor 1 0 0 } }
} }
DEF TS2 TimeSensor{ loop TRUE cycleInterval 3 }
DEF POS2 PositionInterpolator{
   key [ 0, 0.25, 0.5, 0.75, 1 ]
   keyValue [ 2 2 2 , 1.5 1.5 1.5, 1 1 1, 0.5 0.5 0.5, 0.2 0.2 0.2 ] }
ROUTE TS1.fraction_changed TO POS1.set_fraction
ROUTE POS1.value_changed TO BOX1.scale
ROUTE TS2.fraction_changed TO POS2.set_fraction
ROUTE POS2.value_changed TO BOX2.scale
```

응용 12-5 PositionInterpolator

그림 12-9와 같이 PositionInterpolator 노드를 이용하여 자동으로 열리는 문을 만드시오.

그림 12-9 | PositionInterpolator를 이용한 자동문

응용 12-6 PositionInterpolator

그림 12-10과 같이 PositionInterpolator 노드를 이용하여 5개의 Piston이 각기 다른 주기로 움직이는 애니메이션을 구현하시오.

그림 12-10 | PositionInterpolator를 이용한 자동문

12.7 ScalarInterpolator

ScalarInterpolator 노드는 0에서 1사이의 변화하는 크기 값들을 중간에 삽입함으로서 시간이 지남에 따라 객체의 속성을 변경하는 효과를 적용할 수 있다. 응용의 예로서는 인공조명 등의 밝기를 조절할 수 있다. 표 12-7은 ScalarInterpolator 노드의 필드를 나타낸 것이다.

◎ 표 12-7 | ScalarInterpolator 노드의 각 필드

eventIn	SFFloat	set_fraction		
exposedField	MFFloat	key	[]	#[0, 1]
exposedField	MFVec3f	keyValue	[]	#$(-\infty, \infty)$
eventOut	SFFloat	value_changed		

• keyValue : keyValue 값은 0에서 1사이의 크기 값을 설정한다.

예제 12-8은 인공조명 DirectionalLight의 밝기 값 intensity를 이벤트로 적용하여 구의 밝기를 조절한 예이다. 인공조명을 효과적으로 적용하기 위해서는 기본 빛을 제거하여야 한다.

```
NavigationInfo { headlight FALSE }
```

인공조명을 'Light'로 정의하고 방향과 색상을 설정한다.

```
DEF Light DirectionalLight { direction -1 -1 -1 color 1 1 1 }
```

TimeSensor를 'TS1'으로 정의하고 ScalarInterpolator의 구간을 3등분한다.

```
DEF TS1 TimeSensor{ loop TRUE cycleInterval 4 }
DEF Sc ScalarInterpolator{
    key [ 0 .15 1 ]
    keyValue [ 0 .7 1 ] }
```

시간의 변화에 따른 인공조명 조절 이벤트가 발생한다.

```
ROUTE TS1.fraction_changed TO Sc.set_fraction
ROUTE Sc.value_changed TO Light.intensity
```

예제 12-8 ScalarInterpolator 노드

```
#VRML V2.0 utf8       #ScalarInterpolator
NavigationInfo { headlight FALSE }
Transform {
children [ Shape {
    geometry Sphere {}
    appearance Appearance { material Material { diffuseColor 0 0 1 } } }
    DEF Light DirectionalLight { direction -1 -1 -1 color 1 1 1 }
]}

DEF TS1 TimeSensor { loop TRUE cycleInterval 4 }
DEF Sc ScalarInterpolator {
    key [ 0 .15 1 ]
    keyValue [ 0 .7 1 ] }
ROUTE TS1.fraction_changed TO Sc.set_fraction
ROUTE Sc.value_changed TO Light.intensity
```

C h a p t e r

13

Script와 Script 노드

13.1 Script 노드

13.1.1 Script 노드의 개념

지금까지 다양한 센서노드를 통하여 간단한 애니메이션을 포함한 이벤트를 다루었다. 그러나 센서노드를 이용한 이벤트는 다음과 같은 두 가지의 제한점이 있다.

- 이벤트를 주고받는 eventOut의 필드와 eventIn의 자료형이 동일해야 한다. 예를 들어 eventOut의 자료형이 SFVec3f라면 이벤트를 받는 eventIn의 자료형 역시 SFVec3f여야 한다. 그렇지 않다면 필드의 데이터 형의 불일치로 이벤트를 전달할 수 없어 프로그램은 오류 메시지를 내 보낼 것이다.
- 센서노드나 애니메이션 노드가 적용된 물체에 대해 현재의 상태와 자료를 저장할 수 없다. 이벤트가 적용된 물체의 자료와 상태를 알 수 있어야만 복잡하고 세밀한 이벤트를 적용할 수 있다. 그러나 센서노드와 애니메이션 노드만으로는 물체의 상태와 정보를 알 수 없다.

이러한 제한점은 사용자의 입력, 외부 이벤트 등이 현재의 장면에 영향을 주는 다소 복잡한 기능들에 대한 요구는 구현하기 어렵다. 센서노드의 제한점을 극복하고 복잡한 기능들을 구현하기 위해서 VRML/X3D에서는 Script 노드를 제공하고 있다.

Script 노드는 VRML/X3D에서 JAVA나 script 언어인 javascript/ecmascript 등의 프로그래밍 기법을 적용할 수 있도록 한다. 따라서 VRML/X3D의 표준노드만으로 구현하는 프로그램의 한계를 극복하여 다양하고 복잡한 이벤트를 처리할 수 있다. Script 노드가 외부의 자바 프로그램이나 script 언어를 통하여 구현할 때의 주된 장점은 다음과 같다.

- 가상공간내의 중요한 변화나 사용자의 동작을 이벤트로 수용할 수 있다.
- 계산을 수행하는 프로그램 모듈을 포함하여 복잡하고 섬세한 이벤트를 처리한다.
- 가상공간내의 변화에 영향을 주는 이벤트를 발생하고 처리한다.

그림 13-1은 센서노드와 Script 노드가 이벤트를 처리하는 과정을 나타낸 것이다. VRML/X3D 장면내의 일반 노드를 포함한 센서 노드들은 필드의 형태가 exposedFiled인 필드를 이용하여 이벤트를 처리할 수 있으며 이들 노드는 반드시 실행모듈을 거치고 ROUTE를 통하여 이벤트를 처리한다. 그러나 Script 노드는 그림에서 보는 바와 같이 센서노드와 같은 기능을 하면서도 directOutput을 통하여 실행모듈이나 ROUTE를 통하지 않고도 바로 이벤트를 처리하는 장점이 있다.

이러한 차이점은 그림 13-1의 (a)와 (b)를 통해 알 수 있다. 그림 (a)에서 센서노드가 ROUTE를 통하여 이벤트를 처리하기 위해서는 반드시 같은 필드의 데이터 형이어야 함을 나타내고 있다. 따라서 복잡하고 다양한 이벤트를 처리하기에는 한계가 있다. 그러나 그림 (b)에서 보는 바와 같이 Script 노드는 자체적으로 javascript와 같은 스크립트 언어를 통하여 프로그램의 연산과 데이터의 저장, 변환이 가능하므로 효율적으로 이벤트를 적용할 수 있도록 한다.

Script 노드의 개념은 VRML/X3D에 대한 개념뿐만이 아니라 script 언어에 대한 개념도 필요하다. 따라서 부가적으로 사용자가 이해해야 할 내용이 추가되어 어렵게 느낄 수가 있으나 VRML/X3D의 고급 기능을 구현하기 위해서는 반드시 이해해야 한다.

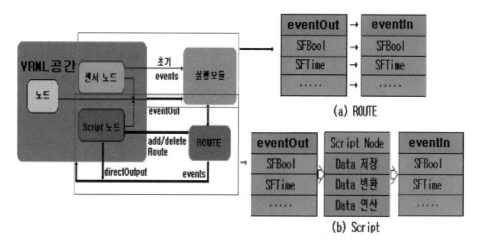

그림 13-1 ｜ 센서 노드와 Script 노드의 이벤트 실행모델

Script 노드의 필드를 살펴보면 표 13-1과 같다.

◎ 표 13-1 ǀ Script 노드의 각 필드

exposedField	MFString	url	[]
field	SFBool	directOutput	FALSE
field	SFBool	mustEvaluate	FALSE
# And any number of :			
field	fieldTypeName	fieldName	initialValue
eventIn	eventTypeName	eventName	
eventOut	eventTypeName	eventName	

• url : JAVA나 script 파일의 경로를 포함한다. 혹은 이 필드 안에 실제 script 구문을 사용하여 프로그램의 함수를 정의하는 필드이다. VRML/X3D에서는 script 언어로서 여러 형태를 제공하고 있다. ecmascript 혹은 vrmlscript는 VRML script 전용 언어이다. 또한 일반적으로 알려진 javascript 역시 다음 예제와 같이 선언하여 사용할 수 있다.

Script { url : "javascript : ⋯ " }

• directOutput : 이벤트를 전달하는 방식을 설정하는 필드이다. TRUE인 경우 그림 11-1에서와 같이 ROUTE를 통하지 않고 해당 노드에 직접 이벤트를 전달할 수 있다. FALSE인 경우는 직접 전달하지 않고 ROUTE를 통하여 전달한다.
• mustEvaluate : url 함수의 실행시기를 결정하는 필드이다. TRUE인 경우 이벤트의 입력과 동시에 처리하며 FALSE인 경우 이벤트의 출력 요청이 있을 때 처리한다.
• #And any number of : field, eventIn, eventOut :
  - url 필드의 script 함수에 의해 script가 활성화 되면 각 Script 노드에 선언된 각 이벤트는 다음과 같은 구문에 의해 이벤트를 받아들일 수 있어야 한다.

eventIn *type name*

type : VRML 표준 필드 타입, name : Script 노드에서 선언된 것과 동일한 이름

  - Script 노드는 입력된 이벤트에 대해 다음 구문과 같이 각 구문을 발생한다.

eventOut *type name*

Script 노드에서는 exposedField를 사용하게 되면 프로그래밍은 너무 복잡해지기 때문에 exposedField를 사용하지 않는다.

13.1.2 Script 노드의 사용법

Script 노드는 다른 노드의 필드와 자료의 처리를 목적으로 하기 때문에 Script 노드를 사용하기 위해서는 javascript와 같은 스크립트 언어에 대해 먼저 알아야 한다. 그러나 우선 Script 노드의 기본적인 사용법에 대해 이해하기 위하여 예제 13-1을 통하여 알아보자. 예제 13-1은 javascript 프로그램을 이용한 Script 노드의 사용법을 간단하게 나타낸 것이다. 결론적으로 얘기하면 그림 13-2와 같이 TouchSensor 노드를 이용하여 Sphere를 클릭할 경우 DirectionalLight가 On/Off 되도록 javascript 프로그래밍으로 구현한 것이다.

앞서 11장에서 TouchSensor를 이용하여 인공조명을 적용한 예와 다른 점은 다음과 같다. 단순히 센서노드를 적용하였던 11장의 예에서는 isOver 필드와 isActive 필드의 마우스 상태에 따라 이벤트를 발생하는 기능을 하였다. 즉 단순히 현시점의 마우스 상태에 따라 데이터의 저장 없이 이벤트를 적용하였다. 그러나 예제 13-1은 Script 노드의 특성인 현재 마우스의 상태를 데이터로 저장하고 이를 이용하여 이벤트를 발생시킨 것이다. 9장의 예에서는 마우스가 클릭(isActive)할 때 TRUE 값만을 발생시키지만 Script 노드를 이용하면 클릭할 때 TRUE와 FALSE 값을 임의로 발생시킬 수 있게 된다.

위와 같은 이벤트를 발생하도록 구에 TouchSensor 노드를 'TC_S'로 정의하였고 구를 클릭할 때마다 빛의 켜짐/꺼짐(on/off) 상태를 나타내도록 DirectionalLight를 'Light'로 정의하였다. 다음은 예제의 핵심인 Script 노드를 정의하는 것인데 단계별로 자세히 살펴보자. Script 노드는 사용자 정의 노드이기 때문에 Script 노드의 필드는 사용자가 직접 정의해야 한다. 아마도 처음 Script 노드를 접하는 사용자들이 어려워하는 부분이 될 수도 있지만 구현하려는 기능을 차분히 생각하고 꾸준히 예제를 만들다 보면 누구나 좋은 실력을 가지게 될 것이다.

먼저 Script 노드 역시 이벤트로 적용하기 때문에 'SC_js'로 정의하였다. Script 노드를 이벤트로 적용하기 위해서는 eventIn과 eventOut 필드를 생각해야 한다. 우리가 구현하려는 기능은 마우스를 클릭할 때마다 조명의 On/Off를 반복하려는 것이다. Script 노드의 입장에서 "마우스를 클릭할 때마다" 부분은 이벤트 입력(eventIn)으로 받아들여야 하며 "조명의 On/Off를 반복" 부분은 이벤트 출력(eventOut)으로 처리해야 한다. 이러한 이벤트 입력 부분은 TouchSensor의 isOver/isActive 필드로서 구현이 불가능하기 때문에 다른 필드를 적용해야 하는데 이 필드가 바로 touchTime 필드이다.

touchTime 필드는 마우스를 클릭할 때 마다 시스템의 특정한 시간을 발생시킨다. 이 시간을 Script 노드에서 이벤트로 받아들일 것이다. 따라서 eventIn 필드의 데이터 타입은 시간의 속성을 갖는 SFTime이 되며 필드의 이름은 사용자 정의이기 때문에 'timeClick'으로 선언하였다. 이 필드의 속성을 javascript로 구현하면 된다.

```
    eventIn    SFTime timeClick
```

조명의 On/Off를 반복하도록 하기 위한 eventOut 부분의 데이터 타입은 On/Off의 두 가지 상태 값만 갖기 때문에 SFBool, 필드 이름은 'changeLight'로 선언하였다.

```
    eventOut SFBool     changeLight
```

또한 현재 마우스 상태를 저장하기 위한 변수를 선언해야 한다. On/Off 데이터 값인 TRUE 와 FALSE를 저장하기 때문에 SFBool 형으로 'onLigh't를 선언하였으며 초기 값은 FALSE 이다. Script 노드에서는 exposedField는 복잡하기 때문에 사용되지 않음을 명심해야 한다.

```
    field SFBool onLight FALSE
```

마지막 필드는 url로서 이벤트로 입력 받을 timeClick을 javascript로 구현해야 한다.

```
    url "javascript:
        function timeClick()  //이벤트 입력 함수
        { // onLight 값과 반대의 값 입력
        if(onLight==TRUE) changeLight = FALSE;
        else changeLight = TRUE;
        onLight = !onLight ; // 반전 값
        }"
```

url 필드를 통한 javascript는 "javascript: 함수"로서 이중따옴표("")안에 구현된다. 함수 부분은 일반 스크립트 구문과 같으므로 javascript.를 구현해본 사용자는 쉽게 사용할 수 있다. eventIn 필드의 'timeClick'은 function timeClick()으로 함수로 선언하고 함수안의 내용은 대괄호({})안에 놓이게 된다. 'Light'를 마우스 상태에 따라 On/Off 하기 위하여 조건문 if, else를 사용하였다. 초기 값 FALSE로 선언된 'onLight' 변수 상태에 따라 eventOut 필드 'changeLight' 값은 TRUE와 FALSE 값을 반복적으로 갖게 될 것이다. 즉, 사용자가 마우스를 처음 클릭하면 'onLigh't 값은 FALSE이므로 else 구문에 의해 'changeLight'는 TRUE 값을 이벤트로 출력하게 된다. 그러나 반전구문인 onLight = !onLight에 의해 FALSE 값은 TRUE로 변경되고 사용자가 두 번째로 구를 클릭하게 되면 if 구문에 의해 'changeLight'는 FALSE를 이벤트로 출력하게 된다. 사용자가 구를 클릭할 때마다 출력되는 값은 계속해서 바뀌게 된다. 이러한 이벤트는 다음과 같은 ROUTE 전달자에 의해 이벤트를 전달하게 된다.

'TC_S'를 클릭한 시점에 'SC_js'의 timeClick 이벤트 입력 함수를 호출하고 timeClick()을 실행한다. touchTime에 의해 시간 값이 전달되지만 이 시간은 무의미하다. timeClick() 함수 안의 changeLight 값은 이벤트 출력하고 Light.on에 반영된다.

```
ROUTE TC_S.touchTime TO SC_js.timeClick
ROUTE SC_js.changeLight TO Light.on
```

예제 13-1 javascript를 이용한 Script 노드

```
#VRML V2.0 utf8     ### Script 노드와 javascript
Transform {
children [ Shape {
    geometry Sphere {}
    appearance Appearance { material Material {} } }
   DEF TC_S  TouchSensor {} ## TouchSensor 선언
] }
DEF Light  DirectionalLight { ## 인공조명 초기값 off
   direction 0 0 -1 color 1 0 0 on FALSE }
DEF SC_js Script {
eventIn SFTime timeClick   ## 시간 이벤트 입력 timeClick 선언
eventOut SFBool changeLight ## 불린 이벤트 출력 changeLight 선언
field   SFBool onLight FALSE   ## 변수 onLight
url "javascript:
   function timeClick()  //이벤트 입력 함수
   { // onLight 값과 반대의 값 입력
   if(onLight==TRUE) changeLight = FALSE;
   else changeLight = TRUE;
   onLight = !onLight ; // 반전 값
   }"
}
ROUTE TC_S.touchTime TO SC_js.timeClick  ## 시간은 무의미 단순히 호출
ROUTE SC_js.changeLight TO Light.on
```

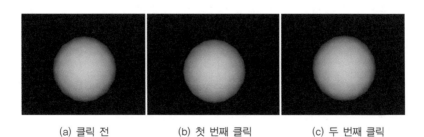

(a) 클릭 전   (b) 첫 번째 클릭   (c) 두 번째 클릭

그림 13-2 | javascript를 이용한 Script 노드

Script 노드를 효율적으로 사용하기 위해서는 javascript를 능숙히 사용해야 한다. VRML 에서 사용되는 script는 vrmlscipt 혹은 ecmascript라 부른다. 그러나 이들은 모두 javascript에서 파생되어 몇몇 객체만을 제외하면 사용법은 같다. 다음절에서 VRML에서 적용할 수 있는 script 객체에 대해 알아보자.

응용 13-1 Script

> 그림 13-3은 180° 회전하는 문이다. 마우스로 클릭하면 180° 회전하고 회전된 상태에서 클릭 하면 원 상태로 돌아오도록 Script 노드를 이용하여 프로그램 하시오.

그림 13-3 │ Script 노드를 이용한 회전 문

13.2 script 함수

13.2.1 ECMAscript

ECMAscript는 객체(object)의 이벤트와 액션을 적용하기 위한 프로그래밍 언어로 Netscape 의 javascript로부터 파생되었다. 따라서 ECMAscript는 사소한 문법적 차이를 제외하면 javascript와 거의 유사하다. 따라서 script를 적용하는 사용자는 ECMAscript 혹은 vrmlscript, javascript를 사용하여도 무방하다. 만약 사용자가 script를 하나의 파일로 작성하였다면 이때의 파일 확장자는 .js가 된다.

이번 절에서는 ECMAscript의 구조에 대해 간략히 알아보자.
앞 절에서 살펴보았듯이 script는 url에 필드에 포함되어 사용된다. url에 포함되어 사용되는 방법은 다음과 같이 3가지가 있다.

① 다음과 같이 외부에 있는 js 파일의 경로를 지정하는 방법이다. 이때 url은 외부파일의 참조가 되어 사이트나 자신 컴퓨터 내부의 경로를 지정한다.

```
Script { url="http://information.yeojoo.ac.kr/ecmascript.js" }
```

② url 필드에 직접 ECMAscript를 다음과 같이 직접 구현한다.

```
Script { url= "javascript: function script_time ( ) { var x = 0 ; } }
```

③ ①과 ②의 경우처럼 외부/내부의 선언이 다음과 같이 동시에 가능하다.

```
Script { url="http://information.yeojoo.ac.kr/ecmascript.js" }
Script { url= "javascript: function script_time ( ) { var x = 0 ; } }
```

javascript가 객체지향프로그램이므로 ECMAscript 역시 객체지향프로그램이다. 따라서 사용자는 ECMAscript에서 지원하는 객체에 대해 이해하여야 한다. 만약 여러분이 이 객체에 대해 완벽히 이해한다면 매우 고급 기능의 VRML 사용자가 될 것이다. 또한 script 함수가 지원된 목적은 이벤트를 입력받아 데이터의 저장, 변환 그리고 처리이다. 이를 위해서 script에서 지원하는 다양한 이벤트 입출력과 기본적으로 제공되는 함수에 대해 이해하여야 한다. 다음절에서 script 함수에 대해 이해하고 객체에 대해 알아보자.

13.2.2 이벤트 입력 처리함수(eventIn)

script 함수는 외부의 이벤트를 입력받아 이를 출력하는 것이 목적이다. script에서 이벤트 입력 처리함수를 선언하는 방법은 다음과 같이 3가지 있다.

① 이벤트 입력함수를 선언하가 위해서 사용자는 반드시 Script 노드에서 다음과 같이 이벤트 입력함수를 eventIn 필드를 정의하고 함수 이름을 'timeClick'과 같이 선언해야 한다.

```
Script {
field SFTime timeClick
url="javascript: timeClick(value, timestamp) { .... }"
}
```

이벤트 입력 함수는 만약 외부에서 'timeClick' 필드를 호출하면 Script의 timeClick(v,t) 함수가 실행된다. 이때 timeClick(value,timestamp) 함수는 두 개의 매개변수(parameter)를 포함한다. 첫 번째 매개변수 value는 timeClick과 같은 type='SFTime'의 값이고 두 번째 매개변수는 timeClick이 호출된 시간(timestamp)이다.

② initialize( ) 함수 : 위와 같이 사용자가 정의한 함수는 이벤트가 입력되어야만 함수가 실행되지만 이벤트의 입력 없이 함수를 실행하기 위해선 initialize()와 shutdown()으로 정의한다. initialize()는 VRML 내용을 브라우저가 보여주기 이전에 호출되는 함수이다.

③ shutdown( ) 함수 : Script 노드가 현재의 VRML 장면에서 삭제되거나 Script 노드가 정상적으로 메모리에 적재되지 못했을 경우 실행되는 함수이다. 따라서 shutdown() 함수는 Script 노드가 더 이상 사용되지 않을 때 적용되는 함수이다.

13.2.3 이벤트 출력과 필드

script노드를 통하여 입력받은 함수는 이벤트에 대해 다시 출력해야 한다. 이벤트를 출력하기 위해서는 이벤트 입력과 유사하게 eventOut으로 선언해야 한다. 이벤트의 출력은 directOutput의 값에 따라 달라진다. directOutput이 TRUE 값이면 그림 13-1에서와 같이 ROUTE를 통하지 않고 바로 해당 노드로 출력한다. 그러나 directOutput이 FALSE이면 해당 출력이 있을 때만 ROUTE를 통하여 출력하게 된다. directOutput과 상관없이 이벤트를 출력하기 위해서는 해당 노드의 필드를 접근할 수 있어야 한다. 필드의 데이터를 변경하는 방법을 timeClick() 함수를 통해 알아보자.

```
eventOut SFVec3f changeScale
function timeClick(){ changeScale = new SFVec3f (3,3,3) ; }
```

changeScale은 eventOut이며 SFVec3f로 선언되었다. SFVec3f는 (x, y, z)의 3D 데이터를 가지는 값이다. 따라서 changeScale의 x, y, z값을 변경하기 위해서는 예제처럼 새로운 객체 new로서 SFVec3f를 선언하고 (3,3,3)를 적용하면 된다. 따라서 x=3, y=3, z=3이 된다. 만약 각각의 값을 독립적으로 선언하거나 접근하고자 한다면 changeScale.x=3, changeScale.y=3 그리고 changeScale.z=3과 같이 선언한다.

13.3 script 객체

script 객체에는 VRML의 내용을 보여주는 브라우저(CortonaPlayer 등)의 정보나 상태를 보여주는 Browser 객체를 포함하여 VRML/X3D 노드에서 적용되는 각 필드에 대한 객체가 있다. 이번 절에서는 script의 객체와 사용법을 예제를 통하여 알아보자.

13.3.1 Browser 객체

표 13-2는 Browser 객체 중 일반적으로 사용되는 함수를 나타낸 것으로 각 함수의 기능을 설명하였다. Browser 객체를 이용하면 사용자가 새로운 노드의 추가나 삭제가 가능하다. 각 함수에 대한 예제를 살펴보며 내용을 설명한다.

표 13-2 | Browser 객체 함수

Return value	Function
String	getName( )
String	getVersion( )
numeric	getCurrentSpeed( )
numeric	getCurrentFrameRate( )
String	getWorldURL( )
void	replaceWorld(MFNode nodes)
MFNode	createVRMLFromString(String vrmlSyntax)
void	createVRMLFromURL(MFString url, Node node, String event)
void	addRoute(SFNode fromNode, String fromEventOut, SFNode toNode, String toEventIn)
void	deleteRoute(SFNode fromNode, String fromEventOut, SFNode toNode, String toEventIn)
void	loadURL(MFString url, MFString parameter)
void	setDescription(String description)

- getName( ), getVersion( ) : 현재 사용 중인 브라우저의 이름과 버전을 반환한다.
- getCurrentSpeed( ) : NavigationInfo 노드에서 적용된 항해속도를 반환한다. 지정되어 있지 않으면 0.0을 반환한다.
- getCurrentFrameRate( ) : 현재 장면의 초당 속도를 반환한다. 브라우저에서 지원하지 않으면 0.0을 반환한다.
- getWorldURL( ) : 현재 나타난 X3D 장면의 최상위 디렉토리를 반환한다.
- replaceWorld( ) : 함수내의 매개 변수로 전달된 노드들로 현재 장면을 나타낸다. 이 함수를 사용하기 위해서는 mustEvaluate가 TRUE로 되어있어야 한다.
- createX3DlFromString( ) : X3D의 문법을 따르는 문자열로서 새로운 X3D 장면을 생성한다.
- createX3DFromURL( ) : 외부에 정의된 X3D 파일에 대한 URL 경로와 이벤트로서 X3D 장면을 생성한다.

- addRoute( ) : 이벤트 ROUTE를 추가한다.
- deleteRoute( ) : 이벤트 ROUTE를 삭제한다.
- loadUrl( ) : 전달된 매개 변수의 Url을 현재 장면에 나타낸다. mustEvaluate가 TRUE로 되어 있어야 한다.
- setDescription( ) : 현재 브라우저 설명문을 전달된 매개변수로 대치한다. mustEvaluate 가 TRUE로 되어 있어야 한다.

예제 13-2는 Browser 객체를 이용하여 그림 13-4의 Info 문자를 클릭하면 그림 13-5와 같은 Browser 정보와 상태 등을 나타내도록 한 것이다.
Browser의 정보를 장면에 나타내기 위해서 문자 Text 노드를 'text'로 선언하였다. 이 문자에 TouchSensor 'Tc'를 설치하고 문자를 클릭하면 브라우저의 정보가 나타나게 된다. Script 노드 'Sc'의 mustEvaluate는 'true'로 선언하고 입출력 이벤트 'timeClick'과 'bName'를 선언하였다. 'bName'은 브라우저의 정보를 나타내기 위하여 이벤트 출력 (eventOut)로 선언하였으며 MFString임을 명심해야 한다. 사용자가 'Info' 문자를 클릭하는 순간 timeClick() 함수 내의 다음 script가 실행된다.

```
function timeClick(){
    bName[0] = 'name: '+ Browser.getName();
    bName[1] = 'version: '+ Browser.getVersion();
    bName[2] = 'speed: '+ Browser.getCurrentSpeed();
    bName[3] = 'url: ' +Browser.getWorldURL(); }
```

bName은 MFString으로 선언되었으므로 다수의 문자열을 저장할 수 있다. 따라서 bName[0]은 첫 번째 문자열을 지정하며 bName[1]은 두 번째 문자열을 할당한다. bName[0]에는 브라우저의 이름(name), bName[1]에는 브라우저의 버전(version)이 저장된다. 마찬가지로 speed와 url이 각각 bName[3]과 bName[4]에 저장된다.
text는 앞서 선언한 'Info' 문자열을 나타내지만 이벤트에 의해 'Info' 문자는 브라우저 정보로 변환되는 과정은 다음 ROUTE의 실행에 의해 bName에 저장된 각각의 브라우저 정보는 그림 13-5와 같이 나타난다.

```
ROUTE  Sc.bName TO text.string
```

예제 13-2 Browser 객체를 이용한 브라우저 정보와 상태

```
#VRML V2.0 utf8
NavigationInfo { speed 3 type ["EXAMINE" "ANY"] }
Transform { translation -7 0 0
children [ Shape {
    geometry DEF text Text { string "Info" }
    appearance Appearance { material Material { diffuseColor 1 1 0 } }
        }
    DEF Tc TouchSensor{}
]}
DEF Sc Script {
mustEvaluate TRUE
eventIn SFTime timeClick  ## 이벤트 입력
eventOut MFString bName ## 이벤트 출력
url "javascript:
    function timeClick(){
    bName[0] = 'name: '+ Browser.getName();  # 브라우저 이름
    bName[1] = 'version: '+ Browser.getVersion(); ## 브라우저 버전
    bName[2] = 'speed: '+ Browser.getCurrentSpeed(); ## 스피드
    bName[3] = 'url: ' +Browser.getWorldURL(); }" ## 현재 파일 위치
}

ROUTE  Tc.touchTime  TO  Sc.timeClick ## 클릭 타임에 Sc.timeClick 호출
ROUTE  Sc.bName  TO  text.string  ## Sc.bname을 text.string으로 출력
```

Info

그림 13-4 | Brower 객체 이벤트

name: Cortona VRML Client
version: 5.1 (release 167)
speed: 0
url: file://E:\교재\가상현실개정판\cd\

그림 13-5 | Browser 객체에 의한 정보 표현

13.3.2 Field 객체

예제 13-2에서와 같이 script를 이용하여 VRML 필드의 자료형을 선언하거나 변경할 수 있다. VRML 필드의 자료형은 어느 정도 이해하였겠지만 script에서 사용하기 위해서 간단히 그 구조를 다시 살펴본다.

VRML 필드의 각 객체를 선언하고 값을 설정하기 위해서는 다음과 같이 new 함수를 사용하여 객체를 선언하고 이름(Obejct_name)을 할당하여야 한다. 이름이 할당된 객체는 해당 자료형을 가지는 새로운 객체가 되며 각 객체의 함수들은 고유의 매개변수를 가지고 있다. 예를 들어 색상을 설정하기 위해서는 SFColor의 자료형을 선언해야 한다. SFColor의 자료형은 소수(float)의 rgb 값을 가진다. 따라서 rgb 값은 0.0에서 1.0까지의 값으로 색상을 표현하게 된다. 만약 빨강색의 객체를 만들고 싶다면 red = new SFColor(1.0, 0.0, 0.0)으로 선언한다. 이때 red 객체의 rgb 요소를 개별적으로 값을 변경하고자 한다면 red.r, red.g 그리고 red.b와 같이 각 객체의 요소 별로 할당한다. 다음은 VRML에서 사용되는 데이터 타입에 대한 객체를 선언하는 방법이다.

- SFColor : Object_name = new SFColor(float r, float g, float b)
- SFImage : Object_name =
  new SFImage(numeric x, numeric y, numeric comp, MFInt32 array)
- SFNode : Object_name = new SFNode(String x3dstring)
- SFRotation :
  Object_name = new SFRotation(numeric x, numeric y, numeric z, numeric angle)
- SFVec2f : Object_name = new SFVec2f(numeric x, numeric y)
- SFVec3f : Object_name = new SFVec3f(numeric x, numeric y, numeric z)
- MFColor : Object_name = new MFColor(SFColor c1, SFColor c2, ...)
- MFFloat : Object_name = new MFFloat(numeric n1, numeric n2, ...)
- MFInt32 : Object_name = new MFInt32(numeric n1, numeric n2, ...)
- MFNode : Object_name = new MFNode(SFNode n1, SFNode n2, ...)
- MFRotation :
  Object_name = new MFRotation(SFRotation r1, SFRotation r2, ...)
- MFString : Object_name = new MFString(String s1, String s2, ...)
- MFTime : Object_name = new MFTime(numeric n1, numeric n2, ...)
- MFVec2f : Object_name = new MFVec2f(SFVec2f v1, SFVec2f v2, ...)
- MFVec3f : Object_name = new MFVec3f(SFVec3f v1, SFVec3f v2,...)

단일 값을 가지는 SF형과 달리 다수 값을 가지는 MF(Multiple Field)는 프로그램의 배열과 같다. 따라서 MF는 SF의 배열 구조를 가지게 된다. 예를 들어 MFString의 첫 번째 문자열은 MFString[0]이 되며 마지막 문자열은 MFString[N-1]이 된다. 따라서 MFString 각각의 배열요소는 SFString과 같음을 기억하기 바란다. 예제 13-2에서 textString을 MFString 으로 선언하고 Browser의 다양한 정보를 저장하였다. textString에는 Browser의 여러 정 보가 모두 포함되어 있으므로 각각의 문자열에 접근하기 위해서는 textString[0]..[3]과 같 이 배열의 구조로 접근하여야 한다.

Script 노드의 script 기능은 매우 중요한 만큼 접근하기는 쉽지 않다. 그러나 꾸준한 실습 과 배우고자하는 열의만 있다면 누구나 구현할 수 있는 항목이다. 사용자 여러분도 부디 어 렵다고 포기하지 말고 이해될 때까지 읽어보기 바란다. 또한 앞으로 대부분의 프로그램 예 제는 Script 노드를 이용할 것이다. 꾸준히 실습하기 바라며 이해하기 힘든 독자는 저자의 카페에서 질문을 한다면 성실히 답변할 것이다. Script에 관련한 예제는 12장의 VRML 예제 를 살펴보기 바란다. 이 예제 프로그램만 분석하여도 javascript를 무난히 사용할 수 있으며 대 부분의 3D 응용을 할 수 있을 것이라 사료된다.

13.4   Switch 노드

Switch 노드는 여러 노드 중 하나의 노드를 선택하는 그룹 노드이다. Switch 노드를 이용 하기 위해서는 Script 노드의 프로그램 기법을 이용하여 이벤트를 발생하여 사용하는 것이 일반적이다. 표 13-3은 Switch 노드의 필드를 나타낸 것이다.

◎ 표 13-3 | Switch 노드의 필드

exposedField	MFNode	choice	[]
exposedField	SFInt32	witchChoice	-1

- choice : children 노드에 속한 노드들을 choice 필드로 나타낸다. Transform 노드의 children처럼 사용되지 않는 이유는 choice 필드 내에 다수의 자식 노드가 있어도 witchChoice에 해당 되는 자식노드만이 장면에 나타나게 된다.
- witchChoice : choice 필드에 해당하는 children 노드들에 대한 인덱스 값으로 첫 번째 child 노드는 인덱스 0 값을 가지며 두 번째 노드는 1의 값을 갖는다. 따라서 n번째 노드는 n-1의 인덱스 값을 가지게 된다. Script 노드의 함수를 통해 출력된 이벤트를 입력으로 받게 된다.

예제 13-3은 Switch 노드를 이용하여 해당 자식 노드를 선택하는 프로그램으로서 한 개의 Sphere를 클릭하면 세 개의 구가 그림 13-6과 같이 차례로 하나씩 선택되어 나타난다. 다소 프로그램의 길이가 길어 보이는 이유는 자식 노드로서 r, g, b의 색상을 갖는 세 개의 구를 Switch 노드를 통하여 나타내었기 때문이다.

첫 번째 Transform 노드는 Switch 노드 'Obj'와 TouchSensor 노드 'TCS'를 포함하고 있다. Switch 노드의 witchChoice 필드는 인덱스 0으로서 choice 필드내의 빨강색 구를 나타내도록 하고 있다. 나머지 초록색과 파랑색 구는 choice 필드 내에 선언되었지만 초기 장면에는 나타나지 않는다. TimeSensor 'TS'는 주기(cycleInterval) 1을 갖지만 loop가 FALSE로 선언되어 외부에서 구동시키지 않는 한 작동하지는 않는다.

초기에 선택된 구를 "클릭한 순간 세 개의 구가 순차적으로 선택"되는 이벤트를 Script 노드 'S_Obj'를 통하여 구현해 보자. TouchSensor를 클릭한 순간의 출력 이벤트를 Scirpt 노드에서는 이벤트 입력으로 받아들여야 하므로 eventIn은 다음과 같이 선언된다.

```
eventIn      SFTime timeClick
```

Script 노드의 이벤트 출력 부분은 Switch 노드의 witchChoice필드 값을 순차적으로 변화시켜 입력으로 전달하기 위하여 다음과 같이 eventOut이 선언돼야 한다. SFInt32는 witchChoice 필드의 데이터 형과 일치하며 32비트 정수를 의미한다.

```
eventOut     SFInt32 choice
```

세 번째 필드 선언 문장은 DEF/USE 구문을 Script 노드에서 사용되는 방법을 나타낸 것이다. 앞서 TimeSensor 노드를 'TS'로 정의하였고 이것을 Script 노드에서 재사용하기 위해서는 다음과 같이 USE 문장을 사용하여 'time'으로 재 정의한 것이다. 이처럼 재정의 되어도 'TS'의 모든 속성을 물려받는다. VRML내의 다수 노드를 Script 노드에서 재사용하는 방법은 프로그램을 매우 효율적으로 만든다.

```
field        SFNode  time USE TS
```

url 필드내의 javascript 부분을 살펴보자.

```
function initialize() { choice=0; }
```

javascript에서 initialize( ) 함수는 프로그램의 시작과 동시에 실행되며 초기 값을 설정하기 위하여 사용되는 함수이다. 변수 choice 값을 0으로 초기화 한다. 반대로 변수나 프로그램의 정지는 shutdown( ) 함수를 사용한다.

시간의 변화에 따른 구의 순차적 선택은 다음과 같은 timeClick() 함수에 의해 실행된다.

```
function timeClick(){
    time.loop = 1 ;
    if( time.isActive == 1)  choice ++ ;
    if( choice >= 3 ) choice = 0 ;  }
```

time.loop는 TimeSensor 'TS'를 재사용한 time을 의미한다. 'TS'의 loop 필드는 초기 값이 FALSE로 선언되어 실행초기에는 실행되지 않으며 반복적이지도 않다. 따라서 timeClick() 함수가 수행될 때 time.loop = 1로 설정하여 TRUE 값으로 변환한 것이다. FALSE는 0의 값이며 TRUE 값은 1이 된다. loop가 TRUE 값을 가지면 time은 구동을 시작하게 되며 TimeSensor의 isActive 필드는 TRUE 값을 가지게 된다. 두 번째 문장 time.isActive == 1의 문장은 TimeSensor가 구동되고 있는지를 판단하는 조건문이다. 따라서 초기 choice 값 0은 choice++에 의해 1씩 증가하게 된다. 앞서 언급한대로 choice의 인덱스 값은 Switch 노드의 특정한 노드를 선택하므로 timeClick() 함수가 실행될 때마다 Switch 노드의 자식노드들이 순차적으로 선택된다. Switch 노드의 자식노드는 세 개의 구가 있으므로 최대 choice 값은 2가 된다. 따라서 다음과 같이 2이상의 값이 될 경우 다시 0으로 초기화해야 한다.

```
    if( choice >= 3 ) choice = 0 ;
```

이벤트의 전달과정은 다음과 같다.
'TCS'를 클릭한 출력 이벤트는 TimeSensor 'TS'를 구동하게 된다.
'TS'가 구동하면 일정한 시간간격(cycleTime)으로 S_Obj를 호출하고 timeClick() 함수를 실행하게 된다.
'S_Obj'의 choice 출력 값은 Switch 노드 'Obj'의 whichChoice 값으로 전달되어 그림 13-6 과 같이 순차적인 구를 표현하게 된다.

```
ROUTE TCS.touchTime TO TS.startTime
ROUTE TS.cycleTime TO S_Obj.timeClick
ROUTE S_Obj.choice TO Obj.whichChoice
```

그림 13-6 | Switch 노드를 통한 Sphere의 선택

예제 13-3 Switch 노드를 통한 child 노드 선택

```
#VRML V2.0 utf8    ##Switch
Transform { children [
DEF Obj Switch { whichChoice 0
choice [
    Transform{ translation -3 0 0        # 1
    children Shape {
        appearance Appearance {
                material Material { diffuseColor 1 0 0 } }
        geometry Sphere {} } } # 1
    Transform { # 2
    children Shape {
        appearance Appearance {
                material Material { diffuseColor 1 1 0 } }
        geometry Sphere{} } } # 2
    Transform { translation 3 0 0        # 3
    children Shape {
        appearance Appearance {
                material Material { diffuseColor 1 0 1 } }
        geometry Sphere {} } } # 3
    ] } # Switch #choice
    DEF TCS TouchSensor {}
] } ## Group Transform
DEF TS TimeSensor { cycleInterval 1  loop FALSE }
DEF S_Obj Script {
eventIn        SFTime  timeClick
eventOut       SFInt32 choice
field          SFNode  time USE TS
url "javascript:
    function initialize() { choice=0; }
    function timeClick(){
        time.loop = 1 ;
        if( time.isActive == 1) choice ++ ;
        if( choice >= 3 ) choice = 0 ; } " } # Script
ROUTE TCS.touchTime TO TS.startTime
ROUTE TS.cycleTime TO S_Obj.timeClick
ROUTE S_Obj.choice TO Obj.whichChoice
```

Chapter 14

VRML 작품 만들기

14.1 나비애니메이션

14.1.1 나비 몸통 만들기

이번 절에서는 나비를 만들고 날개 짓 하는 애니메이션을 적용하여 보자. 나아가 날개 짓을 하며 가상공간을 돌아다니게 만든다. 나비에 애니메이션을 부여하기 위해서는 적절한 나비의 몸통을 만들고 몸통에 적용할 이미지를 준비해야 한다. 한 마리의 나비는 날개 짓을 표현하기 위하여 몸과 날개를 분리해야 한다.

실습 14-1)는 그림 14-1과 같은 나비의 모습을 만드는 예제이다. 일단 나비의 몸통을 만들고 실습 14-1A)을 통해 날개에 애니메이션을 적용하여 움직여 보자.

그림 14-1 | 나비 몸통 만들기

나비의 몸통과 날개는 IndexedFaceSet 노드를 통하여 적용해야 한다. Box 노드를 이용하면 간단하게 나비를 만들 수 있지만 Box 노드에 적용된 ImageTexture는 각 면마다 적용되기 때문에 앞과 뒤의 이미지가 반대로 적용된다. 따라서 나비와 같이 날개를 움직이거나 날아다니는 물체는 뒷면의 이미지가 반대로 보여 매우 이상한 형태로 나타나게 된다.

IndexFaceSet 노드를 통하여 먼저 나비의 몸통을 'bfly_body'로 정의하여 만들고 몸통을 기준으로 좌우날개를 만들어 보자. 이미지를 양면으로 나타내기 위해서는 solid 필드를 FALSE로 해야 한다. TRUE이면 앞면만 이미지가 적용된다. 면의 좌표는 point [0 0 0, .5 0 0, .5 1 0, 0 1 0]으로 원점을 기준으로 가로의 크기는 0.5, 세로의 크기는 1로 정의하였다. 여기서 반드시 주의해야 할 점은 이미지를 적용할 때는 반드시 TextureCoordinate 노드를 통하여 이미지의 크기를 단일크기로 변환시켜야 한다. TextureCoordinate 노드의 point 필드는 그림 14-2와 같이 [0 0, 1 0, 1 1, 0 1]의 크기 범위를 가진다. point 필드의 크기는 IndexFaceSet에 적용된 이미지의 다양한 크기를 point 필드의 크기로 전환한다. 따라서 IndexFaceSet에 적용된 이미지를 단일크기로 변환하지 않는다면 이미지의 크기가 변환되지 않아 이미지가 잘려 일부분만 나타나거나 예상하지 못한 형태의 이미지로 표현 되게 된다.

coordIndex와 texCoordIndex의 값은 면과 단일크기를 적용하는 순서를 나타내며 반드시 -1의 값으로 끝나야 한다.

그림 14-2 | TextureCoordinate 좌표

```
DEF bfly_body Transform {}
IndexedFaceSet { solid FALSE
   coord Coordinate { point [0 0 0, .5 0 0, .5 1 0, 0 1 0] }
   coordIndex [0 1 2 3 -1]  ## 면 생성 순서
   texCoord TextureCoordinate { point [0 0 , 1 0 , 1 1, 0 1] }
   texCoordIndex [0 1 2 3 -1] ## 단일크기 적용 순서
}
```

몸통을 기준으로 좌우 날개를 'bfly_left'와 'bfly_right'로 정의한다. 몸통과 좌우날개를 DEF로 정의하는 이유는 나중에 애니메이션을 적용하기 위해서이다. 좌우날개의 면 생성 방법은 몸통을 생성하는 방법과 유사하다.

실습 14-1 나비 몸통 만들기

```
#VRML V2.0 utf8
DEF bfly_body Transform { translation -.25 0 0
children Shape {
   geometry IndexedFaceSet { solid FALSE
     coord Coordinate { point [ 0 0 0, .5 0 0, .5 1 0, 0 1 0 ] }
     coordIndex [ 0 1 2 3 -1 ]
     texCoord TextureCoordinate { point[ 0 0 , 1 0 , 1 1, 0 1] }
     texCoordIndex [ 0 1 2 3 -1] }
   appearance Appearance { texture ImageTexture { url "bfly_body.gif" }
} } }
DEF bfly_left Transform { translation -.48 -.6 0 center .5 0 0
children Shape {
   geometry IndexedFaceSet { solid FALSE
     coord Coordinate { point [ -.5 0 0, .5 0 0, .5 2 0, -.5 2 0 ] }
     coordIndex [ 0 1 2 3 -1]
     texCoord TextureCoordinate { point[ 0 0 , 1 0 , 1 1, 0 1] }
     texCoordIndex [ 0 1 2 3 -1] }
   appearance Appearance { texture ImageTexture { url "bfly_left.gif" }
} } }
DEF bfly_right Transform { translation .54 -.6 0 center -.5 0 0
children Shape {
   geometry IndexedFaceSet { solid FALSE
     coord Coordinate { point [ -.5 0 0, .5 0 0, .5 2 0, -.5 2 0 ] }
     coordIndex [ 0 1 2 3 -1]
     texCoord TextureCoordinate { point[ 0 0 , 1 0 , 1 1, 0 1] }
     texCoordIndex [ 0 1 2 3 -1] }
   appearance Appearance { texture ImageTexture { url "bfly_right.gif" }
} } }
```

14.1.2 나비의 날개 움직이기

실습 14-1)를 통하여 나비의 몸통을 만들었다. 이제 실습 14-1A)를 통하여 나비의 날개를 움직여 보자. 실습 14-1A)는 실습 14-1)와 연결되어 있음을 명심하기 바란다. 날개를 움직이기 위해서는 TimeSensor 노드와 2개의 OrientationInterpolater 노드가 필요하다.

TimeSensor는 'time'으로 정의하고 주기(cycleInterval)는 .5로서 매우 빠른 주기를 갖는다. loop를 TRUE로 하여 시작과 동시에 반복적으로 실행되도록 설정하였다. 날개의 움직임은 좌우의 날개 움직임이 반대이므로 'ori_l'과 'ori_r'로 정의하고 각각 y축을 기준으로 90°[1.57, -1.57] 회전하도록 설정하였다.

```
DEF time TimeSensor { cycleInterval .5 loop TRUE } # 센서 설정
DEF ori_l OrientationInterpolator { ## 왼쪽 날개 회전 값 설정
    key [0, 1]
    keyValue [0 1 0 0 , 0 1 0 1.57]
}
DEF ori_r OrientationInterpolator { ## 오른쪽 날개 회전 값 설정
    key [0, 1]
    keyValue [0 1 0 0 , 0 1 0 -1.57]
}
```

TimeSensor 노드가 fraction_changed 이벤트를 발생하면 다음과 같은 ROUTE를 통하여 이벤트를 전달한다. fraction_changed는 'ori_l', 'ori_r'의 set_fraction으로 key[0,1]을 설정한다. key 값이 [0,1]로 설정되면 keyValue의 값이 0에서 [1.57]로 변화하게 되고 'bfly_left'와 'bfly_right'의 날개는 자연스럽게 움직이게 된다. 이처럼 날개의 움직임이 자연스럽게 나타난 이유는 실습 14-1)의 center .5 0 0 과 center -.5 0 0에 의해서이다. 만약 center가 적용되지 않고 날개를 회전시키면 회전은 날개의 중심에서 일어나 매우 이상한 모양으로 날개를 회전 할 것이다. center는 각각 나비의 몸통 방향으로 회전 중심을 이동시킨 것이다.

```
ROUTE time.fraction_changed TO ori_l.set_fraction
ROUTE ori_l.value_changed TO bfly_left.rotation  # 왼쪽 날개 회전
ROUTE time.fraction_changed TO ori_r.set_fraction
ROUTE ori_r.value_changed TO bfly_right.rotation # 오른쪽 날개 회전
```

실습 14-1A 나비의 날개 움직이기

```
##실습 14-1) 계속

DEF time TimeSensor { cycleInterval .5 loop TRUE } # 센서 설정
DEF ori_l OrientationInterpolator { ## 왼쪽 날개 회전 값 설정
    key [0, 1]
    keyValue [0 1 0 0 , 0 1 0 1.57]
}
DEF ori_r OrientationInterpolator { ## 오른쪽 날개 회전 값 설정
    key [0, 1]
    keyValue [0 1 0 0 , 0 1 0 -1.57]
}
ROUTE time.fraction_changed TO ori_l.set_fraction
ROUTE ori_l.value_changed TO bfly_left.rotation  # 왼쪽 날개 회전
ROUTE time.fraction_changed TO ori_r.set_fraction
ROUTE ori_r.value_changed TO bfly_right.rotation # 오른쪽 날개 회전
```

14.1.3 특정조건의 나비 애니메이션

실습 14-1A)는 프로그램이 시작하면 나비의 날개만 움직인다. 이번 절에서는 나비의 날개뿐만 아니라 나비 자체가 가상공간을 여기저기 날아가는 애니메이션을 구현해 보자. 단 프로그램이 시작할 때는 움직임이 없으나 관찰자가 나비에 접근할 경우 나비가 날개 짓을 하며 날아가도록 만들어 보자. 일반적으로 나비는 꽃밭에 앉아 있다가 사람이나 다른 생명체가 다가가면 날아가게 된다.

실습 14-1B)처럼 특정 조건에서 나비가 날도록 하기 위해선 먼저 나비의 위치를 변화 시켜 보자. 현재 나비의 모습은 그림 14-3처럼 관찰자가 나비의 위에서 바라보고 있다. 이 상태에서 나비를 이동시키면 부자연스러운 모습이 된다. 따라서 정면에서 바라본 나비의 모습을 그림 14-3과 같은 모양이 되도록 실습 14-1)를 변경해야 한다.

그림 14-3 | 나비 모습의 회전

나비의 모양을 변경하기 위하여 실습 14-1)의 나비를 두 개의 부모 Transform 노드를 사용하여 'butterfly'로 정의하고 z축과 x축으로 각각 −1.2 만큼 회전시켜야 한다. 'butterfly'는 관찰자가 접근할 경우 나비 전체를 이동시키기 위하여 정의된 것이다. 또한 나비의 모양을 z와 x축으로 각각 회전한 이유는 rotation 필드는 동시에 회전할 경우 원하는 형태의 회전을 제공하지 않기 때문이다.

```
DEF butterfly Transform { rotation 1 0 0 -1.2
    children [ Transform { rotation 0 0 1 -1.2
        children [ DEF bfly_body ] }## z축 회전 나비의 측면
] }## x축 회전 위쪽을 향한 나비 모습
```

실습 14-1B)의 내용중 "#!!!!!!!!!!!!!!!!!" 사이의 내용은 실습 14-1A)의 내용으로 나비의 날개를 움직이는 내용이다. 그러나 특정조건하에서만 나비가 움직여야 하므로 'time'의 enable 필드를 FALSE 값으로 변경하여 프로그램의 시작과 동시에 시작하지 못하도록 만들어야 한다.

```
DEF time TimeSensor { cycleInterval .5 loop TRUE enable FALSE }
```

특정조건에서 나비가 움직이도록 하려면 근접센서 ProximitySensor 노드를 사용해야 한다. 근접센서를 'proxi'의 중심(center)은 0 0 0이고 크기(size)는 20 20 20이다.

만약 관찰자가 이동하여 'proxi'의 중심 0 0 0에 접근하면 'proxi'의 isActive 필드는 TRUE 값을 발생한다. TRUE 출력 이벤트를 'time'의 enable 필드에서 입력으로 받으면 FALSE 값은 TRUE로 변경되어 TimeSensor가 구동되고 fraction_changed 이벤트를 발생하게 된다. 즉 관찰자가 근접센서 'proxi'에 접근할 경우에만 시간센서 'time'이 구동되는 것이다. 유사하게 관찰자가 근접센서에서 멀어지면 'proxi'의 isActive 필드는 FALSE 값을 출력하고 타임센서 'time'의 enable 필드는 FALSE가 되어 시간센서는 다시 구동을 멈춘다.

```
DEF proxi ProximitySensor { center 0 0  0 size 20 20 20 } ## 근접 센서
ROUTE proxi.isActive TO time.enabled ## 접근하면 TimeSensor 구동
```

'time'이 구동된다면 나비 전체의 애니메이션을 구현해야 한다. 따라서 'time'과 구별되는 또 다른 TimeSensor 노드 'time_2'를 정의해야 한다. 당연한 얘기겠지만 'time'은 나비의 날개 짓을 야기하는 센서이고 'time_2'는 나비 전체를 움직이는 시간센서이다.

```
DEF time_2 TimeSensor { cycleInterval 5 loop TRUE  enabled FALSE }
```

나비 전체의 움직임은 PositionInterpolator 노드 'pos'로 정의하고 세부적인 움직임을 갖도록 key 값은 가능하면 짧은 간격으로 분할한다. 또한 keyValue 값은 나비가 원형의 움직임을 갖도록 하는 것이 바람직하다. 가상공간에서 움직이는 물체가 시작점과 끝점이 다르다면 불연속적인 모습을 갖게 되어 부자연스러운 모습이 된다. 따라서 이동하는 물체는 가능하다면 시작점과 끝점을 일치하여 자연스러운 모습을 갖도록 하는 것이 좋다.

```
DEF pos PositionInterpolator { ## 원형으로 날아다니기
key [.09 .18 .25 .34 .43 .52 .61 .70 .78 .86 .92 1]
keyValue [ 원형으로 정의 ]
}
```

나비 전체의 움직임 역시 관찰자가 나비 근처에 설치된 근접센서 'proxi'에 접근해야만 'time_2'가 구동된다. 'time_2'의 구동에 의해 'butterfly'는 'pos'의 keyValue에 설정된 좌표 값으로 이동하게 된다.

```
ROUTE proxi.isActive TO time_2.enabled ## 나비에 다가서면 time_2 구동
ROUTE time_2.fraction_changed TO pos.set_fraction
ROUTE pos.value_changed TO butterfly.translation ## 원형으로 날아다니기
```

실습 14-1B 특정조건에서 나비 움직이기

```
#VRML V2.0 utf8
DEF butterfly Transform { rotation 1 0 0 -1.2
children [ Transform{ rotation 0 0 1 -1.2
children [ DEF bfly_body Transform { translation -.25 0 0
children Shape {
    geometry IndexedFaceSet { solid FALSE
      coord Coordinate { point [0 0 0, .5 0 0, .5 1 0, 0 1 0] }
      coordIndex [ 0 1 2 3 -1 ]
      texCoord TextureCoordinate { point[ 0 0 , 1 0 , 1 1, 0 1] }
      texCoordIndex [0 1 2 3 -1] }
    appearance Appearance { texture ImageTexture { url "bfly_body.gif" }
} } }
DEF bfly_left Transform { translation -.48 -.6 0 center .5 0 0
children Shape {
    geometry IndexedFaceSet { solid FALSE
      coord Coordinate { point [ -.5 0 0, .5 0 0, .5 2 0, -.5 2 0 ] }
      coordIndex [0 1 2 3 -1]
      texCoord TextureCoordinate { point[0 0 , 1 0 , 1 1, 0 1] }
```

```
      texCoordIndex [0 1 2 3 -1] }
    appearance Appearance { texture ImageTexture { url "bfly_left.gif" }
} } }
DEF bfly_left Transform { translation -.48 -.6 0 center .5 0 0
children Shape {
    geometry IndexedFaceSet { solid FALSE
      coord Coordinate { point [ -.5 0 0, .5 0 0, .5 2 0, -.5 2 0 ] }
      coordIndex [0 1 2 3 -1]
      texCoord TextureCoordinate { point[0 0 , 1 0 , 1 1, 0 1] }
      texCoordIndex [0 1 2 3 -1] }
    appearance Appearance { texture ImageTexture { url "bfly_left.gif" }
} } }
DEF bfly_right Transform { translation .54 -.6 0 center -.5 0 0
children Shape {
    geometry IndexedFaceSet { solid FALSE
      coord Coordinate { point [ -.5 0 0, .5 0 0, .5 2 0, -.5 2 0 ] }
      coordIndex [0 1 2 3 -1]
      texCoord TextureCoordinate { point[0 0 , 1 0 , 1 1, 0 1] }
      texCoordIndex [0 1 2 3 -1] }
    appearance Appearance { texture ImageTexture { url "bfly_right.gif" }
} } } ] }## z축 회전 나비의 측면
] }## x축 회전 위쪽을 향한 나비 모습
### time의 enable 필드를 FALSE로 변경
DEF time TimeSensor { cycleInterval .5 loop TRUE enabled FALSE }
DEF ori_l OrientationInterpolator { ## 왼쪽 날개 회전 값 설정
    key [0 , 1]
    keyValue [0 1 0 0 , 0 1 0 1.57] }
DEF ori_r OrientationInterpolator { ## 오른쪽 날개 회전 값 설정
    key [0 , 1]
    keyValue [0 1 0 0 , 0 1 0 -1.57] }
ROUTE time.fraction_changed TO ori_l.set_fraction
ROUTE ori_l.value_changed TO bfly_left.rotation  # 왼쪽 날개 회전
ROUTE time.fraction_changed TO ori_r.set_fraction
ROUTE ori_r.value_changed TO bfly_right.rotation # 오른쪽 날개 회전
##!!!!!!!!!!!!!!!!!!!!!!!!!!!!!!!!!!!!실습 14-14A)의 내용
## 다가가면 날개 짓 하기
DEF proxi ProximitySensor { center 0 0 0 size 20 20 20 } ## 근접 센서
ROUTE proxi.isActive TO time.enabled ## 나비에 다가서면 TimeSensor 구동
## 날아다니기
DEF time_2 TimeSensor { cycleInterval 5 loop TRUE  enabled FALSE }
DEF pos PositionInterpolator { ## 원형으로 날아다니기
    key [ .09 .18 .25 .34 .43 .52 .61 .70 .78 .86 .92 1 ]
    keyValue [ 0.00 1.2 0.00, .42 1.9 -1.68,
```

```
       3.88 1.1 -3.92, 5.00 2.1 -5.00,
       7.21 1.6 -3.71, 8.92  1.9 -1.68,
       10.00 1.5  0.00, 8.92 1.9  1.68,
       3.88 2.1 3.92, 2.50 2.2 5.00,
       3.68 2.0 3.92, 1.91 1.9 1.91,
       0.00 1.2 0.00 ]
}
ROUTE proxi.isActive TO time_2.enabled ## 나비에 다가서면 time_2 구동
ROUTE time_2.fraction_changed TO pos.set_fraction
ROUTE pos.value_changed TO butterfly.translation ## 원형으로 날아다니기
```

14.2 Script노드를 이용한 이벤트

14.2.1 Piano 건반을 이용한 음악 연주

이번 절에서는 피아노 건반을 만들고 사용자가 마우스나 키보드로 피아노 건반을 누를 때 소리를 재생하도록 만들어 보자. 마우스를 이용한 연주는 TouchSensor 노드를 이용하면 되지만 키보드를 이용한 연주는 기본 VRML 노드로 구현되지 않는다. 키보드를 이용한 소리의 재생은 키보드의 입력을 감지하는 새로운 센서가 필요하다. ParallelGraphics 회사에서는 키보드의 입력을 감지하는 확장노드 KbdSensor 노드를 추가하였다. 키보드의 경우는 이 센서를 이용하여 구현해 본다.

그림 14-4는 피아노의 8개 음계를 나타낸 것으로 각 음계를 누르면 소리가 재생된다. 피아노 연주를 위해서는 Sound 노드가 필요하다. Sound 노드는 AudioClip 노드를 통해 음원 *.wav 파일을 연결한다. 따라서 "도레미파솔라시도"의 8 음계에 해당하는 wav 파일이 필요하다. cd의 내용에 8개의 음계파일이 수록되어 있으니 사용자는 다음 실습을 통하여 script를 통한 사운드 재생에 충분히 숙지한 후 훌륭한 다른 악기를 구현해 보기 바란다.

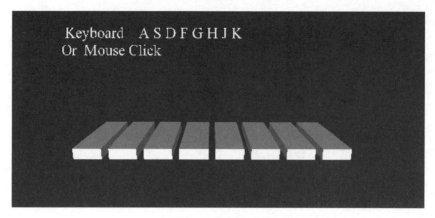

그림 14-4 | 피아노 건반

마우스와 키보드를 통한 피아노 연주는 두 개의 입력부분으로 구현되기 때문에 실습 14-2) 부터 실습 14-2F)까지 매우 긴 코드로 구현된다. 먼저 피아노 건반을 구현한 실습 14-2)의 내용을 살펴보자.

피아노 건반의 위치를 관찰자가 클릭하기 좋은 시점으로 변경하기 위하여 Viewpoint 노드를 통한 관찰자의 위치(point)를 [.5 3 10]으로 정의하고 시점의 방향은 아래를 향한다.

```
Viewpoint { position .5 3 10 orientation 1 0 0 -.3 }
```

사용자에게 소리를 내기 위한 입력은 키보드와 마우스임을 사용자에게 알려주기 위하여 Text 노드를 통하여 문자로 나타낸다. 예제의 경우 8 음계는 키보드 "A S D F G H J K"를 이용한다.

```
string ["Keyboard A S D F G H J K" "Or Mouse Click "]
```

소리의 재생은 Sound 노드를 이용한다. 음원의 위치는 (0 0 0)이며 소리의 방향은 +z축인 (0 0 10)이 된다. AudioClip 노드는 'AD'로 정의되었으며 음원은 url 필드를 통하여 지정한다. 예제의 경우는 8개의 소리를 재생해야 하므로 url 필드는 공백(" ")으로 지정하고 따로 Script 노드를 통해 해당 음계를 url 필드에 연결해야 한다.

```
Sound { location 0 0 0  maxFront 20 maxBack 20 direction 0 0 10
source DEF AD AudioClip { url " " loop FALSE } }
```

8개의 음반은 각 음계별로 Box 노드를 적절한 위치로 조정하여 구현한다. 건반의 막대를 사용자가 마우스를 클릭하였을 경우 건반이 눌리면서 소리를 재생해야 하므로 건반의 회전 애니메이션이 필요하며 TouchSensor 노드와 함께 자식노드로 구현된다. 낮은 '도'의 경우 이벤트에 적용하기 위하여 'Do'로 정의하였으며 위치는 [-3 0 0]이다. 'stick'으로 정의된 Shape 노드는 USE를 통하여 다른 건반에 재사용된다. 건반을 클릭했을 때 눌려진 동작을 이벤트로 처리하기 위하여 TouchSensor 노드를 'menu_1'으로 정의한다. 또한 건반이 눌려졌을 때의 동작을 위하여 회전중심을 [0 0 -1.5] 이동한다. 회전중심을 z축으로 -1.5 이동한 이유는 Box의 z축 크기가 3이므로 -z축으로 1.5가 되기 때문이다.

```
DEF Do Transform { translation -3 0 0 center 0 0 -1.5
children [ DEF stick Shape {
   geometry Box { size .8 .3 3 }
   appearance Appearance {
    material Material { diffuseColor .7 .7 .7 emissiveColor .3 .3 .3
             specularColor 1 1 1 } } }
   DEF menu_1 TouchSensor {}
] }
```

나머지 건반들도 'stick'을 재사용하여 구성하며 각각 'Re', 'Me', 'Pa', 'Sol', 'Ra', 'Si', 'Do2'로 정의한다. 또한 각 건반의 TouchSensor 노드는 'menu_2'부터 'menu_8'까지 정의된다.

```
DEF Re Transform { translation -2 0 0 center 0 0 -1.5
   children [ USE stick DEF menu_2 TouchSensor {} ]}
DEF Me Transform { translation -1 0 0 center 0 0 -1.5
   children [ USE stick DEF menu_3 TouchSensor {} ]}
DEF Pa Transform { translation 0 0 0 center 0 0 -1.5
   children [ USE stick DEF menu_4 TouchSensor {} ]}
DEF Sol Transform { translation 1 0 0 center 0 0 -1.5
   children [ USE stick DEF menu_5 TouchSensor {} ]}
DEF Ra Transform { translation 2 0 0 center 0 0 -1.5
   children [ USE stick DEF menu_6 TouchSensor {} ]}
DEF Si Transform { translation 3 0 0 center 0 0 -1.5
   children [ USE stick DEF menu_7 TouchSensor {} ]}
DEF Do2 Transform { translation 4 0 0 center 0 0 -1.5
   children [ USE stick DEF menu_8 TouchSensor {} ]}
```

실습 14-2 Piano 건반 구현하기

```
#VRML V2.0 utf8
Viewpoint { position .5 3 10 orientation 1 0 0 -.3 }
Transform { translation -4 3 0 rotation 1 0 0 -.3
children Shape {
    geometry Text {
        string ["Keyboard A S D F G H J K" "Or Mouse Click"]
        fontStyle  FontStyle { size .5 } }
    appearance Appearance {
        material Material { diffuseColor .7 .7 .7
                emissiveColor .3 .6 .3 specularColor 1 1 1 } }
} }
Sound { location 0 0 0  maxFront 20 maxBack 20 direction 0 0 10
    source DEF AD AudioClip { url " " loop FALSE } } ### 사운드 재생
DEF Do Transform { translation -3 0 0 center 0 0 -1.5 ###피아노건반 도
children [ DEF stick Shape {
    geometry Box { size .8 .3 3 }
    appearance Appearance {
        material Material { diffuseColor .7 .7 .7 emissiveColor .3 .3 .3
                    specularColor 1 1 1 } } }
    DEF menu_1 TouchSensor {}
] }
DEF Re Transform { translation -2 0 0 center 0 0 -1.5
    children [ USE stick DEF menu_2 TouchSensor {} ]}
DEF Me Transform { translation -1 0 0 center 0 0 -1.5
    children [ USE stick DEF menu_3 TouchSensor {} ]}
DEF Pa Transform { translation 0 0 0 center 0 0 -1.5
    children [ USE stick DEF menu_4 TouchSensor {} ]}
DEF Sol Transform { translation 1 0 0 center 0 0 -1.5
    children [ USE stick DEF menu_5 TouchSensor {} ]}
DEF Ra Transform { translation 2 0 0 center 0 0 -1.5
    children [ USE stick DEF menu_6 TouchSensor {} ]}
DEF Si Transform { translation 3 0 0 center 0 0 -1.5
    children [ USE stick DEF menu_7 TouchSensor {} ]}
DEF Do2 Transform { translation 4 0 0 center 0 0 -1.5
    children [ USE stick DEF menu_8 TouchSensor {} ]}
```

먼저 마우스로 소리를 재생해 보자. 소리의 재생은 사용자의 입력과 같은 상태 정보 등을 저장해야 하므로 Script노드의 javascript로 구현해야 된다. Script 노드를 사용하기 위해선 먼저 Script 노드를 'sw_obj'와 같이 정의해야 하며 Script 노드의 필드 타입을 사용자가 직접 구현해야 한다. 초보자의 경우 가장 어려운 부분이 필드 타입을 지정하는 것인데 꾸준히 실습하다 보면 자연히 이해할 수 있을 것이다.

Script 노드에서 사용하는 필드 타입은 field, eventOut, eventIn과 같이 세 개만이 사용된다. field는 고정 상수와 같이 노드나 초기 값을 선언하기 위해 사용된다. eventOut은 Script 노드의 출력 값을 외부로 전달하기 위해 사용되며 eventIn은 외부 노드로부터 이벤트 값을 입력 받기 위해 사용된다. 앞서 언급하였지만 exposedField는 입출력을 모두 처리하기 때문에 너무 복잡하여 사용되지 않는다.

먼저 사용자의 입력을 직접 처리하기 위해서 directOuput을 'TRUE'로 설정하였다. 또한 앞서 선언되었던 TouchSensor 'menu_1'부터 'menu_9' 그리고 건반 'Do'부터 'Do2'는 Script 노드에서 재사용하므로 SFNode로 모두 다시 선언되었다. 비록 재 선언되었지만 그 속성은 Script 노드에서 그대로 물려받는다. Script 노드에서 재사용되는 노드들은 다음과 같이 field로서 선언한다.

```
DEF sw_obj Script {
directOutput TRUE
field SFNode menu_1 USE menu_1    ## 마우스 센서
      ..
field SFNode menu_8 USE menu_8
field SFNode Do USE Do
      ..
field SFNode Do2 USE Do2
field SFNode AD USE AD   } ## 사운드
```

다음으로 8 음계의 음원을 선언해 보자. 각 음원은 현재 파일과 같은 디렉토리에 wav 파일명을 갖고 있다. 이처럼 문자열로 표현된 자료들은 MFString으로 선언해야 한다. MF의 의미는 Mutiple Field로서 다수의 문자열을 정의한다.

```
field MFString audio_1 ["do.wav "]    ### 음원
      ..
field MFString audio_8 ["do2.wav"]
```

eventIn으로 선언된 'click1'에서 'click8'은 불린(SFBool) 타입으로 건반을 클릭할 때 이벤트를 받아들이는 부분이다. eventIn으로 선언된 타입들은 실습 14-2A)과 같이 url 필드를 통해 javascirpt로 함수(function)의 기능을 구현해야 한다.

실습 14-2A   Piano 건반 구현하기

```
### 마우스 클릭으로 소리 내기
DEF sw_obj Script {
   directOutput TRUE
   field SFNode menu_1 USE menu_1    ## 마우스 센서
   field SFNode menu_2 USE menu_2
   field SFNode menu_3 USE menu_3
   field SFNode menu_4 USE menu_4
   field SFNode menu_5 USE menu_5
   field SFNode menu_6 USE menu_6
   field SFNode menu_7 USE menu_7
   field SFNode menu_8 USE menu_8
   field SFNode Do USE Do
   field SFNode Re USE Re
   field SFNode Me USE Me
   field SFNode Pa USE Pa
   field SFNode Sol USE Sol
   field SFNode Ra USE Ra
   field SFNode Si USE Si
   field SFNode Do2 USE Do2
   field SFNode AD USE AD   ## 사운드
   field MFString audio_1 ["do.wav "]    ### 음원
   field MFString audio_2 ["re.wav"]
   field MFString audio_3 ["me.wav"]
   field MFString audio_4 ["pa.wav"]
   field MFString audio_5 ["sol.wav"]
   field MFString audio_6 ["ra.wav"]
   field MFString audio_7 ["si.wav"]
   field MFString audio_8 ["do2.wav"]
   eventIn SFBool click1    ## Script 함수호출
   eventIn SFBool click2
   eventIn SFBool click3
   eventIn SFBool click4
   eventIn SFBool click5
   eventIn SFBool click6
   eventIn SFBool click7
   eventIn SFBool click8
   field SFTime time .2
```

eventIn 타입의 'click1' 필드는 피아노 건반의 'Do' 입력을 받을 경우 호출되는 함수이다. 매개변수 'vs'는 TouchSensor 'menu_1'을 클릭(isActive)했을 경우 전달되는 불린(boolean) 값이다. 즉 마우스로 'Do'를 클릭하면 TRUE 혹은 FALSE를 함수 click1에 전달한다.

```
function click1(vs) {}
```

click1 함수가 수행되면 음계 낮은 도가 재생되어야 한다. 재생되는 과정은 다음과 같다. AudioClip 'AD'의 url 필드에 음원인 'audio_1'(do.wav)파일을 할당한다.

```
AD.url = audio_1 ; // 음원 할당
```

도 소리가 재생되는 시간은 TouchSensor 'menu_1'을 클릭한 시간이 된다.

```
AD.startTime = menu_1.touchTime ; // 클릭 시간 사운드 재생
```

도 소리가 무한정 재생되지 않게 하기위해서는 일정한 시간이 흐른 후 재생을 멈추도록 해야 한다. 따라서 'AD'의 멈춤 시간(stopTime)은 시작 시간(startTime)으로부터 일정시간을 더해주면 된다. 앞서 field 타입으로 time을 0.2로 선언했었다. 즉 재생되는 시간은 마우스로 클릭한 후로부터 0.2초 재생되게 된다.

```
AD.stopTime = AD.startTime+time ; // 사운드 끝나는 시간
```

이로써 피아노 건반의 낮은 도를 재생할 수 있는 click1 함수가 구현되었다. 그러나 마우스로 건반을 눌렀을 경우 건반은 일정부분 아래 부분으로 회전해야 한다. 따라서 'Do'를 눌렀을 경우 x축으로 라디안 0.05 회전을 시키면 앞서 선언된 center 값[0 0 −1.5]를 중심으로 아래로 회전된다. 이때 'click1' 함수의 매개 변수 vs는 TRUE 값을 발생한다. TRUE 값은 1과 같기 때문에 조건문 if를 사용하여 1과 같은지를 비교하면 된다. new SFRotation(x, y, z, radian)은 새로운 값을 할당하는 javascript 객체이다.

```
if (vs == 1) { Do.rotation = new SFRotation (1, 0, 0, .05) ; }
```

만약 클릭하지 않았을 경우에는 vs 값은 FALSE로 바뀌고 FALSE는 0의 값과 같다. 따라서 else 구문을 통하여 Do.rotation 회전 값은 원래 상태인 (1, 0, 0, 0)을 할당하면 된다.

```
function click1(vs) {
    AD.url = audio_1 ; // 음원 할당
    AD.startTime = menu_1.touchTime ; // 클릭 시간 사운드 재생
```

```
    AD.stopTime = AD.startTime+time ; // 사운드 끝나는 시간
    if (vs == 1) { Do.rotation = new SFRotation (1, 0, 0, .05) ; }
    else { Do.rotation = new SFRotation (1, 0, 0, 0) ; }
}
```

나머지 click 함수들 역시 위와 같은 의미를 갖고 있다. 실제적인 음원의 재생은 다음의
ROUTE 구문에 의해 수행된다.

실습 14-2B Piano 건반 구현하기

```
url "javascript:
    function click1(vs) {
        AD.url = audio_1 ; // 음원 할당
        AD.startTime = menu_1.touchTime ; // 클릭 시간 사운드 재생
        AD.stopTime = AD.startTime+time ; // 사운드 끝나는 시간
        if (vs == 1) { Do.rotation = new SFRotation (1, 0, 0, .05) ; }
        else { Do.rotation = new SFRotation (1, 0, 0, 0) ; }
    }
    function click2(vs){
        AD.url = audio_2 ;
        AD.startTime = menu_2.touchTime ;
        AD.stopTime = AD.startTime+time ;
        if (vs == 1) { Re.rotation = new SFRotation(1, 0, 0, .05) ; }
        else { Re.rotation = new SFRotation (1, 0, 0, 0) ; }
    }
    function click3(vs){
        AD.url = audio_3 ;
        AD.startTime = menu_3.touchTime ;
        AD.stopTime = AD.startTime+time ;
        if (vs == 1) { Me.rotation = new SFRotation(1, 0, 0, .05) ; }
        else { Me.rotation = new SFRotation (1, 0, 0, 0) ; }
    }
    function click4(vs){
        AD.url = audio_4 ;
        AD.startTime = menu_4.touchTime ;
        AD.stopTime = AD.startTime+time ;
        if (vs == 1) { Pa.rotation = new SFRotation(1, 0, 0, .05) ; }
        else { Pa.rotation = new SFRotation (1, 0, 0, 0) ; }
    }
        function click5(vs){
        AD.url = audio_5 ;
        AD.startTime = menu_5.touchTime ;
```

```
        AD.stopTime = AD.startTime+time ;
        if (vs == 1) { Sol.rotation = new SFRotation (1, 0, 0, .05) ; }
        else { Sol.rotation = new SFRotation (1, 0, 0, 0) ; }
    }
```

실습 14-2C   Piano 건반 구현하기

```
    function click6(vs){
        AD.url = audio_6 ;
        AD.startTime = menu_6.touchTime ;
        AD.stopTime = AD.startTime+time ;
        if (vs == 1) { Ra.rotation = new SFRotation (1, 0, 0, .05) ; }
        else { Ra.rotation = new SFRotation ( 1, 0, 0, 0) ; }
    }
    function click7(vs){
        AD.url = audio_7 ;
        AD.startTime = menu_7.touchTime ;
        AD.stopTime = AD.startTime+time ;
        if (vs == 1) { Si.rotation = new SFRotation( 1, 0, 0, .05) ; }
        else { Si.rotation = new SFRotation ( 1, 0, 0, 0) ; }
        }
    function click8(vs){
        AD.url = audio_8 ;
        AD.startTime = menu_8.touchTime ;
        AD.stopTime = AD.startTime+time ;
        if (vs == 1) { Do2.rotation = new SFRotation( 1, 0, 0, .05) ; }
        else { Do2.rotation = new SFRotation ( 1, 0, 0, 0) ; }
    } "
}
```

TouchSensor 'menu_*'의 isActive 값은 TRUE/FALSE 이벤트를 발생시키고 이를 Script 노드 'sw_obj'의 'click_*'이 이벤트로 입력 받아 소리를 재생한다.

```
ROUTE menu_1.isActive    TO sw_obj.click1
ROUTE menu_2.isActive    TO sw_obj.click2
ROUTE menu_3.isActive    TO sw_obj.click3
ROUTE menu_4.isActive    TO sw_obj.click4
ROUTE menu_5.isActive    TO sw_obj.click5
ROUTE menu_6.isActive    TO sw_obj.click6
ROUTE menu_7.isActive    TO sw_obj.click7
ROUTE menu_8.isActive    TO sw_obj.click8
```

키보드로 피아노 건반을 연주하는 방법은 키보드의 특정한 문자를 8개의 음계와 1:1 대응시켜야 하고 해당 키가 눌려졌는지 감지를 해야 한다. 예제의 경우는 키보드 "ASDFGHJK" 키 값을 낮은 도에서 높은 도까지 매칭 시켰다. 키보드를 감지하는 센서는 확장 VRML에서 가능하기 때문에 KbdSensor 노드를 'kb'로 정의한다.

```
DEF kb KbdSensor { isActive TRUE }   ### 키보드로 소리 내기
```

'kb'가 정의되었기 때문에 Script 노드로서 키보드로 피아노를 연주하는 script를 구현해 보자. Script 노드를 'kbd_sc'로 정의한다.

```
DEF kbd_sc Script {}
```

앞서 마우스로 음원을 재생하는 'sw_obj'와 마찬가지로 가장 먼저 field를 정의해야 한다. 'AD', 'audion_*' 그리고 'Do'에서 'Do2'까지는 sw_obj 필드와 같다.

다음으로 가장 중요한 키보드의 키가 눌러 졌을 때 발생하는 이벤트를 입력 받는 eventIn 필드를 정의해야 한다. 이 부분에서 주의할 점은 사용자는 "ASDFGHJK" 각 문자를 누르지만 script 코드에서는 각 문자를 정수(SFInt32)로서 인식한다는 점이다. 따라서 eventIn은 SFInt32로 선언되어야 하며 키의 눌림(down)과 올림(up) 상태로 이벤트를 입력 받게 된다.

```
eventIn SFInt32 down
eventIn SFInt32 up
```

down과 up은 url 필드에서 javascript 함수로 피아노 연주 기능을 구현한다. 먼저 A가 눌려졌을 때 낮은 도가 재생되는 function down(v,ts)를 구현하고 A가 원상태로 돌아갔을 때 소리가 멈추는 function up(v,ts)를 알아보자.

함수 down(v,ts)는 v와 ts를 매개변수로 외부에서 입력 받는다. 마우스를 이용한 이벤트에서는 하나의 매개변수 v를 불린(boolean) 값으로 선언하였다. 그러나 키보드 이벤트의 경우는 키보드 킷값에 해당하는 정수 v를 매개변수로 사용하고 키가 눌려진 시간 ts를 매개변수로 사용한다.

```
function down(vs,ts){} //v= 킷값 , ts= 눌려진 시간
```

문자 'A'가 눌려지면 A에 해당하는 정수 값 v가 매개변수로 함수 down()으로 전달된다. 만약 사용자가 'A'해당하는 정수 값을 직접 알고 있다면 매개 변수 v와 정수 값을 직접 비교하여 확인할 수 있다. 그러나 A의 정수 값을 알고 있지 않다면 정수 값을 해당 문자 값으로 변환해야 한다. 다행히 이러한 기능은 String.fromCharCode() 객체 함수로 정의되어 있다. 따라서 조건문 if를 통하여 문자 'A'와 눌려진 킷값이 같은지 비교하면 된다.

```
if ('A' == String.fromCharCode(vs.toString()) ){ } //A 문자가 눌려지면
```

사용자가 누른 문자가 'A'가 맞다면 앞서 마우스의 click_*() 함수와 마찬가지로 음원을 할당하고 재생시간과 멈춤 시간을 할당하면 된다. 마우스 이벤트와 다른 점은 음원의 재생 시간이다. 마우스 이벤트의 경우 클릭한 시간이 되지만 키보드의 경우는 킷값이 눌려진 시간 즉, 매개변수 'ts'가 음원의 재생 시작 시간이 된다.

```
if ('A' == String.fromCharCode(vs.toString()) ){//A 문자가 눌려지면
    AD.url = audio_1 ;  // 음원 할당
    AD.startTime = ts ;   // 시간
    Do.rotation = new SFRotation ( 1, 0, 0, .05) ;
    AD.stopTime = AD.startTime+time  ; } //끝나는 시간
```

다른 키보드 문자 "SDFGHJ"를 판별하는 방법과 기능은 'A'문자를 판별하는 구문과 같으므로 실습예제 구문을 살펴보기 바란다.

down() 함수와 마찬가지로 키보드가 원 상태로 돌아간 up() 함수 역시 해당 문자가 원상태로 돌아갔는지를 조건문 if를 통해 판별해야 한다. 실습 14-13D)는 up() 함수를 나타낸 것으로 눌려진 키가 원상태로 돌아갔을 경우 피아노 건반을 원상태(1,0,0,0)로 되돌리게 된다.

```
if ('A' == String.fromCharCode(vs.toString()) ) {  //A 문자의 원상태
 Do.rotation = new SFRotation (1,0,0,0) ; }
```

키보드로 음원을 재생하는 이벤트는 다음과 같이 'kb'의 키가 눌려지면 'kbd_sc'의 down 함수에 ROUTE로 이벤트를 전달한다. 이와 유사하게 'kb'의 키가 원상태로 되면 'kbd_sc'의 up 함수로 ROUTE로 이벤트를 전달한다.

```
ROUTE kb.keyDown TO kbd_sc.down
ROUTE kb.keyUp TO kbd_sc.up
```

실습 14-2D Piano 건반 구현하기

```
DEF kb KbdSensor { isActive TRUE }  ### 키보드 A,S (도, 레)로 소리 내기
DEF kbd_sc Script {
   directOutput TRUE
   field SFNode AD USE AD
   field MFString audio_1 ["do.wav"]
   field MFString audio_2 ["re.wav"]
   field MFString audio_3 ["me.wav"]
   field MFString audio_4 ["pa.wav"]
   field MFString audio_5 ["sol.wav"]
   field MFString audio_6 ["ra.wav"]
   field MFString audio_7 ["si.wav"]
   field MFString audio_8 ["do2.wav"]
   field SFNode Do USE Do
   field SFNode Re USE Re
   field SFNode Me USE Me
   field SFNode Pa USE Pa
   field SFNode Sol USE Sol
   field SFNode Ra USE Ra
   field SFNode Si USE Si
   field SFNode Do2 USE Do2
   eventIn SFInt32 down
   eventIn SFInt32 up
   field SFTime time .2
   url "javascript:
   function down(vs,ts){
     if ('A' == String.fromCharCode(vs.toString()) ){//A 문자가 눌려지면
        AD.url = audio_1 ;  // 음원 할당
        AD.startTime = ts ;   // 시간
        Do.rotation = new SFRotation ( 1, 0, 0, .05) ;
        AD.stopTime = AD.startTime+time ;  }  //끝나는 시간
      if ('S' == String.fromCharCode(vs.toString()) ) {
        AD.url = audio_2 ;
        AD.startTime = ts ;
        AD.stopTime = AD.startTime+time ;
        Re.rotation = new SFRotation ( 1, 0, 0, .05) ;  }
```

실습 14-2E Piano 건반 구현하기

```
     if ('D' == String.fromCharCode(vs.toString()) ) {
        AD.url = audio_3 ;
        AD.startTime = ts ;
```

```
      AD.stopTime = AD.startTime+time  ;
      Me.rotation = new SFRotation ( 1, 0, 0, .05) ; }
   if ('F' == String.fromCharCode(vs.toString()) ) {
      AD.url = audio_4 ;
      AD.startTime = ts  ;
      AD.stopTime = AD.startTime+time  ;
      Pa.rotation = new SFRotation ( 1, 0, 0, .05) ; }
   if ('G' == String.fromCharCode(vs.toString()) ) {
      AD.url = audio_5 ;
      AD.startTime = ts  ;
      AD.stopTime = AD.startTime+time  ;
      Sol.rotation = new SFRotation ( 1, 0, 0, .05) ; }
   if ('H' == String.fromCharCode(vs.toString()) ) {
      AD.url = audio_6 ;
      AD.startTime = ts  ;
      AD.stopTime = AD.startTime+time  ;
      Ra.rotation = new SFRotation ( 1, 0, 0, .05) ; }
   if ('J' == String.fromCharCode(vs.toString()) ) {
      AD.url = audio_7 ;
      AD.startTime = ts  ;
      AD.stopTime = AD.startTime+time  ;
      Si.rotation = new SFRotation ( 1, 0, 0, .05) ; }
   if ('K' == String.fromCharCode(vs.toString()) ) {
      AD.url = audio_8 ;
      AD.startTime = ts  ;
      AD.stopTime = AD.startTime+time  ;
      Do2.rotation = new SFRotation ( 1, 0, 0, .05) ; }
} // end function
```

실습 14-2F Piano 건반 구현하기

```
function up(vs,ts) {
   if ('A' == String.fromCharCode(vs.toString()) ) {  //A 문자의 원상태
      Do.rotation = new SFRotation (1,0,0,0) ; }
   if ('S' == String.fromCharCode(vs.toString()) ) {
      Re.rotation = new SFRotation ( 1, 0, 0, 0) ; }
   if ('D' == String.fromCharCode(vs.toString()) )   {
      Me.rotation = new SFRotation ( 1, 0, 0, 0) ; }
   if ('F' == String.fromCharCode(vs.toString()) ) {
      Pa.rotation = new SFRotation ( 1, 0, 0, 0) ; }
   if ('G' == String.fromCharCode(vs.toString()) ) {
      Sol.rotation = new SFRotation ( 1, 0, 0, 0) ; }
```

```
    if ('H' == String.fromCharCode(vs.toString()) ) {
      Ra.rotation = new SFRotation ( 1, 0, 0, 0) ; }
    if ('J' == String.fromCharCode(vs.toString()) ) {
      Si.rotation = new SFRotation ( 1, 0, 0, 0) ; }
    if ('K' == String.fromCharCode(vs.toString()) ) {
      Do2.rotation = new SFRotation ( 1, 0, 0, 0) ; }
  } " // end funtion, end javascript
}
## 마우스 클릭
ROUTE menu_1.isActive   TO sw_obj.click1
ROUTE menu_2.isActive   TO sw_obj.click2
ROUTE menu_3.isActive   TO sw_obj.click3
ROUTE menu_4.isActive   TO sw_obj.click4
ROUTE menu_5.isActive   TO sw_obj.click5
ROUTE menu_6.isActive   TO sw_obj.click6
ROUTE menu_7.isActive   TO sw_obj.click7
ROUTE menu_8.isActive   TO sw_obj.click8
## 키보드
ROUTE kb.keyDown TO kbd_sc.down
ROUTE kb.keyUp TO kbd_sc.up
```

14.2.2 Script를 이용한 문자조명

script를 사용하여 그림 14-5와 같이 3차원 문자에 조명을 애니메이션 시켜보자. 3차원 문자는 기본 VRML에서 지원하지 않으므로 확장 VRML Text3D 노드를 적용한다. 3차원 문자의 조명효과는 앞서 구현한 피아노 보다는 훨씬 간단히 구현할 수 있다. 인공조명의 효과는 2개의 SpotLight 노드를 사용하여 −z 방향으로 비출 것이며 문자를 따라 x축을 따라 이동한다. 따라서 필요한 노드는 PositionInterpolator 노드와 TimeSensor 노드이다.

그림 14-5 | script를 이용한 문자조명

실습 14-3)과 실습 14-13A)는 3차원 문자 "A MAZE"를 Text3D 노드를 통해 정의하고 조명의 움직임을 script 노드로 구현한 예제이다. 위치 애니메이션을 script로 구현하는 방법에 대해 알아보자.

인공조명 SpotLight의 효과를 극대화 하려면 NavigationInfo 노드에서 제공하는 기본 빛 headlight를 제거해야 한다.

```
NavigationInfo { headlight FALSE }
```

3차원 문자는 Text3D 노드의 depth 필드를 통해 구현한다. depth의 크기가 1보다 클수록 3차원 문자의 입체감은 커지게 된다. depth의 크기를 0.5로 지정하여 약간의 입체감만 부여하였다.

```
Text3D { string ["A MAZE"] depth .5      }
```

두 개의 SpotLight를 'slight'와 'slight1'로 정의하였다. 'slight'의 위치(location)는 [0 0 4]이며 빛의 방향은 [0 -4 -10]로 -y축과 -z축 방향으로 5m의 거리(radius)까지 조명할 수 있다. 조명의 색상(color)은 노란색[0.432 0.456 0.014] 계통이다. 두 번째 조명 'slight2'의 빛의 방향(direction)은 [0 4 -10]로 'slight'와 다르게 +y축과 -z축의 방향을 갖는다. 색상은 보라색(.432 .156 .414) 계통으로 설정하였고 다른 필드는 'slight'와 동일하다.

```
DEF slight SpotLight {
    color .432 .456 .014  location 0 0 4 direction 0 -4 -10
    cutOffAngle 1.3 beamWidth 3.2 radius 5
}
DEF slight1 SpotLight {
    color .432 .156 .414  location 0 0 4 direction 0 4 -10
    cutOffAngle 1.3 beamWidth 3.2 radius 5
}
```

Script 노드를 통하여 'slight'는 왼쪽에서 오른쪽 방향으로 움직이며 조명을 비출 것이며 'slight1'은 'slight'와 반대 방향으로 움직이며 조명을 비춘다. 따라서 두 개의 위치 애니메이션을 적용하므로 PositionInterpolator 노드로서 'pos'와 'ori'를 정의하고 'time'으로 TimeSensor노드를 정의하였다. 한 가지 주의 깊게 보아야 할 점은 'pos'와 'ori'의 key와 keyValue 값이 없다는 것이다. 이 값들은 Script 노드를 통해 결정 짓게 된다.

```
DEF pos PositionInterpolator {}
DEF ori PositionInterpolator {}
DEF time TimeSensor{ cycleInterval 5  loop TRUE }
```

실습 14-3 script를 이용한 3차원 조명문자

```
VRML V2.0 utf8
NavigationInfo { headlight FALSE }
Transform { translation -3 -1 0
children Shape {
    geometry Text3D {
        creaseAngle .2
        string ["A MAZE"]
        fontStyle FontStyle { size 2 }
        depth .5 }
    appearance Appearance {
        material Material {
          diffuseColor .563 .543 .014  specularColor .65 .63 .01 }}}}
Transform { translation 1 -2 0
children Shape {
    geometry Text3D {
        creaseAngle .2
        string ["producer Park GB"]
        fontStyle FontStyle { size .5 }
        depth .3 }
    appearance Appearance { material Material {
        diffuseColor .063 .543 .514  specularColor .65 .63 .601 }}}}
DEF slight SpotLight {
    color .432 .456 .014  location 0 0 4 direction 0 -4 -10
    cutOffAngle 1.3 beamWidth 3.2 radius 5
}
DEF slight1 SpotLight {
    color .432 .156 .414  location 0 0 4 direction 0 4 -10
    cutOffAngle 1.3 beamWidth 3.2 radius 5
}
DEF pos PositionInterpolator {}
DEF ori PositionInterpolator {}
DEF time TimeSensor{ cycleInterval 5  loop TRUE }
```

Script 노드 'sc'를 통하여 'pos'와 'ori'의 key 값을 결정 짓는 방법에 대해 알아보자. 피아노 실습에서와 마찬가지로 Script 노드를 사용하기 위해서는 field를 먼저 정의해야 한다.

인공조명 'slight', 'slight1'과 Interpolator 'pos'와 'ori'는 'sc'에서 재사용되므로 SFNode 로서 재정의 한다.

```
field SFNode slight USE slight
field SFNode slight1 USE slight1
field SFNode pos USE pos
field SFNode ori USE ori
```

'pos'와 'ori'의 key와 keyValue를 정의하지 않았으므로 이 값들은 'sc'에서 이벤트로 발생 시켜야 된다. 따라서 eventOut은 MFFloat 타입으로 key 값에 해당하는 key_p와 key_o를 정의한다. 마찬가지로 keyValue에 해당하는 keyValue_p와 keyValue_o를 MFvec3f 타입 으로 정의한다.

```
eventOut MFFloat key_p
eventOut MFVec3f keyValue_p
eventOut MFFloat key_o
eventOut MFVec3f keyValue_o
```

인공조명 'slight'와 'slight1'의 위치(location)는 'sc'에서 이벤트를 발생시켜야 한다. 애니메이션을 위해서는 TimeSensor 노드가 필수적이다. 'time'이 구동되면 일정한 주기 간 격으로 반복된 시간(cycleTime)을 이벤트로 출력한다. 'sc'에서는 'time'의 반복된 주기를 이벤트로 입력 받아 앞서 정의되지 않은 key와 keyValue를 정의하게 된다. 따라서 eventIn 의 타입은 시간을 받아들여야 되므로 SFTime이 되며 'effect'로 정의하였다.

```
eventIn SFTime effect
```

'effect' 입력은 javascript의 함수로 구현되어야 하는데 예제에서는 세 개의 변수로서 'set_v', 'pos_key' 그리고 'ori_key'를 다음과 같은 초기 값으로 선언하였다.

```
field SFInt32 set_v 10
field SFFloat pos_key 0.0
field SFFloat ori_key 0.0
```

url 필드를 통해 script 코드를 구현해 보자. script 코드는 ecmascript, vrmlscript 그리 고 javascript 중 어느 것을 사용해도 된다. 대부분의 script 코드는 javascript 코드로 파생 된 것으로 이름만 다를 뿐 사용법은 대동소이하다.

```
url "ecmascript:"
```

이벤트 입력 함수 effect()는 반복문 for를 통해 'pos'와 'ori'의 key 값과 keyValue 값을 결정짓는 함수이다. 'pos'와 'ori'의 구현방법은 유사하니 'pos'의 값을 구하는 방법을 살펴보자. 변수 set_v의 값은 10으로 앞서 설정하였다. 변수 i와 pos_key의 초기 값은 0이기 때문에 반복문 for는 10번 수행을 한다. 각 수행동안 pos_key 값은 0.1씩 증가하게 된다. 따라서 pos_key의 값들은 매번 수행되면서 key_p[i]에 할당된다. 마찬가지로 keyValue_p[i]는 3차원 좌표 값(-4+i, -1,5)이 저장된다. 결론적으로 for 구문을 수행하면 key_p[i]와 keyValue_p[i]의 값은 다음과 같다.

```
for ( i=0, pos_key =0.0; i < set_v ; i++,pos_key = pos_key+0.1)
{
    key_p[i] = pos_key ;
    keyValue_p[i] = new SFVec3f(-4+i, -1, 5) ;
}
key_p [ 0.0 0.1 0.2 0.3 0.4 0.5 0.6 0.7 0.8 0.9 ]
keyValue_p [-4 -1 5, -3 -1 5, -2 -1 5, -1 -1 5, 0 -1 5,
        1 -1 5, 2 -1 5, 3 -1 5, 4 -1 5, 5 -1 5 ]
```

위의 결과 값은 'pos'노드의 key와 keyValue 값으로 할당되어진다. 'ori'를 구하는 구문역시 같은 방식으로 수행된다.

```
pos.key = key_p ;
pos.keyValue = keyValue_p ;
```

이벤트 동작방식은 다음과 같다. 'time'이 주기적인 cycleTime 이벤트를 발생하면 'sc'의 effect는 주기적으로 이벤트를 입력받는다. 따라서 'pos'와 'ori'의 key 값과 keyValue 값이 구해진다. 'time'의 fraction_changed 이벤트의 발생은 결국 'slight'와 'slight1'의 위치 (location)을 keyValue 값으로 치환하게 되며 조명은 애니메이션을 하게 된다.

```
ROUTE time.cycleTime TO sc.effect
ROUTE time.fraction_changed TO pos.set_fraction
ROUTE pos.value_changed TO slight.location
ROUTE time.fraction_changed TO ori.set_fraction
ROUTE ori.value_changed TO slight1.location
```

실습 14-3A script를 이용한 3차원 조명문자

```
DEF sc Script {
    field SFNode slight USE slight
    field SFNode slight1 USE slight1
    field SFNode pos USE pos
    field SFNode ori USE ori
    eventOut MFFloat key_p
    eventOut MFVec3f keyValue_p
    eventOut MFFloat key_o
    eventOut MFVec3f keyValue_o
    eventIn SFTime effect
    field SFInt32 set_v 10
    field SFFloat pos_key 0.0
    field SFFloat ori_key 0.0
    url "ecmascript:
      function effect(){
    for ( i=0, pos_key =0.0; i < set_v ; i++,pos_key = pos_key+0.1){
        key_p[i] = pos_key ;
        keyValue_p[i] = new SFVec3f(-4+i, -1, 5) ;
    }
    pos.key  = key_p ;
    pos.keyValue = keyValue_p ;
    for ( i=0, ori_key=0.0; i < set_v ; i++, ori_key = ori_key+0.1) {
        key_o[i] = ori_key ;
        keyValue_o[i] = new SFVec3f(-4+i, -1, -5) ;
    }
    ori.key  = key_o ;
    ori.keyValue  = keyValue_o ;
    }"
}
ROUTE time.cycleTime TO sc.effect
ROUTE time.fraction_changed TO pos.set_fraction
ROUTE pos.value_changed TO slight.location
ROUTE time.fraction_changed TO ori.set_fraction
ROUTE ori.value_changed TO slight1.location
```

Part **04**

부록

VRML97 Specification

Anchor

```
Anchor {
eventIn          MFNode       addChildren
eventIn          MFNode       removeChildren
exposedField     MFNode       children        []
exposedField     SFString     description ""
exposedField     MFString     parameter       []
exposedField     MFString     url             []
field            SFVec3f      bboxCenter      0 0 0  #(-∞,∞)
field            SFVec3f      bboxSize        -1 -1 -1 #0,∞) or -1,-1,-1}
```

Appearance

```
Appearance{
exposedField     SFNode       material         NULL
exposedField     SFNode       texture          NULL
exposedField     SFNode       textureTransform NULL}
```

AudioClip

```
Audioclip{
exposedField     SFString     description       ""
exposedField     SFBool       loop FALSE
exposedField     SFFloat      pitch            1.0    #[0,∞)
exposedField     SFTime       startTime        0      #(-∞,∞)
exposedField     SFTime       stopTime         0      #(-∞,∞)
exposedField     MFString     url              []
eventOut         SFTime       duration_changed
eventOut         SFBool       isActive}
```

Background

```
Bacgroud{
eventIn          SFBool       set_bind
exposedField     MFFloat      groundAngle      []     #[0,π/2]
exposedField     MFColor      groundColor      []     #[0,1]
exposedField     MFString     backUrl          []
exposedField     MFString     bottomUrl        []
exposedField     MFString     frontUrl         []
exposedField     MFString     leftUrl          []
```

```
exposedField    MFString    rightUrl        []
exposedField    MFString    topUrl          []
exposedField    MFFloat     skyAngle        []      # 0,π]
exposedField    MFColor     skyColor        0 0 0   #[0,1]
eventOut        SFBool      isBound
}
```

Billboard

```
Billboard{
eventIn         MFNode      addChildren
eventIn         MFNode      removeChildren
exposedField    SFVec3f     axisOfRotation  0 1 0   #(-∞,∞)
exposedField    MFNode      children        []
field           SFVec3f     bboxCenter      0 0 0   #(-∞,∞)
field           SFVec3f     bboxSize        -1 -1 -1 #[0,∞) or -1,-1,-1}
```

Box

```
Box{
field           SFVec3f     size            2 2 2   #(0,∞)}
```

Collision

```
Collision{
eventIn         MFNode      addChildren
eventIn         MFNode      removeChildren
exposedField    MFNode      children        []
exposedField    SFBool      collide         TRUE
field           SFVec3f     bboxCenter      0 0 0   #(-∞,∞)
field           SFVec3f     bboxSize        -1 -1 -1 #[0,∞) or -1,-1,-1
field           SFNode      proxy           NULL
eventOut SFTime collideTime}
```

Color

```
Color {
exposedField    MFColor     color           []      #[0,1]}
```

ColorInterpolator

```
ColorInterpolator{
eventIn         SFFloat     set_fraction    #(-∞,∞)
exposedField    MFFloat     key             []      #(-∞,∞)
exposedField    MFColor     keyValue        []      #[0,1]
eventOut        SFColor     value_changed}
```

Cone

```
Cone{
field           SFFloat       bottomRadius        1      #[0,∞)
field           SFFloat       height              2      #[0,∞)
field           SFBool        side                TRUE
field           SFBool        bottom              TRUE }
```

Coordinate

```
Coordinate{
exposedField    MFVec3f       point               []     #(-∞,∞) }
```

CoordinateInterpolator

```
CoordinateInterpolator {
eventIn         SFFloat       set_fraction        #(-∞,∞)
exposedField    MFFloat       key                 []     #(-∞,∞)
exposedField    MFVec3f       keyValue            []     #(-∞,∞)
eventOut        MFVec3f       value_changed}
```

Cylinder

```
Cylinder{
field           SFBool        bottom              TRUE
field           SFFloat       height              2      #[0,∞)
field           SFFloat       radius              1      #[0,∞)
field           SFBool        side                TRUE
field           SFBool        top                 TRUE}
```

CylinderSensor

```
CylinderSensor{
exposedField    SFBool        autoOffset          TRUE
exposedField    SFFloat       diskAngle           0.262  #[0,π/2]
exposedField    SFBool        enabled             TRUE
exposedField    SFFloat       maxAngle            -1     #[-2π,2π]
exposedField    SFFloat       minAngle            0      #[-2π,2π]
exposedField    SFFloat       offset              0      #(-∞,∞)
eventOut        SFBool        isActive
eventOut        SFRotation    rotation_changed
eventOut        SFVec3f       trackPoint_changed}
```

DirectionalLight

```
DirectionalLight{
exposedField      SFFloat       ambientIntensity     0       #[0,1]
exposedField      SFColor       color                1 1 1   #[0,1]
exposedField      SFVec3f       direction            0 0 -1  #(-∞,∞)
exposedField      SFFloat       intensity            1       #[0,1]
exposedField      SFBool        on                   TRUE}
```

ElevationGrid

```
ElevationGrid{
eventIn           MFFloat       set_height
exposedField      SFNode        color                NULL
exposedField      SFNode        normal               NULL
exposedField      SFNode        texCoord             NULL
field             MFFloat       height               []      #(-∞,∞)
field             SFBool        ccw                  TRUE
field             SFBool        colorPerVertex       TRUE
field             SFFloat       creaseAngle          0       #[0,∞)
field             SFBool        normalPerVertex      TRUE
field             SFBool        solid                TRUE
field             SFInt32       xDimension           0       #[0,∞)
field             SFFloat       xSpacing             1.0     #[0,∞)
field             SFInt32       zDimension           0       #[0,∞)
field             SFFloat       zSpacing             1.0     #[0,∞) }
```

Extrusion

```
Extrusion{
eventIn           SFVec2f       set_crossSection
eventIn           MFRotation    set_orientation
eventIn           MFVec2f       set_scale
eventIn           MFVec3f       set_spine
field             SFBool        beginCap             TRUE
field             SFBool        ccw                  TRUE
field             SFBool        convex               TRUE
field             SFFloat       creaseAngle          0       #[0,∞)
field             MFVec2f       crossSection         [11,1-1,-1-1,-11,11] #[0,∞)
field             SFBool        endCap TRUE
field             MFRotation    orientation          0 0 1 0 #[-1,1],[0,∞)
field             MFVec2f       scale                1 1     #[0,∞)
field             SFBool        solid                TRUE
field             MFVec3f       spine                [000,010] #(-∞,∞) }
```

Fog

```
Fog{
exposedField    SFColor     color           1 1 1  #[0,1]
exposedField    SFString    fogType         LINEAR"
exposedField    SFFloat     visibilityRange 0      #[0,∞)
eventIn         SFBool      set_bind
eventOut        SFBool      isBound}
```

FontStyle

```
FontStyle{
field    MFString    family          "SERIF"
field    SFBool      horizontal      TRUE
field    MFString    justify         "BEGIN"
field    SFString    language        ""
field    SFBool      leftToRight     TRUE
field    SFFloat     size            1.0 #[0,∞)
field    SFFloat     spacing         1.0 [0,∞)
field    SFString    style           "PLAIN"
field    SFBool      topToBottom     TRUE}
```

Group

```
Group{
eventIn         MFNode      addChildren
eventIn         MFNode      removeChildren
exposedField    MFNode      children       []
field           SFVec3f     bboxCenter     000     #(-∞,∞)
field           SFVec3f     bboxSize       -1-1-1 #[0,∞)or-1,-1,-1}
```

ImageTexture

```
ImageTexture{
exposedField    MFString    url            []
field           SFBool      repeatS        TRUE
field           SFBool      repeatT        TRUE}
```

I ndexedFaceSet

```
IndexedFaceSet{
eventIn    MFInt32    set_colorIndex
eventIn    MFInt32    set_coordIndex
eventIn    MFInt32    set_normalIndex
eventIn    MFInt32    set_texCoordIndex
```

```
exposedField      SFNode      color            NULL
exposedField      SFNode      coord            NULL
exposedField      SFNode      normal           NULL
exposedField      SFNode      texCoord         NULL
field             SFBool      ccw              TRUE
field             MFInt32     colorIndex       []      #[-1,∞)
field             SFBool      colorPerVertex   TRUE
field             SFBool      convex           TRUE
field             MFInt32     coordIndex       []      #[-1,∞)
field             SFFloat     creaseAngle      0       #[0,∞)
field             MFInt32     normalIndex      []      #[-1,∞)
field             SFBool      normalPerVertex  TRUE
field             SFBool      solid            TRUE
field             MFInt32     texCoordIndex    []      #[-1,∞)}
```

IndexedLineSet

```
IndexedLineSet{
eventIn           MFInt32     set_colorIndex
eventIn           MFInt32     set_coordIndex
exposedField      SFNode      color            NULL
exposedField      SFNode      coord            NULL
field             MFInt32     colorIndex       []      #[-1,∞)
field             SFBool      colorPerVertex   TRUE
field             MFInt32     coordIndex       []      #[-1,∞)}
```

Inline

```
Inline{
exposedField      MFString    url              []
field             SFVec3f     bboxCenter       0 0 0   #(-∞,∞)
field             SFVec3f     bboxSize -       1 -1 -1 #[0,∞)or -1,-1,-1}
```

LOD

```
LOD{
exposedField MFNode level []
field             SFVec3f     center           0 0 0   #(-∞,∞)
field             MFFloat     range            []      #[0,∞)}
```

Material

```
Material{
exposedField      SFFloat     ambientIntensity 0.2     #[0,1]
exposedField      SFColor     diffuseColor     0.8 0.8 0.8  #[0,1]
```

```
exposedField      SFColor       emissiveColor     0 0 0   #[0,1]
exposedField      SFFloat       shininess         0.2     #[0,1]
exposedField      SFColor       specularColor     0 0 0   #[0,1]
exposedField      SFFloat       transparency      0       #[0,1] }
```

MovieTexture

```
MovieTexture{
exposedField      SFBool        loopFALSE
exposedField      SFFloat       speed             1.0     #(-∞,∞)
exposedField      SFTime        startTime         0       #(-∞,∞)
exposedField      SFTime        stopTime          0       #(-∞,∞)
exposedField      MFString      url               []
field             SFBool        repeatS           TRUE
field             SFBool        repeatT           TRUE
eventOut          SFTime        duration_changed
eventOut          FBool         isActive}
```

NavigationInfo

```
NavigationInfo{
eventIn           SFBool        set_bind
exposedField      MFFloat       avatarSize        [0.25, 1.6, 0.75] #[0,∞)
exposedField      SFBool        headlight         TRUE
exposedField      SFFloat       speed             1.0     #[0,∞)
exposedField      MFString      type              ["WALK", "ANY"]
exposedField      SFFloat       visibilityLimit   0.0     #[0,∞)
eventOut          SFBool        isBound}
```

Normal

```
Normal{
exposedField      MFVec3f       vector            [] #(-∞,∞) }
```

NormalInterpolator

```
NormalInterpolator{
eventIn S         FFloat        set_fraction      #(-∞,∞)
exposedField      MFFloat       key               []      #(-∞,∞)
exposedField      MFVec3f       keyValue          []      #(-∞,∞)
eventOut          MFVec3f       value_changed}
```

OrientationInterpolator

```
OrientationInterpolator{
```

```
eventIn          SFFloat       set_fraction         #(-∞,∞)
exposedField     MFFloat       key              []  #(-∞,∞)
exposedField     MFRotation    keyValue         []  #[-1,1],(-∞,∞)
eventOut         SFRotation    value_changed}
```

PixelTexture

```
PixelTexture{
exposedField     SFImage       image                0 0 0
field            SFBool        repeatS              TRUE
field            SFBool        repeatT              TRUE}
```

PlaneSensor

```
PlaneSensor{
exposedField     SFBool        autoOffset           TRUE
exposedField     SFBool        enabled              TRUE
exposedField     SFVec2f       maxPosition          -1 -1  #(-∞,∞))
exposedField     SFVec2f       minPosition          0 0    #(-∞,∞))
exposedField     SFVec3f       offset               0 0 0  #(-∞,∞)
eventOut         SFBool        isActive
eventOut         SFVec3f       trackPoint_changed
eventOut         SFVec3f       translation_changed}
```

PointLight

```
PointLight{
exposedField     SFFloat       ambientIntensity     0      #[0,1]
exposedField     SFVec3f       attenuation          1 0 0  #[0,∞)
exposedField     SFColor       color                1 1 1  #[0,1]
exposedField     SFFloat       intensity            1      #[0,1]
exposedField     SFVec3f       location             0 0 0  #(-∞,∞)
exposedField     SFBool        on                   TRUE
exposedField     SFFloat       radius               100    #[0,∞)}
```

PointSet

```
PointSet{
exposedField     SFNode        color                NULL
exposedField     SFNode        coord                NULL}
```

PositionInterpolator

```
PositionInterpolator{
eventIn          SFFloat       set_fraction         #(-∞,∞)
```

```
exposedField      MFFloat       key                          []      #(-∞,∞)
exposedField      MFVec3f       keyValue                     []      #(-∞,∞)
eventOut          SFVec3f       value_changed}
```

ProximitySensor

```
ProximitySensor{
exposedField      SFVec3f       center                       0 0 0   #(-∞,∞)
exposedField      SFVec3f       size                         0 0 0   #[0,∞)
exposedField      SFBool        enabled                      TRUE
eventOut          SFBool        isActive
eventOut          SFVec3f       position_changed
eventOut          SFRotation    orientation_changed
eventOut          SFTime        enterTime
eventOut          SFTime        exitTime}
```

ScalarInterpolator

```
ScalarInterpolator{
eventIn           SFFloat       set_fraction                 #(-∞,∞)
exposedField      MFFloat       key                          []      #(-∞,∞)
exposedField      MFFloat       keyValue                     []      #(-∞,∞)
eventOut          SFFloat       value_changed}
```

Script

```
Script{
exposedField MFString url []
field             SFBool        directOutput                 FALSE
field             SFBool        mustEvaluate                 FALSE #And any number of:
eventIn           eventType     eventName
field             fieldType     fieldName                    initialValue
eventOut          eventType     eventName}
```

Shape

```
Shape{
exposedField      SFNode        appearance                   NULL
exposedField      SFNode        geometry                     NULL}
```

Sound

```
Sound{
exposedField      SFVec3f       direction                    0 0 1   #(-∞,∞)
exposedField      SFFloat       intensity                    1       #[0,1]
```

exposedField	SFVec3f	location	0 0 0	#(-∞,∞)
exposedField	SFFloat	maxBack	10	#[0,∞)
exposedField	SFFloat	maxFront	10	#[0,∞)
exposedField	SFFloat	minBack	1	#[0,∞)
exposedField	SFFloat	minFront	1	#[0,∞)
exposedField	SFFloat	priority	0	#[0,1]
exposedField	SFNode	source	NULL	
field	SFBool	spatialize	TRUE}	

Sphere

```
Sphere{
```
field	SFFloat	radius	1	#[0,∞)}

SphereSensor

```
SphereSensor{
```
exposedField	SFBool	autoOffset	TRUE
exposedField	SFBool	enabled	TRUE
exposedField	SFRotation	offset	0 1 0 0 #[-1,1],(-∞,∞)
eventOut	SFBool	isActive	
eventOut	SFRotation	rotation_changed	
eventOut	SFVec3f	trackPoint_changed}	

SpotLight

```
SpotLight{
```
exposedField	SFFloat	ambientIntensity	0	#[0,1]
exposedField	SFVec3f	attenuation	1 0 0	#[0,∞)
exposedField	SFFloat	beamWidth	1.570796	#(0,π/2)
exposedField	SFColor	color	1 1 1	#[0,1]
exposedField	SFFloat	cutOffAngle	0.785398	#(0,π/2)
exposedField	SFVec3f	direction	0 0 -1	#(-∞,∞)
exposedField	SFFloat	intensity	1	#[0,1]
exposedField	SFVec3f	location	0 0 0	#(-∞,∞)
exposedField	SFBool	on	TRUE	
exposedField	SFFloat	radius	100	#[0,∞)}

Switch

```
Switch{
```
exposedField	MFNode	choice	[]
exposedField	SFInt32	whichChoice	-1 #[-1,∞)}

Text

```
Text{
exposedField    MFString    string              []
exposedField    SFNode      fontStyle           NULL
exposedField    MFFloat     length              []    #[0,∞)
exposedField    SFFloat     maxExtent           0.0   #[0,∞) }
```

TextureCoordinate

```
TextureCoordinate{
exposedField    MFVec2f     point               []    #(-∞,∞) }
```

TextureTransform

```
TextureTransform{
exposedField    SFVec2f     center              0 0   #(-∞,∞)
exposedField    SFFloat     rotation            0     #(-∞,∞)
xposedField     SFVec2f     scale               1 1   #(-∞,∞)
exposedField    SFVec2f     translation         0 0   #(-∞,∞) }
```

TimeSensor

```
TimeSensor{
exposedField    SFTime      cycleInterval       1     #[0,∞)
exposedField    SFBool      enabled             TRUE
exposedField    SFBool      loop                FALSE
exposedField    SFTime      startTime           0     #(-∞,∞)
exposedField    SFTime      stopTime            0     #(-∞,∞)
eventOut        SFTime      cycleTime
eventOut        SFFloat     fraction_changed          #[0, 1]
eventOut        SFBool      isActive
eventOut        SFTime      time}
```

TouchSensor

```
TouchSensor{
exposedField    SFBool      enabled             TRUE
eventOut        SFVec3f     hitNormal_changed
eventOut        SFVec3f     hitPoint_changed
eventOut        SFVec2f     hitTexCoord_changed
eventOut        SFBool      isActive
eventOut        SFBool      isOver
eventOut        SFTime      touchTime}
```

Transform

```
Transform{
eventIn         MFNode        addChildren
eventIn         MFNode        removeChildren
exposedField    SFVec3f       center            0 0 0   #(-∞,∞)
exposedField    MFNode        children          []
exposedField    SFRotation    rotation          0 0 1 0 # -1,1],(-∞,∞)
exposedField    SFVec3f       scale             1 1 1   #[0,∞)
exposedField    SFRotation    scaleOrientation  0 0 1 0#[-1,1],(-∞,∞)
exposedField    SFVec3f       translation       0 0 0   #(-∞,∞)
field           SFVec3f       bboxCenter        0 0 0   #(-∞,∞)
field           SFVec3f       bboxSize          -1-1-1 #[0,∞)or -1,-1,-1}
```

Viewpoint

```
Viewpoint{
eventIn         SFBool        set_bind
exposedField    FFloat        fieldOfView       0.785398 # (0,π)
exposedField    SFBool        jump              TRUE
exposedField    SFRotation    rientation        0 0 1 0 #[-1,1],(-∞,∞)
exposedField S  FVec3f        position          0 0 10 #(-∞,∞)
field           SFString      description       ""
eventOut        SFTime        bindTime
eventOut        SFBool        isBound}
```

VisibilitySensor

```
VisibilitySensor{
exposedField    SFVec3f       center            0 0 0   #(-∞,∞)
exposedField    SFBool        enabled           TRUE
exposedField    SFVec3f       size              0 0 0   #[(0,∞)
eventOut        SFTime        enterTime
eventOut        SFTime        exitTime
eventOut        SFBool        isActive}
```

WorldInfo

```
WorldInfo{
field           MFString      Info              []
field           SFString      title             ""}
```

B Extension VRML Specification

```
EXTERNPROTO  AdvancedAppearance  [
exposedField      SFNode        material              #NULL
exposedField      MFNode        textures              #[]
exposedField      MFString      mappingTypes          #[]
exposedField      MFFloat       weights               #[0, inf)
exposedField      SFFloat       materialBlending      #[0, 1]
exposedField      MFNode        textureTransforms     #[]
exposedField      MFString      backgroundFactor      #[]
exposedField      MFString      foregroundFactor      #[]]
["urn:ParaGraph:AdvancedAppearance"
"http://www.parallelgraphics.com/vrml/proto/Cortona/extensions.wrl#AdvancedAp
pearance"]


EXTERNPROTO Background2D [
eventIn           SFBool        set_bind
exposedField      SFColor       backColor             #0 0 0
exposedField      MFString      url                   #[]
eventOut          SFBool        isBound]
["urn:inet:parallelgraphics.com:cortona:Background2D"
"http://www.parallelgraphics.com/vrml/proto/Cortona/extensions.wrl#Background2D"]


EXTERNPROTO BooleanFilter [
eventIn           SFBool        set_boolean
eventOut          SFBool        inputFalse
eventOut          SFBool        inputNegate
eventOut          SFBool        inputTrue]
["urn:inet:parallelgraphics.com:cortona:BooleanFilter"
"http://www.parallelgraphics.com/vrml/proto/Cortona/extensions.wrl#BooleanFil
ter"]


EXTERNPROTO BooleanToggle [
eventIn           SFBool        set_boolean
exposedField      SFBool        toggle                #FALSE]
["urn:inet:parallelgraphics.com:cortona:BooleanToggle"
"http://www.parallelgraphics.com/vrml/proto/Cortona/extensions.wrl#BooleanTog
gle"]


EXTERNPROTO BooleanTrigger [
eventIn           SFTime        set_triggerTime
```

```
eventOut        SFBool        triggerTrue]
["urn:inet:parallelgraphics.com:cortona:BooleanTrigger"
"http://www.parallelgraphics.com/vrml/proto/Cortona/extensions.wrl#BooleanTri
gger"]


EXTERNPROTO BumpMap [
exposedField    SFNode        texture
exposedField    SFVec3f       direction        0 0 ? #(-inf,inf)]
["urn:inet:parallelgraphics.com:cortona:BumpMap"
"http://www.parallelgraphics.com/vrml/proto/Cortona/extensions.wrl#BumpMap"]


EXTERNPROTO Circle [
field           SFFloat       radius           1    #(0,inf)]
["urn:inet:parallelgraphics.com:cortona:Circle"
"http://www.parallelgraphics.com/vrml/proto/Cortona/extensions.wrl#Circle"#Ve
rtexShader"]


EXTERNPROTO Coordinate2D [
exposedField    MFVec2f       point            #[]]
["urn:inet:parallelgraphics.com:cortona:Coordinate2D"
"http://www.parallelgraphics.com/vrml/proto/Cortona/extensions.wrl#Coordinate
2D"]


EXTERNPROTO CoordinateInterpolator2D [
eventIn         SFFloat       set_fraction
exposedField    MFFloat       key              #[]
exposedField    MFVec2f       keyValue         #[]
eventOut        MFVec2f       value_changed]
["urn:inet:parallelgraphics.com:cortona:CoordinateInterpolator2D"
"http://www.parallelgraphics.com/vrml/proto/Cortona/extensions.wrl#Coordinate
Interpolator2D"]


EXTERNPROTO CubeEnvironment [
exposedField    SFNode        backTexture
exposedField    SFNode        bottomTexture
exposedField    SFNode        frontTexture
exposedField    SFNode        leftTexture
exposedField    SFNode        rightTexture
exposedField    SFNode        topTexture]
["urn:inet:parallelgraphics.com:cortona:CubeEnvironment"
"http://www.parallelgraphics.com/vrml/proto/Cortona/extensions.wrl#CubeEnviro
nment"]
```

```
EXTERNPROTO FlashMovie [
exposedField    SFBool      wantMouse           #TRUE
exposedField    SFBool      wantKeys            #TRUE
exposedField    SFBool      playing             #FALSE
exposedField    SFBool      loop                #FALSE
exposedField    SFInt32     quality             #0=Low, 1=High, 2=AutoLow,
                                                3=AutoHigh
exposedField    SFInt32     scaleMode           # 0=ShowAll, 1=NoBorder,
                                                2=ExactFit
exposedField    SFInt32     alignMode           # flags, Left=1, Right=2,
                                                Top=4, Bottom=8
exposedField    SFInt32 frameNum                #0
exposedField    SFInt32     width               #256
exposedField    SFInt32     height              #256
exposedField    SFColor     backgroundColor     #[]
exposedField    MFString url                    #[]
field           SFBool      repeatS             #TRUE
field           SFBool      repeatT             #TRUE
eventIn         SFString    command             #
eventOut        SFInt32     readyState          #0=Loading, 1=Uninitialized,
                                                #2=Loaded, 3=Interactive,
                                                4=Complete
eventOut        SFInt32     totalFrames         #
eventOut        SFInt32     percentLoaded       #
eventOut        MFString fsCommand              #]
["urn:ParaGraph:FlashMovie"
"http://www.parallelgraphics.com/vrml/proto/Cortona/extensions.wrl#FlashMovie"]


EXTERNPROTO FragmentShader [
exposedField MFString       url
#any number of
field           fieldType   fieldName
eventIn         fieldType   fieldName
eventOut        fieldType   fieldName
exposedField    fieldType   fieldName]
["urn:inet:parallelgraphics.com:cortona:FragmentShader"
"http://www.parallelgraphics.com/vrml/proto/Cortona/extensions.wrl#FragmentSh
ader"]


EXTERNPROTO HTMLText [
exposedField    SFString    body                #""
exposedField    MFInt32     padding             #[]
exposedField    SFBool      shadow              #FALSE
exposedField    SFFloat     shadowTransparency  #0
```

```
exposedField      SFInt32       shadowSize          #8
exposedField      MFInt32       shadowOffset        #[]
exposedField      SFColor       shadowColor         #0 0 0]
["urn:inet:parallelgraphics.com:cortona:HTMLText"
"http://www.parallelgraphics.com/vrml/proto/Cortona/extensions.wrl#HTMLText"]


EXTERNPROTO IndexedFaceSet2D [
eventIn           MFInt32       set_colorIndex
eventIn           MFInt32       set_coordIndex
eventIn           MFInt32       set_texCoordIndex
exposedField      SFNode        color               #NULL
exposedField      SFNode        coord               #NULL
exposedField      SFNode        texCoord            #NULL
field             MFInt32       colorIndex          #[]
field             SFBool        colorPerVertex      #TRUE
field             SFBool        convex              #TRUE
field             MFInt32       coordIndex          #[]
field             MFInt32       texCoordIndex       #[]]
["urn:inet:parallelgraphics.com:cortona:IndexedFaceSet2D"
"http://www.parallelgraphics.com/vrml/proto/Cortona/extensions.wrl#IndexedFac
eSet2D"]


EXTERNPROTO IndexedLineSet2D [
eventIn           MFInt32       set_colorIndex
eventIn           MFInt32       set_coordIndex
exposedField      SFNode        color               #NULL
exposedField      SFNode        coord               #NULL
field             MFInt32       colorIndex          #[]
field             SFBool        colorPerVertex      #TRUE
field             MFInt32       coordIndex          #[]]
["urn:inet:parallelgraphics.com:cortona:IndexedLineSet2D"
"http://www.parallelgraphics.com/vrml/proto/Cortona/extensions.wrl#IndexedLin
eSet2D"]


EXTERNPROTO Inline [
exposedField      SFBool        load                #TRUE
exposedField      MFString      url                 #[] [url or urn]
exposedField      SFVec3f       bboxCenter          #0 0 0 (-inf,inf)
exposedField      SFVec3f       bboxSize            #-1 -1 -1 [0,inf) or -1 -1 -1]
["urn:inet:parallelgraphics.com:cortona:Inline"
"http://www.parallelgraphics.com/vrml/proto/Cortona/extensions.wrl#Inline"]


EXTERNPROTO IntegerSequencer [
```

```
eventIn          SFBool          next
eventIn          SFBool          previous
eventIn          SFBool          set_fraction
exposedField     MFFloat         key                    #[] (-inf,inf)
exposedField     MFInt32         keyValue               #[] -1|[1,inf)
eventOut         MFInt32         value_changed]
["urn:inet:parallelgraphics.com:cortona:IntegerSequencer"
"http://www.parallelgraphics.com/vrml/proto/Cortona/extensions.wrl#IntegerSeq
uencer"]


EXTERNPROTO IntegerTrigger [
eventIn          SFBool          set_boolean
exposedField     SFInt32         integerKey             #1 | (-inf,inf)
eventOut         SFInt32         triggerValue]
["urn:inet:parallelgraphics.com:cortona:IntegerTrigger"
"http://www.parallelgraphics.com/vrml/proto/Cortona/extensions.wrl#IntegerTri
gger"]


EXTERNPROTO Layer2D [
eventIn          MFNode          a                      ddChildren
eventIn          MFNode          r                      emoveChildren
exposedField     MFNode          c                      hildren
exposedField     SFVec2f         size
exposedField     SFNode          background]
["urn:inet:parallelgraphics.com:cortona:Layer2D"
"http://www.parallelgraphics.com/vrml/proto/Cortona/extensions.wrl#Layer2D"]


EXTERNPROTO MipMap [
exposedField     MFNode          levels]
["urn:inet:parallelgraphics.com:cortona:MipMap"
"http://www.parallelgraphics.com/vrml/proto/Cortona/extensions.wrl#MipMap"]


EXTERNPROTO NurbsSurface [
field            SFInt32         uDimension             #[0, inf)
field            SFInt32         vDimension             #[0, inf)
field            MFFloat         uKnot                  #(-inf,inf)
field            MFFloat         vKnot                  #[2, inf)
field            SFInt32         uOrder                 #[2, inf)
field            SFInt32         vOrder                 #[2, inf)
exposedField     MFVec3f         controlPoint           #(-inf,inf)
exposedField     MFFloat         weight                 #(0, inf)
exposedField     SFInt32         uTessellation          #(-inf,inf)
exposedField     SFInt32         vTessellation          #(-inf,inf)
```

```
exposedField      SFNode        texCoord                  #[]
exposedField      SFBool        ccw                       #TRUE
exposedField      SFBool        solid                     #TRUE
exposedField      MFFloat       distance                  #10
exposedField      MFFloat       quality                   #[0, 0.75]]
["urn:inet:parallelgraphics.com:cortona:NurbsSurface"
"http://www.parallelgraphics.com/vrml/proto/Cortona/extensions.wrl#NurbsSurface"]


EXTERNPROTO Panel [
exposedField      SFNode        source                    #NULL
exposedField      SFString      left                      #"0
exposedField      SFString      top                       #"0""
exposedField      SFString      right                     #""
exposedField      SFString      bottom                    #""
exposedField      SFString      width                     #""
exposedField      SFString      height                    #""
exposedField      SFString      offsetLeft                #""
exposedField      SFString      offsetTop                 #""
exposedField      SFBool        sticky                    #FALSE
exposedField      SFBool        enabled                   #FALSE
exposedField      SFFloat       backgroundTransparency    #1
exposedField      SFColor       backgroundColor           #1 1 1
exposedField      SFInt32       borderSize                #0
exposedField      SFColor       borderColor               #1 1 1
eventOut          MFInt32       contentSize
eventOut          SFTime        touchTime
eventOut          SFVec2f       touchPoint
eventOut          SFString      hotspot
eventOut          SFTime        hotspotTime]
["urn:inet:parallelgraphics.com:cortona:Panel"
"http://www.parallelgraphics.com/vrml/proto/Cortona/extensions.wrl#Panel"]


EXTERNPROTO PointSet2D [
exposedField      SFNode        color                     #NULL
exposedField      SFNode        coord                     #NULL]
["urn:inet:parallelgraphics.com:cortona:PointSet2D"
"http://www.parallelgraphics.com/vrml/proto/Cortona/extensions.wrl#PointSet2D"]


EXTERNPROTO Position2Interpolator [
eventIn           SFFloat       set_fraction
exposedField      MFFloat       key                       []
exposedField      MFVec2f       keyValue                  []
eventOut          SFVec2f       value_changed]
["urn:inet:parallelgraphics.com:cortona:Position2Interpolator"
```

```
"http://www.parallelgraphics.com/vrml/proto/Cortona/extensions.wrl#Position2I
nterpolator"]


EXTERNPROTO Rectangle [
field              SFVec2f        size                #2 2 (0,inf) ]
["urn:inet:parallelgraphics.com:cortona:Rectangle"
"http://www.parallelgraphics.com/vrml/proto/Cortona/extensions.wrl#Rectangle"]


EXTERNPROTO ShaderAppearance [
exposedField       SFNode         fillProperties      NULL
exposedField       SFNode         fragmentShader      NULL
exposedField       SFNode         lineProperties      NULL
exposedField       SFNode         material            NULL
exposedField       SFNode         texture             NULL
exposedField       SFNode         textureTransform    NULL
exposedField       SFNode         vertexShader        NULL
]
["urn:inet:parallelgraphics.com:cortona:ShaderAppearance"
"http://www.parallelgraphics.com/vrml/proto/Cortona/extensions.wrl#ShaderAppe
arance"]


EXTERNPROTO SphereEnvironment [
exposedField       SFNode         texture]
["urn:inet:parallelgraphics.com:cortona:SphereEnvironment"
"http://www.parallelgraphics.com/vrml/proto/Cortona/extensions.wrl#SphereEnvi
ronment"]


EXTERNPROTO SplineCone [
field           SFFloat        bottomRadius          #1
field           SFFloat        height                #2
field           SFBool         side                  #TRUE
field           SFBool         bottom                #TRUE
field           MFFloat        distance              #10
field           MFFloat        quality               #[0, 0.75]]
[ "urn:inet:parallelgraphics.com:cortona:SplineCone"
"http://www.parallelgraphics.com/vrml/proto/Cortona/extensions.wrl#SplineCone"]


EXTERNPROTO SplineCylinder [
field           SFBool         bottom                #TRUE
field           SFFloat        height                #2
field           SFFloat        radius                #1
field           SFBool         side                  #TRUE
field           SFBool         top                   #TRUE
```

```
exposedField       MFFloat        distance              #10
exposedField       MFFloat        quality               #[0, 0.75]]
["urn:inet:parallelgraphics.com:cortona:SplineCylinder"
"http://www.parallelgraphics.com/vrml/proto/Cortona/extensions.wrl#SplineCyli
nder"]


EXTERNPROTO SplineElevationGrid [
eventIn            MFFloat        set_height
exposedField       SFNode         color                 #NULL
exposedField       SFNode         normal                #NULL
exposedField       SFNode         texCoord              #NULL
field              MFFloat        height                #[]
field              SFBool         ccw                   #TRUE
field              SFBool         colorPerVertex        #TRUE
field              SFFloat        creaseAngle           #0
field              SFBool         normalPerVertex       #TRUE
field              SFBool         solid                 #TRUE
field              SFInt32        xDimension            #0
field              SFFloat        xSpacing              #0.0
field              SFInt32        zDimension            #0
field              SFFloat        zSpacing              #0.0
exposedField       MFFloat        distance              #10
exposedField       MFFloat        quality               #[0, 0.75]]
["urn:inet:parallelgraphics.com:cortona:SplineElevationGrid"
"http://www.parallelgraphics.com/vrml/proto/Cortona/extensions.wrl#SplineElev
ationGrid" ]


EXTERNPROTO SplineExtrusion [
eventIn            MFVec2f        set_crossSection
eventIn            MFRotation     set_orientation
eventIn            MFVec2f        set_scale
eventIn            MFVec3f        set_spine
field              SFBool         beginCap              #TRUE
field              SFBool         ccw                   #TRUE
field              SFBool         convex                #TRUE
field              SFFloat        creaseAngle           #0
field              MFVec2f        crossSection          #[1 1, 1 -1, -1 -1, -1 1, 1 1]
field              SFBool         endCap                #TRUE
field              MFRotation     orientation           #0 0 1 0
field              MFVec2f        scale                 #1 1
field              SFBool         solid                 #TRUE
field              MFVec3f        spine                 #[0 0 0, 0 1 0]
field              MFFloat        distance              #10
field              MFFloat        quality               #[0, 0.75]]
```

```
["urn:inet:parallelgraphics.com:cortona:SplineExtrusion"
"http://www.parallelgraphics.com/vrml/proto/Cortona/extensions.wrl#SplineExtr
usion"]


EXTERNPROTO SplineFaceSet [
eventIn           MFInt32        set_colorIndex
eventIn           MFInt32        set_coordIndex
eventIn           MFInt32        set_normalIndex
eventIn           MFInt32        set_texCoordIndex
exposedField      SFNode         color             #NULL
exposedField      SFNode         coord             #NULL
exposedField      SFNode         normal            #NULL
exposedField      SFNode         texCoord          #NULL
field             SFBool         ccw               # TRUE
field             MFInt32        colorIndex        #[]
field             SFBool         colorPerVertex    #TRUE
field             SFBool         convex            #TRUE
field             MFInt32        coordIndex        #[]
field             SFFloat        creaseAngle       #0
field             MFInt32        normalIndex       #[]
field             SFBool         normalPerVertex   #TRUE
field             SFBool         solid             #TRUE
field             MFInt32        texCoordIndex     #[]
exposedField      MFFloat        distance          #10
exposedField      MFFloat        quality           #[0, 0.75]]
["urn:inet:parallelgraphics.com:cortona:SplineFaceSet"
"http://www.parallelgraphics.com/vrml/proto/Cortona/extensions.wrl#SplineFace
Set"]


EXTERNPROTO SplineSphere [
field             SFFloat        radius            #1
exposedField      MFFloat        distance          #10
exposedField      MFFloat        quality           #[0, 0.75]]
["urn:inet:parallelgraphics.com:cortona:SplineSphere"
"http://www.parallelgraphics.com/vrml/proto/Cortona/extensions.wrl#SplineSphere"


EXTERNPROTO    TextureTransform3 [
exposedField      SFVec3f        center            0 0 0   # (-inf,inf)
exposedField      SFRotation     rotation          0 0 1 0# [-1 1],(-inf,inf)
exposedField      SFVec3f        scale             1 1 1   # (0,inf)
exposedField      SFRotation     scaleOrientation  0 0 1 0# [-1 1],(-inf,inf)
exposedField      SFVec3f        translation       0 0 0   # (-inf,inf)]
["urn:inet:parallelgraphics.com:cortona:TextureTransform3"
```

"http://www.parallelgraphics.com/vrml/proto/Cortona/extensions.wrl#TextureTra
nsform3"]

```
EXTERNPROTO TimeTrigger [
eventIn          SFBool      set_boolean
eventOut         SFTime      triggerTime]
["urn:inet:parallelgraphics.com:cortona:TimeTrigger"
"http://www.parallelgraphics.com/vrml/proto/Cortona/extensions.wrl#TimeTrigger"]


EXTERNPROTO Transform2D [
eventIn          MFNode      addChildren
eventIn          MFNode      removeChildren
exposedField     SFVec2f     center             #0,0
exposedField     MFNode      children           #[]
exposedField     SFFloat     rotationAngle      #0.0
exposedField     SFVec2f     scale              #1,1
exposedField     SFFloat     scaleOrientation   #0.0
exposedField     SFVec2f     translation        #0,0]
["urn:inet:parallelgraphics.com:cortona:Transform2D"
"http://www.parallelgraphics.com/vrml/proto/Cortona/extensions.wrl#Transform2
D"]


EXTERNPROTO VertexShader [
exposedField     MFString    url                    #any number of
field            fieldType   fieldName
eventIn          fieldType   fieldName
eventOut         fieldType   fieldName
exposedField     fieldType   fieldName]
["urn:inet:parallelgraphics.com:cortona:VertexShader"
"http://www.parallelgraphics.com/vrml/proto/Cortona/extensions.wrl]
```

C 용어 찾기

가상현실 증강현실&VRML

1판 1쇄 인쇄 2012년 11월 20일
1판 1쇄 발행 2012년 11월 30일
저   자 박경배
발 행 인 이범만
발 행 처 **21세기사** (제406-00015호)
　　　　경기도 파주시 산남동 283-10 (413-130)
　　　　Tel. 031-942-7861　　Fax. 031-942-7864
　　　　E-mail : 21cbook@naver.com
　　　　ISBN 978-89-8468-456-0

정가 23,000원